企业劳动人事合规

全流程实务

凌凌◎著

HR COMPLIANCE IN COMPANIES

THE WHOLE PROCESS

法律出版社
LAW PRESS·CHINA
北京

图书在版编目(CIP)数据

企业劳动人事合规全流程实务 / 凌凌著. -- 北京:法律出版社,2023
ISBN 978-7-5197-8015-9

Ⅰ. ①企… Ⅱ. ①凌… Ⅲ. ①企业管理-人力资源管理-劳动法-中国 Ⅳ. ①D922.5

中国国家版本馆 CIP 数据核字(2023)第 108254 号

企业劳动人事合规全流程实务
QIYE LAODONG RENSHI HEGUI QUANLIUCHENG SHIWU

凌凌 著

策划编辑 周 洁 林 蕊
责任编辑 周 洁 林 蕊
装帧设计 李 瞻

出版发行 法律出版社
编辑统筹 司法实务出版分社
责任校对 王 丰
责任印制 胡晓雅
经 销 新华书店

开本 710 毫米×1000 毫米 1/16
印张 21.75 **字数** 300 千
版本 2023 年 7 月第 1 版
印次 2023 年 7 月第 1 次印刷
印刷 三河市龙大印装有限公司

地址:北京市丰台区莲花池西里 7 号(100073)
网址:www.lawpress.com.cn
投稿邮箱:info@lawpress.com.cn
举报盗版邮箱:jbwq@lawpress.com.cn

销售电话:010-83938349
客服电话:010-83938350
咨询电话:010-63939796

书号:ISBN 978-7-5197-8015-9
定价:85.00 元
凡购买本社图书,如有印装错误,我社负责退换。电话:010-83938349

序　言

劳动人事合规是企业合规中非常重要的一环。企业合规管理，是企业以有效防控合规风险为目的，以提升依法合规经营管理水平为导向，以企业经营管理行为和员工履职行为为对象，开展的建立合规制度、完善运行机制、培育合规文化、强化监督问责等有组织、有计划的管理活动。合规风险，是企业及其员工在经营管理过程中因违规行为引发法律责任、造成经济或者声誉损失以及其他负面影响的可能性。劳动关系是人们在参与生产劳动过程中发生的最为常见的法律关系之一，在市场竞争日益激烈的当下，劳动关系的和谐稳定不仅事关企业的切身利益，同时也是经济发展和社会稳定的重要因素。

一直以来，我国高度重视劳动者权益保护，中华人民共和国成立后，陆续颁布了《劳动保险条例》《工会法》《劳动法》《女职工劳动保护特别规定》等一系列法律文件。2007 年 2 月，全国人大常委会发布了 2007 年的立法计划，其中包括了《就业促进法》《劳动合同法》《劳动争议调解仲裁法》《社会保险法》等多项劳动立法计划。2007 年 6 月 29 日，第十届全国人民代表大会常务委员会第二十八次会议审议通过了《劳动合同法》，该法进一步完善了劳动合同制度，明确劳动合同双方当事人的权利和义务，也成为日后处理劳动关系争议的主要依据，劳动者权益保护在法律层面有了更有力的保障。

随着我国法治建设进程的加快，国内以及国际上对我国企业合规的要求也越来越高。2022 年 7 月 1 日正式实施的由我国中小企业协会发起起草的

《中小企业合规管理体系有效性评价》团体标准，旨在建立一套专门为我国中小企业量身定制的合规管理体系评价标准，推动全国中小企业加强合规管理体系建设。

2022 年 8 月 23 日，国务院国有资产管理委员会第 42 号令公布《中央企业合规管理办法》，自 2022 年 10 月 1 日落实全面依法治国战略部署，深化法治央企建设，推动中央企业加强合规管理，切实防控风险，有力保障深化改革与高质量发展，完善企业各项规章制度，提升管理水平，防范经营风险。《中央企业合规管理办法》中也将劳动用工列为重点领域，建议中央企业制定合规管理具体制度或者专项指南。我国劳动法领域部分法律法规立法年份较久远，在实际适用中存在较多争议，各地对劳动法律的适用口径也存在较大差别。因此，企业需要通过实际的案例了解司法实践中对相关问题的裁判口径，从而规范自身用工行为。

不同于传统的法律研究与分析，本书着重于对目前社会中存在的频发争议问题进行讨论分析与实务研究。本书的编写，采取“热点问题 + 典型案例 + 实操建议”的模式，在热点问题的选择上较为全面地覆盖了我国劳动人事领域常见的争议问题，结合最新典型案例，以案说法，就具体问题提出有效地合规建议和实务解决办法，能够切实帮助企业解决问题、防范风险，是企业劳动合规用工管理的实操手册。本书的作者亦是从业 20 余年的资深律师、高级合伙人，具有 20 多年企业法律顾问经验及仲裁、诉讼经验，了解企业合规管理的痛点及难点，对前沿法律资讯具有较高敏感度，同时作者也参与起草了《中小企业合规管理体系有效性评价》团体标准，并成为团体标准的编写委员，作者能够很好地把实务经验和理论研究相结合，本书是不可多得的实务用书，值得推荐。

华东政法大学教授，上海市法学会社会治理研究会会长

目　录

第一章　入职环节法律风险及应对

第二章　社会保险缴纳及工伤

第三章　休息休假及工作时间管理

第五章　劳动合同终止

第六章　劳动合同解除

第一章

入职环节法律风险及应对

第一节　招聘中的员工欺诈问题

1. 隐瞒婚育信息是否构成欺诈

《劳动合同法》第 8 条①规定，用人单位有权了解劳动者与劳动合同直接相关的基本情况，劳动者应当如实说明。因此，在面试、入职以及劳动关系存续期间，用人单位有权向劳动者了解其与劳动合同直接相关的基本情况，如劳动者的身份信息、学历信息、工作经历、职业技能证明等，劳动者应当如实回答。如果隐瞒重要的信息入职的，可能面临违反用人单位规章制度的后果，严重的可能被用人单位解除劳动合同。由上述规定可知，对于用人单位有权了解的劳动者个人信息，应当以与劳动合同直接相关为限，与履行劳动合同无关的信息，用人单位原则上无权获取。

实践中，常有用人单位在入职时询问职工婚育信息，尤其是针对女职工，其年龄、婚姻状况、生育状况甚至成为部分用人单位判断是否录用女职工的重要标准。为了获得平等的就业机会，部分女职工会隐瞒自身婚育状况入职，用人单位发现后则认为劳动者不具有诚实的道德品质，在入职时隐瞒婚育信息已经构成对用人单位的欺诈，因此解除劳动合同，甚至主张劳动合同无效。

---

① 《劳动合同法》第 8 条规定，用人单位招用劳动者时，应当如实告知劳动者工作内容、工作条件、工作地点、职业危害、安全生产状况、劳动报酬，以及劳动者要求了解的其他情况；用人单位有权了解劳动者与劳动合同直接相关的基本情况，劳动者应当如实说明。

典型案例1[①]

案情简介

林某于2017年4月7日入职A公司处，岗位为人事行政专员，双方签订了书面劳动合同，合同期限为2017年4月7日至2020年4月6日。2017年6月14日，A公司解除与林某的劳动关系，辞退理由为：林某在应聘时提交的《应聘信息登记表（A面）》及《新员工入职申请表》中“婚姻状况”所填写的内容与事实不符，严重违背相关法律法规及《应聘信息登记表（A面）》和《新员工入职申请表》中关于资料真实性的约定条款。

2017年6月15日，林某向劳动人事争议仲裁委员会申请劳动仲裁，要求A公司支付解除劳动关系赔偿金20万元，劳动人事争议仲裁委员会于2017年12月12日作出裁决书，驳回林某的仲裁请求。林某不服仲裁裁决，于2018年2月7日诉至法院。

法院另查明，林某于2017年4月23日在医院检验，确认已怀孕，于2017年6月9日在医院行超声检查，检查提示宫内妊娠约13+周（胎儿存活）。

裁判意见

法院认为，《劳动合同法》第8条规定，用人单位有权了解劳动者与劳动合同直接相关的基本情况，劳动者应当如实说明。依照上述规定，劳动者的告知义务是附条件的，只有在用人单位要求了解的是劳动者与劳动合同直接相关的基本情况时，劳动者才有如实说明的义务。

劳动者与劳动合同直接相关的基本情况一般应包括健康状况、知识技能、文化程度、工作技能、工作经历、职业资格等，劳动者不如实说明就可能构

---

① （2018）粤01民终12990号。

成重大误解甚至构成欺诈、构成对用人单位知情权的侵害。但用人单位不能为了解情况而侵害劳动者的隐私，劳动者对于那些与工作无关且侵害个人隐私权的问题，有权拒绝说明。对于与劳动合同没有直接联系的信息，劳动者即使未如实说明，也不能认定为构成欺诈。

对于实践中用人单位“若有不实处，愿无条件接受公司处罚甚至辞退”的规定，应理解为劳动者对与劳动合同直接相关的基本情况如健康状况、学历、专业、工作经历、教育背景等的填写如有不实的，用人单位可解除劳动合同。对于与劳动合同没有直接联系的信息如身高、体重、婚姻状况、血型等信息的填写，除非用人单位在招聘时已对某项信息作出明确的要求，否则，即使劳动者填写有不实之处，用人单位也不能以此为由解除与劳动者的劳动合同。

本案中，A 公司未举证证明其在招聘时对林某的婚姻状况有明确要求，且本案林某应聘的岗位为人事行政，婚姻状况不是其工作能力的影响因素，也不是林某从事人事行政工作的必需条件，A 公司也未提交公司的规章制度等证明林某隐瞒已婚的事实属于严重违反公司管理制度的情形。故 A 公司以林某入职时“婚姻状况”所填写的内容与事实不符为由辞退林某，不符合法律规定的 A 公司可以解除劳动合同的情形，属于违法解除劳动合同，应向林某支付解除劳动合同赔偿金。

案例分析

本案中，该劳动者入职时已经结婚，但是对用人单位隐瞒了结婚的事实，入职后发现怀孕，用人单位因此发现其已经结婚，用人单位认为受到了欺骗，与该劳动者解除劳动合同。法院认为，根据《劳动合同法》的规定，用人单位可以了解与劳动合同直接相关的信息，劳动者必须如实回答，然而婚育信息属于员工的个人隐私，且与履行劳动合同无关，用人单位无权询问，因此即使劳动者有所隐瞒，也不构成欺诈，不能作为用人单位解除劳动合同的理由，用人单位构成违法解除。

此外，本案中法院还提到“对于与劳动合同没有直接联系的信息如身高、体重、婚姻状况、血型等信息的填写，除非用人单位在招聘时已对某项信息作出明确的要求，否则，即使劳动者填写有不实之处，用人单位也不能以此为由解除与劳动者的劳动合同”。对于法院这一表述，并不能理解为只要用人单位在招聘时对特定信息作出明确要求劳动者就应当如实填写，问题的关键仍然在于该项信息与劳动合同是否有直接联系。有些工作岗位对劳动者的身体素质有一定的要求，比如食品卫生岗位，可以要求劳动者提供相应的健康证明，如果无法提供的或者患有特定疾病的，应当如实告知用人单位。

而对于婚姻与怀孕状况，根据《就业促进法》第 27 条的规定，国家保障妇女享有与男子平等的劳动权利。用人单位招用人员，除国家规定的不适合妇女的工种或者岗位外，不得以性别为由拒绝录用妇女或者提高对妇女的录用标准。用人单位录用女职工，不得在劳动合同中规定限制女职工结婚、生育的内容。根据上述立法精神，结婚、生育之类的敏感问题，尤其是在雇用女职工时，更加不应当将其作为明确的雇佣条件，并且即使用人单位询问了，劳动者也有权隐瞒真相，用人单位不能以此作为解除劳动合同或认定劳动合同无效的理由。

2. 隐瞒行政处罚信息是否构成欺诈

劳动者有违法犯罪记录的可能影响到用人单位的录用，对于特定犯罪人员限制从事的岗位在招聘时可以根据相关规定要求劳动者入职前提交无犯罪记录证明。然而犯罪记录通常仅限于有生效法律文书确定有罪的事项，对于受到行政处罚的情形，只能参考劳动者的个人承诺。假如劳动者在入职时隐瞒曾受到行政处罚的事实，用人单位能否主张受到了欺诈，要求解除劳动合同或者认定劳动合同无效，在实践中仍然应当进行个案判断。

典型案例2[①]

案情简介

王某自2011年10月15日进入保安公司工作。王某入职保安公司前曾向保安公司提供时间为2011年10月10日的《政审表》一份，载明“政审内容：有无违法犯罪行为，受过何种处罚情况：无违法犯罪记录”，并加盖派出所印章。自2014年3月1日起，保安公司、王某间共签订三份《劳动合同》。保安公司认为，2011年10月10日，王某入职前提供的《政审表》显示“无违法犯罪记录”，2020年7月3日，保安公司驻点队长通知队员于2020年7月15日前提供个人无犯罪记录证明，但王某在办理时查询选择自2012年1月1日起开始，刻意避开其2011年被处罚的年份。保安公司驻点队长于2020年7月15日收集队员风险隐患情况，以及保安公司于2020年8月初安排员工签署《承诺书》时，王某均未告知其于2011年9月受到行政处罚之事实，王某上述行为构成欺诈，故保安公司于2020年8月27日向王某发送《人事通知》，以王某几次三番刻意隐瞒及欺骗其于本公司工作前行政违法事项为由终止双方劳动关系。

裁判意见

法院认为，保安公司认为王某在签订劳动合同时未如实告知其违法行为，存在欺诈行为，故其与王某签订的劳动合同无效，其解除劳动合同合法。王某入职保安公司担任保安一职，保安公司对王某进行了政审，政审内容为有无违法犯罪记录，从字面理解应为刑事违法犯罪，并不包括行政罚款行为。保安公司提供的政审表，公安机关在无违法犯罪记录的证明上加盖了公章，也可表明王某不存在违法犯罪行为。2011年9月王某因打架受到罚款处理，

① （2022）沪02民终261号。

王某所受的处理属较轻处罚。其未如实告知保安公司确有欠妥之处，然该行为不属故意欺诈，故保安公司要求确认其与王某签订的劳动合同无效的意见，法院不予采纳。另保安公司与王某签订的劳动合同亦明确被依法追究刑事责任或行政拘留以上处理，保安公司可单方解除劳动合同。王某未如实告知不属保安公司可单方解除劳动合同的情形，故其与王某解除劳动合同属违法，应支付违法解除劳动合同赔偿金。保安公司不同意支付赔偿金，法院不予支持。

案例分析

本案中，该劳动者应聘保安岗位，入职前根据用人单位要求，向公安机关申请犯罪记录查询，显示无犯罪记录，然而该劳动者隐瞒了曾因打架受到行政处罚的事实，用人单位认为劳动者的行为属于欺诈，主张劳动合同无效。法院认为该劳动者所受的处罚属于较轻的处罚，虽然隐瞒真相入职行为欠妥，但是不足以导致劳动合同无效。

违法犯罪属于比较严重的个人品质问题，如果用人单位对此有较高要求，应当在入职前做好背景调查，在录用阶段完成筛选。劳动者入职之后，用人单位再发现之前的违法记录，应当根据违法程度具体判断是否采取进一步的措施，如本案中，该劳动者只有轻微的违法记录，用人单位“一刀切”地解除劳动合同则会存在违法解除的风险。

用人单位有权要求劳动者提供与履行劳动合同直接相关的基本情况，但是行政处罚是针对违法程度较轻的行为作出的，员工曾受到行政处罚从法律上来说并没有强制披露的义务，并且行政处罚记录也未必是与劳动合同直接相关的基本情况。如果用人单位招聘的岗位确实对员工的违法犯罪记录有较高要求，比如需要直接接触未成年人、老年人等弱势群体的，或者需要负责重要的财产往来的，那么也可以在招聘时向劳动者明确，要求其提供无违法犯罪的记录，并且出具相应的承诺书。如果相关信息确实与劳动合同的履行直接相关，那么劳动者也应当如实提供。

3. 隐瞒身体疾病等状况入职是否构成欺诈

劳动者的身体素质与工作能力具有一定的关联，一些工作岗位需要大量体力劳动或者对卫生的要求较高，相应地对劳动者身体素质要求也较高。实践中，许多用人单位将入职体检作为办理员工入职的手续之一，这一操作已经成为大部分企业招聘的惯例。然而，其中仍然存在诸多法律问题，包括员工个人隐私保护、就业歧视等。有的劳动者出于保护个人隐私、担心受到就业歧视或为了获取工作机会等原因，会在入职时隐瞒自身真实的身体状况。用人单位发现相关情况后往往认为其受到了欺骗，主张因受到欺诈而签订的劳动合同无效。

《劳动合同法》第 8 条①规定，用人单位有权了解劳动者与劳动合同直接相关的基本情况，劳动者应当如实说明。《劳动合同法》第 26 条②第 1 款第 1 项规定，以欺诈、胁迫的手段或者乘人之危，使对方在违背真实意思的情况下订立或者变更劳动合同的，该劳动合同无效或者部分无效。

判断用人单位能否因劳动者隐瞒真实身体状况入职而主张劳动合同无效，还需要根据具体的疾病类型、与工作岗位关联程度、劳动者过错、用人单位说明义务等方面综合判断。

典型案例 3③

案情简介

2017 年 12 月 1 日，刘某到滑雪场进行面试滑雪教练岗，当日，滑雪场、

---

① 《劳动合同法》第 8 条规定，用人单位招用劳动者时，应当如实告知劳动者工作内容、工作条件、工作地点、职业危害、安全生产状况、劳动报酬，以及劳动者要求了解的其他情况；用人单位有权了解劳动者与劳动合同直接相关的基本情况，劳动者应当如实说明。

② 《劳动合同法》第 26 条规定，下列劳动合同无效或者部分无效：（1）以欺诈、胁迫的手段或者乘人之危，使对方在违背真实意思的情况下订立或者变更劳动合同的；（2）用人单位免除自己的法定责任、排除劳动者权利的；（3）违反法律、行政法规强制性规定的。对劳动合同的无效或者部分无效有争议的，由劳动争议仲裁机构或者人民法院确认。

③ （2018）京 03 民终 7814 号。

刘某签订一份劳动合同，约定刘某担任滑雪场的滑雪教练，合同期限为2017年12月1日至2018年2月25日。刘某填了一份员工登记表，备注一栏记载：（1）是否有某种传染疾病？（2）是否曾经被认定工伤或者职业病或者持有残疾人证明？（3）是否有过何种重大疾病？刘某打钩“否”。

刘某入职滑雪场后，2017年12月12日，刘某根据滑雪场安排，参加滑雪指导员职业技能挑战赛中，不慎与队友碰撞受伤。受伤当日，刘某在北京怀柔医院进行了治疗，CT诊断报告书诊断为左侧多发肋骨骨折，右侧第4、5肋骨骨折后改变等。2017年12月22日，密云医院DR检查报告单显示刘某双侧膈上所见肋骨未见明确骨折线，双侧未见液、气胸征象。

2018年1月12日，刘某门诊病历载明肋骨骨折一月余。

滑雪场公司认为，2017年12月1日，刘某到滑雪场面试滑雪教练一职，刘某在入职信息中隐瞒自身肋骨骨折未愈情况，致使滑雪场在不知情，违反真实意愿的情况下签订劳动合同，该合同应无效，故起诉至法院，请求依法判决。

裁判意见

一审法院认为，滑雪场、刘某于2017年12月1日签订劳动合同，现劳动合同已到期终止。滑雪场主张对于公司入职人员身体条件上存在特定要求，但刘某入职前，滑雪场未安排刘某进行体检，即与刘某签订合同，安排刘某上岗工作，滑雪场自身存在一定过错。刘某自在滑雪场入职至2017年12月12日参加滑雪比赛发生事故，该期间未有证据证明刘某不胜任工作。虽然刘某在入职滑雪场之前曾受伤，但刘某提交的2017年10月29日检查报告，并未显示刘某肋骨骨折，滑雪场主张刘某存在欺诈，隐瞒身体骨折病史证据不足。判决如下：驳回滑雪场的诉讼请求。

二审法院认为，法律规定，一方当事人故意告知对方虚假情况，或者故意隐瞒真实情况，诱使对方当事人作出错误意思表示的，可以认定为欺诈行为。因此，本案审理的焦点是刘某在订立合同时是否存在欺诈，即其是否故意隐瞒骨折的事实与滑雪场签订劳动合同。

首先，根据查明的事实，刘某曾提交了2017年10月29日，县医院的X线诊断报告单，诊断结果为胸部未见明显外伤性改变。滑雪场对该诊断报告单有异议，口头申请法院调查取证，其申请不符合法律规定，一审法院未予受理，并无不当。在无证据证明上述医院诊断报告单不真实的情形下，一审法院予以采信并无不妥。

其次，刘某入职时，经过了滑雪场的面试，滑雪场未要求刘某进行入职体检，虽然滑雪场在一审时提交了"滑雪指导员聘用制度"，但是刘某称入职时并未见到该文件，滑雪场亦未提交证据证明其向刘某出示了该"滑雪指导员聘用制度"。刘某被录用后至发生碰撞前在滑雪场工作了11日，期间无证据证明刘某身体存在异常现象。

最后，虽然刘某在不同医院检查后的结果存在不一致的地方，但是因检查项目不同，受伤起因不同，故不能以此否定此前的报告单真实性。

综上，现有证据不足以证明刘某存在故意隐瞒骨折的事实而与滑雪场签订劳动合同，因此，滑雪场以刘某存在欺诈行为而主张劳动合同无效，依据不足，一审法院对此认定准确，法院予以维持。

案例分析

本案中，用人单位主张刘某隐瞒骨折未愈的身体状况入职，构成欺诈，要求确认劳动关系无效。法院认为，一方当事人故意告知对方虚假情况，或者故意隐瞒真实情况，诱使对方当事人作出错误意思表示的，可以认定为欺诈行为。然而，首先，用人单位无法证明曾经对劳动者入职时的身体状况有明确要求；其次，用人单位没有在入职时为劳动者安排体检；最后，用人单位无法提供证据证明劳动者在职期间因身体原因不能胜任工作。综上，法院认为，现有证据不足以证明刘某存在故意隐瞒骨折的事实而与滑雪场签订劳动合同，用人单位以劳动者存在欺诈行为而主张劳动合同无效，依据不足。

由此可见，用人单位招聘的岗位对劳动者身体素质有较高要求的，应当注意做到以下几点：

（1）合理考察求职者身体素质

在招聘过程中，用人单位可以在面试及录用环节向求职者声明岗位的身体素质要求，安排入职体检，将体检结果作为通过录用的标准，并且可以要求求职者签署书面文件，表明其知悉岗位的录用标准及身体素质要求。通过上述措施，可以说明用人单位已经尽了合理的告知及审查义务。

然而需要注意的是，劳动者的身体状况还涉及个人隐私及就业歧视问题，用人单位并不能在招聘过程中随意设置身体素质标准，还应当遵守法律法规的规定，在法律禁止性规定范围外进行合理的招聘管理。

比如，我国《就业促进法》第 30 条明确规定，用人单位招用人员，不得以是传染病病原携带者为由拒绝录用。但是，经医学鉴定传染病病原携带者在治愈前或者排除传染嫌疑前，不得从事法律、行政法规和国务院卫生行政部门规定禁止从事的易使传染病扩散的工作。

我国人力资源和社会保障部发布的《就业服务与就业管理规定》第 19 条①第 2 款还规定，用人单位招用人员，除国家法律、行政法规和国务院卫生行政部门规定禁止乙肝病原携带者从事的工作外，不得强行将乙肝病毒血清学指标作为体检标准。

由此可见，并非所有的疾病都可以作为用人单位拒绝录用，或者主张劳动者欺诈的理由，对于乙肝、艾滋病等类型的传染病患者，应当保障其平等就业的权利。此外，对于不影响履行岗位工作的疾病、既往病史，也不能作为用人单位拒绝录用、主张劳动者欺诈的理由。用人单位应当根据岗位的实际需要，在法律允许的范围内对劳动者设置合理的身体素质要求。

---

① 《就业服务与就业管理规定》第 19 条规定，用人单位招用人员，不得以是传染病病原携带者为由拒绝录用。但是，经医学鉴定传染病病原携带者在治愈前或者排除传染嫌疑前，不得从事法律、行政法规和国务院卫生行政部门规定禁止从事的易使传染病扩散的工作。用人单位招用人员，除国家法律、行政法规和国务院卫生行政部门规定禁止乙肝病原携带者从事的工作外，不得强行将乙肝病毒血清学指标作为体检标准。

（2）考察劳动者是否胜任工作

实践中存在劳动者隐瞒真实身体状况入职后，顺利通过了试用期并且工作了较长时间、完全能够胜任岗位工作的情况。这种情况下，用人单位如果因劳动者隐瞒真实身体状况入职而主张劳动合同无效，则存在较大的败诉风险。即使劳动者在入职时对身体状况有所隐瞒，但是其顺利通过试用期并且可以完成用人单位的工作要求，就表示其身体状况并不会直接影响劳动合同的履行，也就不构成《劳动合同法》第 8 条所说的与劳动合同直接相关的基本情况。

因此，用人单位在劳动者入职后，应当注重对劳动者工作完成情况的考察，制定详细的考察标准，如果发现劳动者不能胜任工作，应当及时处理。在试用期内的，可以依据《劳动合同法》第 39 条①的规定，以“在试用期间被证明不符合录用条件”为由解除劳动合同。劳动者工作较长时间并且能够实际胜任工作的，用人单位不宜再因其隐瞒身体状况而主张劳动合同无效。

第二节 录用中的缔约过失风险

4. 背景调查未通过能否取消录用

录用通知（Offer Letter）是用人单位向劳动者发出的约定缔结劳动合同的通知书，通常是在面试结束后，正式告知劳动者确定录用的结果。劳动者在收到录用通知后即可着手向原单位提出辞职。录用通知并不属于劳动法律

---

① 《劳动合同法》第 39 条规定，劳动者有下列情形之一的，用人单位可以解除劳动合同：（1）在试用期间被证明不符合录用条件的；（2）严重违反用人单位的规章制度的；（3）严重失职，营私舞弊，给用人单位造成重大损害的；（4）劳动者同时与其他用人单位建立劳动关系，对完成本单位的工作任务造成严重影响，或者经用人单位提出，拒不改正的；（5）因本法第 26 条第 1 款第 1 项规定的情形致使劳动合同无效的；（6）被依法追究刑事责任的。

要求签订的文本，因此其并不受劳动法律管理，发生的争议也不属于劳动争议。

但是，录用通知仍然受到《民法典》[①]规定的制约，劳动者与用人单位双方应当秉持诚实信用的原则，共同遵守录用通知书的内容，违反录用通知书的约定，导致无法订立劳动合同，可能需要承担缔约过失责任。尤其是，劳动者在接到录用通知后向原单位提出辞职，如果新单位此时反悔取消录用，导致劳动者无法按计划入职，那么可能会给劳动者带来较大的经济损失，用人单位需要因此承担缔约过失责任。

实践中，用人单位在发出录用通知后，常有反悔的情况发生，常见的反悔理由就是背景调查不通过。那么，以此为由取消录用，是否需要承担缔约过失责任呢？

典型案例4[②]

案情简介

2019年12月9日，原告为应聘被告的教师岗位，向被告递交了电子简历和证书扫描件。2019年12月9日，被告人力资源管理处的林某老师通过电子邮件通知原告至被告处面试。2019年12月24日下午，原告参加了被告的面试。当晚，被告的工作人员吴某微信告知原告：您通过了，我明天会出通知。2019年12月30日上午，被告人事处安排原告分别与被告董事长、副校长和国际医学技术学院院长和副院长进行面谈、沟通。

2019年12月31日，原告与其原就职的上海A学院签订了《劳动争议调解协议书》和办理了退工手续，并将单位退工证明通过微信发给被告的吴某

① 《民法典》第500条规定，当事人在订立合同过程中有下列情形之一，造成对方损失的，应当承担赔偿责任：(1) 假借订立合同，恶意进行磋商；(2) 故意隐瞒与订立合同有关的重要事实或者提供虚假情况；(3) 有其他违背诚信原则的行为。

② (2021) 沪0115民初51443号。

老师。2020 年 1 月 2 日，被告的吴某老师发微信给原告：人事处已与潘校长商定，请您于 2020 年 2 月 25 日办理入职手续。并微信发给原告附件一拟聘人员入职材料清单、附件二新教师必填信息（姓名、手机号码、身份证号码、联系地址、银行卡号码、所属学院等内容）。原告填写附件二后，发回给吴某。

2020 年 1 月 10 日，被告的人力资源管理处向原告发出书面《不予录取通知书》：经研究，学校决定不予录取，感谢您应聘。同时被告还向原告另外以邮件形式发送了《不予录取通知书》。此后，原告多次与被告的相关工作人员联系，要求入职未果。自 2020 年 1 月起，原告处于失业状态。原告认为被告存在缔约过失，应赔偿原告经济损失，故提起诉讼，要求判如所请。

裁判意见

被告收到原告的申请入职资料后，理应本着审慎、诚实信用原则，进行背景调查，满足录用条件后，再向求职者发出录用通知。在原告与其原就职的上海 A 学院办理退工手续后，通知原告于 2020 年 2 月 25 日办理入职手续的情况下，被告才进行背景调查，发现原告遗漏就职履历，且与以往就职单位多次发生因劳动争议的诉讼情况后，告知原告不予录用，有违录用的一般程序。故被告对于中断缔约具有一定过错，应当承担缔约过失责任。原告在递交被告的资料中未能如实填写其完整的就职履历，遗漏了两家与其有劳动争议诉讼的用人单位，隐瞒了与订立合同有关的重要事实，致使被告未能及时、准确地了解原告的就职履历以及与原用人单位解除劳动合同方式的情况，影响了被告对原告是否符合被告录用人员的标准而及时作出合理判断。原告在缔约的过程亦存在一定的过错。双方当事人在缔约过程中均有过错的，根据双方的过错程度予以分担原告在此缔约过程中的损失。

案例分析

本案中，用人单位向劳动者发出录用通知后，对该劳动者进行了背景调查，发现该劳动者部分就职履历没有提交，并且与原单位存在多次劳动争议，新单位决定取消录用通知。法院认为，新单位向劳动者发出录用通知之前就应当对其进行背景调查，劳动者已经收到新单位的录用通知，并且向原单位提出了辞职，此时新单位才去进行背景调查，违反了正常的录用程序，新单位在这个过程中存在不当操作，应当承担一定的缔约过失责任。但是同时，由于背景调查的情况属实，劳动者本人确实存在重要的信息没有告知用人单位，影响了新单位对其录用与否的判断，因此劳动者同样存在过错。法院根据双方的过错，判断各自承担一定比例的缔约过失责任。

5. 劳动者违约不入职是否需要承担缔约过失责任

在用人单位日常招聘活动中，用人单位与劳动者正式签订劳动合同前，通常会以录用通知的形式对入职事项予以确认，部分用人单位还会在录用通知中约定违约金以约束求职者按约定入职。在司法实践中，因用人单位单方取消录用而被劳动者诉至法院的情况屡见不鲜，劳动者主动取消到岗的情况相对较少，但劳动者违反录用通知中的约定拒绝入职的情形发生的，用人单位让劳动者承担违约责任的请求能否被支持则是一个值得商榷的话题。

根据我国《劳动合同法》① 的规定，用人单位只能在签订竞业限制和培训服务期协议的情况下才能和劳动者约定违约金条款。然而在录用通知阶段双方尚未建立劳动关系，尚不属于劳动法律调整的范围，应当视为民事法律关系。因此，在录用通知中约定违约金条款原则上应当是有效的。

---

① 《劳动合同法》第22条规定，用人单位为劳动者提供专项培训费用，对其进行专业技术培训的，可以与该劳动者订立协议，约定服务期。劳动者违反服务期约定的，应当按照约定向用人单位支付违约金。违约金的数额不得超过用人单位提供的培训费用。用人单位要求劳动者支付的违约金不得超过服务期尚未履行部分所应分摊的培训费用。用人单位与劳动者约定服务期的，不影响按照正常的工资调整机制提高劳动者在服务期期间的劳动报酬。第23条规定，用人单位与劳动者可以在劳动合同中约定保守用人单位的商业秘密和与知识产权相关的保密事项。对负有保密义务的劳动者，用人单位可以在劳动合同或者保密协议中与劳动者约定竞业限制条款，并约定在解除或者终止劳动合同后，在竞业限制期限内按月给予劳动者经济补偿。劳动者违反竞业限制约定的，应当按照约定向用人单位支付违约金。

用人单位在招聘过程中遇到劳动者反悔拒绝入职的情况，无形中会增加用人单位的雇佣成本。因此，在录用通知中设置违约条款，一定程度上可以起到警示作用，在产生争议时也可以作为主张权利的依据。然而在现实情况中因劳动者违约拒绝入职而主张违约金的情形相对较少，因此目前尚未形成统一的裁判口径。

典型案例5①

案情简介

周某于2019年6月应聘甲公司市场经理一职，甲公司于2019年7月25日向周某发出《录用通知书》，载明："尊敬的周某，我们十分高兴地通知您已被公司录用，您正式入职后的相关职位、工资福利待遇等条件初步拟定如下：您的岗位是Marketing Manager……入职日期是2019年8月26日，您将签订为期三年的固定期限劳动合同，其中自您入职之日起需有六个月试用期。您的工作地点为上海。您每月基本工资为51,500元整（税前）。若在您签署本录用通知后，您未按前述入职日期到岗或者公司在对您的背景调查结果满意后仍拒绝接受您入职，该方（违约方）将视为对此份协议构成违约，应承担违约责任。双方均理解，违约行为将造成对方不可弥补的损失，并且同意根据下述方式赔偿对方违约金：违约金数额＝前述条款中约定的一个月基本工资的数额……"当日，周某在《录用通知书》上签名并以扫描件形式发还甲公司。后周某未按约定时间入职。因而甲公司提起了诉讼。

裁判意见

一审法院认为，用人单位和劳动者订立劳动合同，应当遵循合法、公平、平等自愿、协商一致、诚实信用的原则。若一方在合同订立过程中违反诚实

① （2020）沪02民终3126号。

信用原则给对方造成信赖利益损失的，应当承担相应的缔约过失损害赔偿责任。本案中，周某至甲公司处应聘，甲公司经面试后决定录用周某，并于2019年7月25日向周某发出《录用通知书》，初步拟订了周某的入职日期、职位以及工资福利待遇等条件并明确了答复的期限，其性质为用人单位希望与劳动者建立劳动关系的单方意思表示。周某当日在《录用通知书》上签名确认后发还甲公司，应视为对《录用通知书》内容的认可并同意入职。在此情况下，甲公司基于相信周某会按约履行、双方未来将建立正式劳动关系而享有信赖利益。此后，周某于2019年8月22日又拒绝入职甲公司处，违反了诚实信用原则，侵害了甲公司的信赖利益，造成了甲公司的损失，应依法承担相应的赔偿责任。

缔约过失责任中对于信赖利益损失的赔偿包括对直接财产损失及间接机会损失的赔偿，且不应当超过劳动合同正式订立后双方可得利益的范围。本案中，甲公司损失的范围以及周某应赔偿的金额应结合本案实际情况，根据甲公司拟招录岗位的情况、薪资标准、重新招录的难易、周某的过错程度以及双方的约定内容等主客观因素综合认定。首先，周某先于2019年7月25日同意于2019年8月26日入职，又于2019年8月22日提出拒绝，中间间隔近一个月的时间，其主观过错较为明显。其次，甲公司在此期间基于对周某的信赖停止招录，必然丧失了继续选择合适员工的机会，而重新招录亦必然需要支出相应费用。再次，从公司招录的岗位情况及薪资标准来看，应属于较为重要的岗位。甲公司诉称该岗位的空置会使甲公司的经营受到一定影响，从而丧失商业机会，该意见也属合理。最后，《录用通知书》中明确违约行为将造成对方不可弥补的损失，应按一个月基本工资的标准赔偿对方违约金。在2019年9月1日回复的电子邮件中周某也确认，在签署《录用通知书》时清楚阅读并确认该款项，可见周某对于其拒绝入职的行为将导致甲公司损失以及损失的金额是明知且有预期的。而损失金额约定为一个月基本工资，亦属合理，法院不持异议。综上，甲公司按照约定的违约金金额主张赔偿，并无不妥，法院予以支持。周某的辩称意见，于法无据，法院不予采纳。

二审法院认为，被上诉人可以主张上诉人承担违约责任。本案中，上诉人抗辩其不应承担违约责任，理由有二：其一，《劳动合同法》第25条规定，“除本法第二十二条和第二十三条规定的情形外，用人单位不得与劳动者约定由劳动者承担违约金”，即在法律规定的特定条件下，用人单位与劳动者仅可就服务期和保密义务约定劳动者违约责任，除此之外用人单位不得约定劳动者承担违约责任，而本案被上诉人约定的违约责任条款不属于上述法律规定的情形，属无效条款。法院认为，上述违约责任约定的排除性条款仅适用于用人单位与劳动者之间，法院在上述第一个问题中对双方之间未成立劳动关系已做认定，故上诉人该抗辩意见缺乏法律依据，法院不予采纳。其二，上诉人主张被上诉人在招聘过程中的经营风险应自行承担，而非由上诉人承担。本案中，双方经过多轮面试、平等磋商后，上诉人于2019年7月25日以签字回复被上诉人《录用通知书》的行为，确认了双方在将来一定期限内订立劳动合同的约定。《录用通知书》约定上诉人应于2019年8月26日入职，被上诉人对上诉人按期履约已产生信赖利益，但上诉人迟至2019年8月22日始拒绝入职被上诉人处，且上诉人在一审中陈述的不入职理由是其找到更适合自己的岗位。法院认为，上诉人不入职的行为并非其本人无法预见的情形，而是上诉人经过考量后对自身履约利益作出的权衡和选择。上诉人将其违约行为归结为被上诉人经营风险的一部分并由被上诉人自行承担的主张，缺乏法律依据，也不合情理，有违诚实信用，法院对其该抗辩理由不予采纳。因此，驳回上诉，维持原判。

案例分析

一审法院以诚实信用原则为裁判基点，认为周某的行为严重侵害了甲公司的信赖利益，造成了甲公司的损失，判决周某承担缔约过失责任。二审法院维持了一审判决，且二审法院还认为，《录用通知书》可视为预约合同，通知书中载明事项是公平合理的，不存在违反法律的情况，也不存在进一步磋商的空间，该通知书对双方皆有约束力，违约方应当承担相应责任，并且周某拒绝入职不属于本人无法预见的情形，而是经过考量后的选择，不得将其归结为甲公司经营风险的一部分，判决周某支付违约金。

由此可见，录用通知中针对劳动者的违约条款是具有一定约束作用的。然而本案也存在一定的特殊情况，该用人单位之所以能够主张成功，一部分原因也是该劳动者应聘的岗位属于比较重要的岗位，用人单位进行了多轮面试，在招聘上花费了较高成本，并且劳动者在约定的入职时间前几天才告知用人单位拒绝入职，劳动者此举也存在较大过错。法院从招聘的难度以及用人单位主张违约金的合理性综合判断决定支持用人单位的主张。但是，实践中大部分岗位都是基础性岗位，替代性较强，同时会有较多应聘者备选，一个劳动者违约并不会给用人单位增添额外的招聘成本，对于这些岗位来说，即使在录用通知中约定了违约金，法院也会综合评判违约金条款的合理性，用人单位主张应聘者承担违约金的诉求未必能够全部获得支持。

第三节 劳动合同签订注意事项

6. 因劳动者单方原因未签书面劳动合同

劳动合同是确定劳动关系、明确双方权利义务的重要依据，为了保障劳动者利益，劳动法要求用人单位积极履行签订书面劳动合同的义务，否则将依法承担相应的责任。用人单位自实际用工之日起满一个月不满一年，未与劳动者签订书面劳动合同需要按月支付二倍工资，超过一年不签订书面劳动合同的，视为双方订立了无固定期限劳动合同。然而并不是所有情况下，未签书面劳动合同，用人单位都需要承担相应责任的。在用人单位就签订劳动合同已尽合理的磋商义务后，劳动者仍然不签订书面劳动合同的，此时用人单位无须承担支付二倍工资的责任。

《劳动合同法实施条例》第 5 条还规定，自用工之日起一个月内，经用人单位书面通知后，劳动者不与用人单位订立书面劳动合同的，用人单位应当书面通知劳动者终止劳动关系，无须向劳动者支付经济补偿，但是应当依法向劳动者支付其实际工作时间的劳动报酬。

典型案例6[①]

案情简介

肖某与A公司签订有期限2020年5月6日至2021年5月6日的劳动合同，约定肖某的工作岗位仓储经理、工资标准10,000元/月（试用期2个月8000元），期间肖某按约提供劳动，A公司则按约支付工资。2021年5月6日合同期满后，肖某仍在A公司工作，因肖某原因双方并未续签劳动合同。后肖某以未签书面劳动合同为由向劳动争议仲裁委员会申请仲裁，将A公司诉至法院。

裁判意见

用人单位自用工之日起超过一个月不满一年未与劳动者订立书面劳动合同的，应当向劳动者每月支付二倍的工资。用人单位超过一个月未与劳动者签订书面合同的，是否需要双倍支付劳动者的工资，应当考虑用人单位是否履行诚实磋商的义务以及是否存在劳动者拒绝签订等情况。如用人单位已尽到诚实义务，因不可抗力、意外情况或者劳动者拒绝签订等用人单位以外的原因而造成劳动合同未签订的，不属于用人单位应当支付二倍工资的情形。本案中，肖某与A公司的劳动合同于2021年5月6日期满，此后肖某继续在A公司工作，A公司应当及时与肖某续签劳动合同。按肖某的自述，张某的微信聊天记录中谈到续签劳动合同事宜发生于2021年6月10日，另根据张某与肖某2021年7月5日的谈话录音可见，双方就劳动合同期满后的工作岗

① （2021）沪0114民初26120号。

位、工资标准多次协商，张某已于2021年5月交付肖某劳动合同文本，但肖某始终未签署。由此可见，A公司已经在劳动合同期满后一个月内尽到与肖某磋商签订劳动合同的事宜，因当时肖某的工作岗位已调整至项目经理，故A公司以项目经理岗位与肖某协商签订劳动合同，并无不妥。A公司已尽到协商签订劳动合同的义务，因肖某的原因而致使劳动合同未续签，A公司无须支付二倍工资差额。

案例分析

本案中，该劳动者与用人单位的上一份劳动合同于2021年5月6日期满，公司于2021年7月5日通知解除劳动合同，期间双方没有及时签订书面劳动合同，并且一直继续用工。劳动者主张用人单位支付其未签书面劳动合同二倍工资。法院根据双方提供的证据判断，用人单位已经在劳动合同到期后一个月内多次与劳动者协商签订劳动合同，已经尽到了合理的磋商义务，未签劳动合同是劳动者原因导致的，因此用人单位无须支付二倍工资差额。

7. 特殊岗位员工关于签订劳动合同的认定

根据《劳动合同法》第14条第3款①的规定，用人单位应当自用工之日起一个月内订立书面劳动合同，用人单位自用工之日起超过一个月不满一年未与劳动者订立书面劳动合同的，应当向劳动者每月支付二倍的工资。超过一年不签书面劳动合同的视为双方已订立无固定期限劳动合同。劳动合同是用人单位与劳动者建立劳动关系、明确权利义务的重要依据，该条款的本意是督促用人单位与劳动者签订书面劳动合同，保障劳动者权益。然而，当未签书面劳动合同的过错在劳动者一方时，用人单位则无须承担上述二倍工资的法律后果。

---

① 《劳动合同法》第82条规定，用人单位自用工之日起超过一个月不满一年未与劳动者订立书面劳动合同的，应当向劳动者每月支付二倍的工资。用人单位违反本法规定不与劳动者订立无固定期限劳动合同的，自应当订立无固定期限劳动合同之日起向劳动者每月支付二倍的工资。

实践中，用人单位的部分员工可以基于职权直接接触到自己以及其他员工的劳动合同、入职材料等文本，比如企业的人事管理人员。此类员工通常拥有较高的权限，可以接触到用人单位重要的人事资料以及印章，如果这类人员故意或过失没有与用人单位签订书面劳动合同，是否能够像普通劳动者一样向用人单位主张支付二倍工资差额，实践中存在不同观点。

一种观点认为，根据《劳动合同法》第 82 条之规定，从文义上理解，只要未签订书面劳动合同，用人单位就须承担支付二倍工资的不利法律后果，其并未考虑劳动者的岗位及职责不同并据此判断用人单位是否需要支付二倍工资。另一种观点则认为，与劳动者签订劳动合同本身就是人事管理人员的工作职责，并且身为人事管理人员，必然对劳动法律比较了解，其应当知晓建立劳动关系应当签订书面劳动合同，若公司未主动签订劳动合同，其首先就有义务提醒公司签订书面劳动合同，没有提醒公司签订劳动合同，本身就存在重大过错，不应当获得双倍工资。

典型案例 7①

案情简介

孟某于 2016 年 9 月 12 日入职 B 公司，担任人事行政经理，后调整为人力资源总监。关于劳动合同签订情况的问题，孟某提起仲裁以及之后的诉讼，诉讼理由主要是 B 公司未与其签订劳动合同，自己不负责保管合同，合同都放在公共办公室中；B 公司主张已于孟某入职当天与其签订期限为三年的劳动合同，孟某利用职务便利，将自己的劳动合同原件带走。B 公司提交保密合同用于举证，并明确说明该保密合同与劳动合同同时签订，按照常理不会单独签保密协议，孟某身为人力资源部经理，私自将其劳动合同带走，因此 B 公司认为孟某主张的未签订劳动合同不符合客观事实。

① （2019）京 0105 民初 34134 号。

裁判意见

孟某作为人力资源总监、人事行政经理，虽然其主张签订和保管劳动合同不属于其职务范围，然而该主张与常理相悖。孟某在本案中并未提交证据证明其向公司主张签订劳动合同而被拒绝，因此孟某要求公司支付未签订劳动合同的二倍工资差额，缺乏事实和法律依据，法院难以支持。

案例分析

本案中，该劳动者系人力资源总监，主张用人单位未与其签订书面劳动合同，要求支付二倍工资。法院认为，该劳动者作为人力资源总监，签订和保管劳动合同属于其职责范围，包括其自身与用人单位签订劳动合同都应当属于职责范围，除非该劳动者能够提交证据证明其要求签订书面劳动合同而用人单位拒绝的。

8. 倒签劳动合同期限的法律后果

根据《劳动合同法》的规定，用人单位应当自用工之日起一个月内签订书面劳动合同，超过一个月不满一年未与劳动者订立书面劳动合同的，应当向劳动者每月支付二倍的工资。超过一年未与劳动者订立书面劳动合同的，视为已订立无固定期限劳动合同。

实践中，用人单位发生了没有在一个月内与劳动者签订书面劳动合同的情况，事后意识到应当签订书面劳动合同，为了规避支付应签未签书面劳动合同二倍工资的责任，用人单位会与劳动者将劳动合同签订日期倒签到实际用工之日。

对此，有观点认为，补签的劳动合同如果覆盖到了实际用工之日起的劳动关系期间，并且用人单位也依法支付工资、缴纳社保，没有因未及时签订书面劳动合同而给劳动者造成任何不利影响，这种情况并不会损害到劳动者利益，因此用人单位不应当承担向劳动者支付二倍工资的责任。

然而，如果倒签劳动合同日期可以免除用人单位支付二倍工资的义务，那么实际上就“规避”了《劳动合同法》关于应签未签书面劳动合同的规定，用人单位可以随时与劳动者补签劳动合同日期而无须承担任何后果，无法起到督促用人单位订立书面劳动合同的作用，不利于实现保障劳动者权益的立法目的。因此，即使劳动者同意与用人单位倒签劳动合同日期，日后产生争议时能够证明签订劳动合同的日期超出劳动者入职一个月时间以上的，用人单位可能还是要承担支付二倍工资差额的责任。

典型案例8①

案例简介

原告于2020年10月8日入职被告处，担任编导。双方于2021年1月26日补签了期限为2020年10月8日至2021年10月7日的劳动合同，约定试用期为2020年10月8日至2021年1月8日，月工资为4500元，每月10日支付上个月工资。该劳动合同落款日期为2020年10月8日。原告在被告处实际工作至2021年1月30日。

2021年2月2日，原告向上海市静安区劳动人事争议仲裁委员会申请仲裁，要求被告支付2020年11月1日至2021年1月26日未签订书面劳动合同二倍工资差额。该仲裁委于2021年4月23日作出静劳人仲（2021）办字第488号裁决：对原告的请求事项不予支持。原告不服，遂起诉至法院。

裁判意见

法院认为，依据法律规定，用人单位自用工之日起超过一个月不满一年未与劳动者订立书面劳动合同的，应当向劳动者每月支付二倍的工资。夏某于2020年10月8日入职公司，双方虽签订了期限为2020年10月8日至

① （2021）沪0106民初21429号、（2021）沪02民终10230号。

2021年10月7日的劳动合同，但经双方确认该合同系于2021年1月26日倒签。法律规定建立劳动关系应当及时签订书面劳动合同，旨在更好地保护当事人的合法权益，使双方权利义务固定下来，稳定劳动关系。而“倒签劳动合同”的行为与上述立法本意不符，不利于保护劳动者权益。因此，一审法院判决公司应支付夏某2020年11月8日至2021年1月26日未签订劳动合同的二倍工资差额，合理合法，并无不当。关于二倍工资的计算基数，双方均确认了夏某的工资标准，一审法院据此计算的二倍工资差额，并无不当，法院予以维持。公司要求扣减相应社会保险费用，与双方争议的二倍工资差额问题无涉，法院不予采纳。

案例分析

本案中，劳动者入职后三个多月用人单位才与其签订书面劳动合同，并且将劳动合同日期倒签回劳动者入职之日。法院认为，法律规定建立劳动关系应当及时签订书面劳动合同，旨在更好地保护当事人的合法权益，使双方权利义务固定下来，稳定劳动关系。而“倒签劳动合同”的行为与上述立法本意不符，不利于保护劳动者权益。因此，在上海地区，即使双方倒签劳动合同，用人单位仍然有可能要支付应签未签书面劳动合同的二倍工资差额，当然也不排除其他法院可能采取不同的观点。

9. 未签书面劳动合同满一年的法律后果

为了保障劳动者权益，《劳动合同法》要求确立劳动关系必须自用工之日起一个月内签订书面的劳动合同，用人单位自用工之日起超过一个月不满一年未与劳动者订立书面劳动合同的，应当向劳动者每月支付二倍的工资。用人单位自用工之日起满一年不与劳动者订立书面劳动合同的，视为用人单位与劳动者已订立无固定期限劳动合同。

由上述规定可知，假如用人单位实际用工之日起一年内签订了书面劳动合同，那么需要支付应签未签书面劳动合同的二倍工资即可；用人单位实际用工超过一年，就视为双方之间订立了无固定期限合同。那么，自劳动者和用人单位之间视为订立无固定期限劳动合同之日起，假如双方仍然没有签订书面的无固定期限劳动合同，用人单位是否还需要继续支付未签书面劳动合同的二倍工资呢？

在司法实践中，通常认为自双方视为订立无固定期限劳动合同之日起，无论双方是否签订了书面的无固定期限劳动合同，都不需要再支付应签未签书面劳动合同的二倍工资了。

典型案例9[①]

案情简介

原、被告双方一致确认：被告自2019年7月起为原告缴纳社保；2019年7月1日至2021年6月10日双方存在劳动关系；原告在被告处工作至2021年6月10日，当日原告以被告存在漏缴、欠缴社保为由，向被告发送了书面解除通知书；2021年6月7日被告为原告补缴了部分月份欠缴的社保；原告离职前12个月平均工资为7406.17元。

2021年7月28日，原告向上海市静安区劳动人事争议仲裁委员会申请仲裁，要求：（1）被告支付2020年7月1日至2021年3月25日未签订无固定期限劳动合同二倍工资差额66,666元；（2）被告支付解除劳动合同经济补偿金18,515.43元；（3）被告支付2021年6月1日至10日的工资2800元；（4）确认2019年3月25日至2021年6月10日原、被告存在劳动关系。该仲裁委于2021年9月29日作出静劳人仲（2021）办字第1914号裁决：（1）确认原告2020年7月28日至2021年6月10日与被告存在劳动关系；（2）被告向原告支付2021年6月1日至10日的工资1839.08元；（3）对原告的其他请求不予支持。原告不服裁决，起诉至法院。

① （2021）沪0106民初44684号。

裁判意见

法院认为，关于未签劳动合同双倍工资差额，根据法律规定，用人单位自用工之日起超过一个月不满一年未与劳动者订立书面劳动合同的，应当向劳动者每月支付二倍的工资。用人单位自用工之日起满一年不与劳动者订立书面劳动合同的，视为用人单位与劳动者已订立无固定期限劳动合同。本案中，原告入职满一年双方未签订劳动合同，应视为双方已签订无固定期限劳动合同，原告要求被告支付2020年7月1日至2021年3月25日未签劳动合同二倍工资差额，无法律依据，法院不予支持。

案例分析

本案中，用人单位自2019年7月开始与该劳动者建立劳动关系，并且未签书面劳动合同，双方的劳动关系到2021年6月解除。因此，在2020年7月，用人单位与该劳动者就视为订立了无固定期限劳动合同，劳动者主张2020年7月1日至2021年3月25日未签书面劳动合同二倍工资差额，法院不予支持。劳动者只能主张2019年8月至2020年7月未签书面劳动合同二倍工资差额。因此，一般来说，如果用人单位没有依法签订书面劳动合同，需要支付的二倍工资差额，通常不会超过11个月。

10. 电子形式签订劳动合同是否有效

劳动合同是用人单位与劳动者确立劳动关系的重要文书，《劳动合同法》对劳动合同的内容与签订形式做了明确要求，根据《劳动合同法》的规定，用人单位应当自用工之日起一个月内与劳动者签订书面劳动合同。随着网络科技的发展，电子形式的文书也逐渐为人们所接受，然而电子数据形式承载的文书能否被法律所认可，在实践中经历了较长的发展过程。

2020年新冠疫情暴发，远程办公从临时性的应对措施逐渐变得常态化，为了维持正常的生产经营活动，人们对电子合同的需求日益增加，对电子签订劳动合同的需求也同样增加。2020 年 3 月 4 日，人力资源和社会保障部办公厅发布了《关于订立电子劳动合同有关问题的函》（人社厅函〔2020〕33 号），该函件明确：用人单位与劳动者协商一致，可以采用电子形式订立书面劳动合同。

2021 年 7 月 1 日，人力资源和社会保障部办公厅发布了《电子劳动合同订立指引》，明确用人单位可以与劳动者协商一致订立电子劳动合同，并且要通过电子劳动合同订立平台订立。

典型案例 10[①]

案情简介

2019 年 5 月 8 日，陶某入职 B 公司。在职期间，B 公司为陶某缴纳了 2019 年 5 月至 9 月的社会保险。陶某最后工作时间至 2019 年 9 月 30 日。2019 年 10 月 15 日，陶某向北京市密云区劳动人事争议仲裁委员会（以下简称密云仲裁委）申请仲裁，要求：1. B 公司支付 2019 年 6 月 8 日至 10 月 1 日未签订劳动合同双倍工资差额 62, 472 元……2019 年 11 月 15 日，密云仲裁委作出京密劳人仲字［2019］第 2830 号裁决书，裁决 B 公司支付陶某 2019 年 6 月 8 日至 10 月 1 日未签订劳动合同双倍工资差额 58, 205. 33 元……B 公司不服仲裁裁决，于法定期限内向法院起诉，陶某未起诉，后又发生上诉。

裁判意见

法院认为，B 公司上诉主张与陶某以微信形式签订了电子劳动合同，就此法院认为，用人单位与劳动者协商一致，可以采用电子形式订立书面劳动合同。采用电子形式订立劳动合同，应当使用符合电子签名法等法律法规规定的可视为书面形式的数据电文和可靠的电子签名。用人单位应保证电子劳

① （2020）京 03 民终 7608 号。

动合同的生成、传递、储存等满足电子签名法等法律法规规定的要求，确保其完整、准确、不被篡改。符合劳动合同法规定和上述要求的电子劳动合同一经订立即具有法律效力，用人单位与劳动者应当按照电子劳动合同的约定，全面履行各自的义务。

首先，劳动合同文本是用人单位与劳动者就劳动合同条款协商一致的结果，本案中，陶某与B公司李某的微信聊天记录显示了双方就该劳动合同进行协商的过程，但未能显示双方就劳动合同的内容达成一致。其次，《电子签名法》第13条规定，电子签名同时符合下列条件的，视为可靠的电子签名：（1）电子签名制作数据用于电子签名时，属于电子签名人专有；（2）签署时电子签名制作数据仅由电子签名人控制；（3）签署后对电子签名的任何改动能够被发现；（4）签署后对数据电文内容和形式的任何改动能够被发现。当事人也可以选择使用符合其约定的可靠条件的电子签名。劳动者与用人单位在合同文本上签字或盖章是劳动合同得以成立并生效的必要条件，本案中，B公司和陶某提交的劳动合同，在其尾页专门的签字盖章处并没有陶某的签名或电子签名，亦没有B公司的签字盖章，不符合劳动合同签订的形式，该劳动合同并未成立。

综上，一审法院认定双方未签订劳动合同，并判决B公司支付2019年6月8日至10月1日未签订劳动合同双倍工资差额58,205.33元，并无不当，法院予以维持。

典型案例11[①]

案情简介

原告于2019年7月1日入职被告处，从事地铁检票设备售后维护工作，仅签订电子劳动合同。2019年9月，原告以未签订书面劳动合同为由向上海

① （2020）沪0107民初3278号、（2020）沪02民终11398号。

市普陀区劳动人事争议仲裁委员会申请仲裁，该仲裁委员会于同年 9 月 24 日受理，并于同年 12 月 3 日作出普劳人仲（2019）办字第 2548 号裁决书，裁决对原告的请求事项不予支持。原告不服，现诉至法院请求判决如其诉请。

审理中，原告确认其与被告于 2019 年 7 月 5 日通过“动奶酪”人事信息管理系统平台签订了电子劳动合同文本。

裁判意见

法院认为，用人单位自用工之日起超过一个月不满一年未与劳动者订立书面劳动合同的，应当向劳动者每月支付二倍的工资。数据电文和纸面合同一样，是书面形式的一种，可靠的电子签名与手写签名或者盖章具有同等的法律效力。本案中，陈某于 2019 年 7 月 1 日入职 C 公司，C 公司后于 2019 年 7 月 5 日与陈某签订电子劳动合同，该电子劳动合同系 C 公司租赁使用第三方“动奶酪”的人事信息管理系统平台签订亦生成了劳动合同文本，且通过上海市数字证书认证中心出具的情况说明及数字签名验证报告对该电子劳动合同的真实性予以确认，陈某在一审审理中亦自认其登入该系统后对该电子劳动合同进行电子签名且并未改动过，应视为其同意双方的劳动合同以电子合同形式订立，故该电子劳动合同系一份完整有效的书面劳动合同。现陈某仅以双方劳动合同采用电子签名、数据电文的形式而否定该电子劳动合同的法律效力，没有事实和法律依据，法院不予支持。综上，陈某的上诉理由不能成立，其请求应予驳回。一审法院查明事实清楚，适用法律正确。

案例分析

实践中，对于以电子形式依法签订劳动合同的，法院一般是认可劳动合同效力的，然而该电子劳动合同必须符合一定的形式要求。

案例一中，法院认为以电子形式签订劳动合同应当使用可靠的电子签名，法院参考了《电子签名法》第 13 条的规定，即电子签名同时符合下列条件的，视为可靠的电子签名：（1）电子签名制作数据用于电子签名时，属于电子签名人专有；（2）签署时电子签名制作数据仅由电子签名人控制；（3）签署后对电子签名的任何改动能够被发现；（4）签署后对数据电文内容和形式的任何改动能够被发现。案例一中，用人单位和劳动者通过微信传送的劳动合同电子版并没有可靠的电子签名，不符合电子劳动合同的形式要求。

案例二中，C 公司与陈某签订了电子劳动合同，该电子劳动合同系 C 公司租赁使用第三方“动奶酪”的人事信息管理系统平台签订亦生成了劳动合同文本，且通过上海市数字证书认证中心出具的情况说明及数字签名验证报告对该电子劳动合同的真实性予以确认，因此法院认为该电子劳动合同有效。

由此可知，目前用人单位可以和劳动者协商以电子形式签订劳动合同，电子形式的劳动合同可以认为是书面劳动合同。用人单位选择与员工签订电子劳动合同的，必须使用可靠的电子签名，并确保电子劳动合同的完整、准确、不被篡改。用人单位应当选择有相应技术能力的电子劳动合同订立平台来帮助订立电子劳动合同。从内容上来说，电子劳动合同同样需要符合《劳动合同法》对于劳动合同的所有规定，必须包含劳动合同必备条款。

11. 招聘和签订劳动合同过程中如何合法保护员工个人信息

公司意向招聘的员工以及在职员工的个人信息保护是公司数据合规管理的重点。公司收集员工个人信息务必符合法律法规要求，如果因为公司非法收集员工个人信息而侵犯员工权益或造成员工精神、财产损害的，公司应当依法承担民事赔偿责任，公司根据非法收集的员工个人信息主张解除劳动关系的，可能还需承担违法解除劳动合同的赔偿金。

依据我国《民法典》第 1035 条的规定，处理个人信息的，应当遵循合法、正当、必要原则，不得过度处理，并符合下列条件：（1）征得该自然人或者其监护人同意，但是法律、行政法规另有规定的除外；（2）公开处理信息的规则；（3）明示处理信息的目的、方式和范围；（4）不违反法律、行政法规的规定和双方的约定。个人信息的处理包括个人信息的收集、存储、使用、加工、传输、提供、公开等。

公司在招聘录用员工环节，应当根据公司不同岗位的切实需求等具体情况确定信息收集的必要性，确保收集的员工个人信息具有合理性、符合最小且必要原则，避免过度收集而侵犯个人信息利益。对于确实需要收集的高风险类型之信息，公司应当明确告知员工提供该信息的理由并征得该员工的同意。尤其在背景调查过程中，公司需要谨慎评估独立背景调查机构的数据保护制度和管理能力，并明确要求前述调查机构通过合法途径调查候选员工的个人信息并有效保护已获取的员工个人信息内容，以及和前述调查机构通过具体翔实的协议约定违约责任和相关权利义务，从而有效划分公司与公司委托的调查机构的责任。公司以及公司委托的调查机构对于收集到的员工信息应当履行妥善保管的义务，应当采取加密处理和专人专管，注意将员工的个人信息与工作信息物理隔离，在员工个人信息保管和传输过程中进行合理合法管控，避免侵权后果发生。

第四节 其他劳动关系问题

12. 是劳动法律关系还是劳务法律关系

劳务法律关系是指一方向他方提供劳务，另一方给付报酬的权利义务关系，劳务关系不受劳动法律管辖，是一种普通的民事法律关系，劳务法律关系双方是平等主体，双方可以基于意思自治约定劳务关系存续期间的权利与义务，比如约定不签订书面合同、不缴纳社保、不支付加班费等劳动法上常见的法定义务。

而劳动法律关系则是特指劳动者与用人单位为实现劳动过程而建立的，受劳动法律管辖的社会关系，劳动法律关系双方存在较强的人身隶属关系，劳动者受用人单位的管理，需要遵守用人单位的规章制度。在劳动法律关系中，劳资双方的地位是不平等的，用人单位是强势方，劳动者处于弱势方，因此为了保护劳动者利益，劳动法律以强制性法律规范规定了用人单位的各项义务，如应当缴纳社保、支付加班费、法定工作时间、最低工资等。劳动关系的订立、存续、解除与终止都应当严格遵守劳动法律规定，违反劳动法律规定的，将承担相应的法律责任。那么，用人单位与劳动者之间应当签订劳务合同还是劳动合同？用人单位能否要求劳动者签订劳务合同，以此规避劳动法上的义务呢？

在我国，年满16周岁就已经是劳动法上的适格主体了，可以签订劳动合同，并且出于保护劳动者的目的，我国司法实践中也是鼓励用人单位和劳动者建立劳动关系的。原则上，用人单位因生产经营需要招聘劳动者的，都应当建立劳动关系，少数和公司业务无关的岗位可以签订劳务合同，并且在管理上应当区别于订立了劳动法律关系的员工。实践中，经常有名义上是劳务关系的员工，最终被认定为与用人单位存在事实上的劳动关系，用人单位因此需要承担未签书面劳动合同、补缴社保、支付工资差额等后果。劳务法律关系和劳动法律关系最大的区别在于劳动者和用人单位的人身隶属性质，如果用人单位和劳动者虽然没有签订书面劳动合同，但劳动者已成为用人单位一员，遵守用人单位规章制度、接受用人单位管理，身份上具有从属关系，双方确已形成了劳动法律关系的，可能被认定存在事实上的劳动法律关系。

典型案例12①

案情简介

2020年10月，张某通过他人推荐，进入某物流公司设立的南市配送站，注册成为骑手，从事区域配送工作。双方未签合同。2021年1月1日，张某

① （2021）沪01民终13445号。

在取餐途中发生事故，摔倒受伤。事故发生后，张某向某物流公司进行了报备。

一审法院另查明，物流公司处骑手的报酬按送单量确定，无底薪。物流公司对骑手通过网络平台打卡方式进行考勤管理，同时为鼓励骑手多接单，设有全勤奖。骑手上线接单，下线系统不派单，不打卡也不扣款。张某于2020年12月20日、2021年1月20日，先后收到北京某有限公司转账支付的收入款13,437元、15,375元。物流公司为张某投保了骑手雇主责任保险，事发当日在保险期间。

2021年3月29日，张某收到上海市××局关于申请工伤认定需提交劳动关系证明材料的告知书后，即向上海市金山区劳动人事争议仲裁委员会申请仲裁，要求确认2020年10月30日至2021年1月1日张某与物流公司存在劳动关系。该仲裁委员会经审查认为双方系劳务关系，于2021年3月31日作出不予受理通知书，决定不予受理。张某收到通知书后，遂向一审法院起诉。

裁判意见

劳务关系是指一方向他方提供劳务，另一方给付报酬的权利义务关系。劳动关系则是指劳动者与用人单位为实现劳动过程而发生的劳动力与生产资料相结合的社会经济关系。二者之间的本质区别在于，劳动关系下的劳动者与用人单位之间存在高度的人身隶属性，即劳动者对用人单位交付的工作没有自由选择的权利，劳动力完全受用人单位的支配、管理和监督，劳动成果均归属用人单位。而劳务关系中的劳务提供方与接受劳务方之间并无此等程度的人身隶属性。本案中，张某与物流公司未签订劳动合同，其在物流公司处从事骑手配送工作，报酬虽然按月支付但系依据送单量计算。工作中，张某可自主选择上线接单，下线不接单，接单后也可将派送任务转给其他骑手，物流公司对张某接单后如何进行配送也不进行直接管理。张某虽主张物流公司存在每月最少配送450单、底薪3000元、迟到早退要扣钱、每月最多7天的规定，但并未提供充分证据予以证明。根据在案证据，张某在上线、接单等方面均存在较大的自由度，在从事配送工作的过程中具有相当的自主性。综上，物流公司对张某是一种松散的管理模式，现有证据不足以证明物流公司与张某之间存在用人单位对劳动者的管理，张某主张双方之间存在事实劳动关系的证据不足。

案例分析

本案中，法院提出，劳动法律关系和劳务法律关系最本质的区别在于，劳动法律关系双方存在较高的人身隶属性，劳动力完全受用人单位支配、管理和监督，劳动成果归属用人单位。而劳务法律关系双方的人身隶属性则比较弱。本案中，张某作为该平台的骑手，从事配送工作的过程中拥有较高的自主性，可以自行选择接单与不接单，平台对其工作量也没有考核标准，对张某的工作亦没有出勤要求，双方是一种松散的管理模式，因此不足以构成事实劳动关系。

13. 借调员工之劳动关系实务问题

新冠疫情暴发以来，为了应对疫情带来的影响，灵活用工模式越来越为企业所青睐。借调作为一种灵活用工模式，在实践中一直都是存在的，并非新兴的用工模式。借调用工是指用人单位出于短期的业务需要，与其他用人单位签协议，将其他用人单位的员工借调到本单位来从事一段时间的工作，这种借调模式在关联公司之间比较常见。借调用工的模式一定程度上满足了用人单位对灵活用工的需求，然而同时也存在一定的劳动用工风险。其中争议较大的就是劳动用工的混同问题，如果借调用工管理不当，在用人单位与借调员工之间可能产生构成事实劳动关系的风险。

借调用工严格来说并不是劳动法律规定的用工模式，在短期用工的情形下，使用借调模式一般问题不大。然而实践中，一些用人单位长期使用借调员工，甚至依赖借调员工完成公司一些重要的业务，长此以往，借调员工与用人单位之间的联系越来越密切，有的用人单位甚至为借调员工缴纳社保、发放工资，并且在用工管理上与本单位正式员工没有区别，借调员工的身份越来越接近用人单位的正式员工，而双方之间却没有签订劳动合同，那么就会产生事实劳动关系的争议。

典型案例13[①]

案情简介

宋某主张于2019年4月8日开始到某基金公司工作，工作岗位为战略投资部经理，月工资40,000元；2019年6月10日，宋某因基金公司不与其签订劳动合同、不发放工资、公司制度不完善、发展前景不好、与公司领导工作的方式方法有分歧等原因而离职。并以前述理由提出劳动仲裁和诉至一审法院，本案后来还进入二审，而该基金公司一直坚持否认与宋某存在劳动关系，主张宋某与某投资公司存在劳动关系，因投资公司的实际控制人何某和基金公司有合作关系，宋某为何某借调到基金公司参与项目的人员，宋某的工资由投资公司支付。

裁判意见

基金公司认可宋某曾在其公司参与项目；基金公司给天达律所出具的员工花名册中也显示宋某为其公司的员工，入职时间为2019年4月8日；宋某2019年4月至5月的社会保险也由基金公司委托广源公司缴纳。上述证据可以证明宋某与基金公司于2019年4月8日建立劳动关系。基金公司并未提供证据证明其与宋某劳动关系的解除时间，故对宋某关于其在基金公司工作至2019年6月10日的主张，法院予以采信。

基金公司认可其公司给天达律所出具的材料信息的真实性，陈述是为了

① （2021）京02民终4605号。

应付投资方的尽职调查而制作，与事实情况不符，但其未提供充分证据证明其上述主张，对此法院不予采信。另基金公司主张宋某为投资公司借调至公司工作，宋某为投资公司的员工，宋某的工资也由投资公司发放，宋某对此不予认可，主张其与投资公司仅为合作关系，而基金公司提交的投资公司出具的证明显示宋某于2019年3月1日至9月30日与投资公司合作，其公司2019年3月至6月为宋某每月报销费用1万元，基金公司提交的转账记录显示向宋某转账的款项为差旅费，每笔转账的金额为1万元，该证据与投资公司出具的证明能够相互印证，但上述证据并不能证明宋某于2019年4月8日至6月10日与投资公司存在劳动关系，也不能据此推出宋某于2019年4月8日至6月10日与基金公司不存在劳动关系的结论。综上，对宋某关于其与基金公司于2019年4月8日至6月10日存在劳动关系的主张，法院予以采信。

案例分析

本案中，用人单位与该劳动者存在事实劳动关系的争议，单位主张该劳动者系从另一家公司借调而来的，与本单位不存在劳动关系。然而法院审理发现，没有证据能够证明该劳动者与其他公司建立了劳动关系，并且用人单位的职工名册显示该劳动者系用人单位的职工，用人单位也为其缴纳社保、支付工资。法院对双方构成事实劳动关系的主张予以支持。

在认定未签劳动合同的双方是否构成事实劳动关系时，法院会从用人单位是否实际支付工资、缴纳社保和公积金，双方是否存在建立劳动关系的合意，是否存在人身依附性及财产性，劳动者是否实际接受用人单位的管理、指挥或者监督等方面综合考量。

14. 股东兼任高级管理人员的劳动关系实务问题

高级管理人员一般属于公司法上的概念，其范围包括公司的经理、副经理、财务管理人员等。高级管理人员的选任、解聘均需符合《公司法》及公司章程的规定。与此同时，高级管理人员又会与用人单位构成劳动关系，其与用人单位发生劳动争议时，也应当适用劳动法律法规及相关政策。在实践中，涉及公司高级管理人员的劳动争议问题处理往往与普通劳动者不同，在司法裁判中需要更多地考虑其高级管理人员的特殊身份。然而许多公司的高级管理人员会由公司股东兼任，这无疑使高级管理人员的劳动关系问题更加复杂。

实践中，股东兼任高级管理人员的，不同于普通劳动者，其与公司的地位往往比较平等。股东兼任高级管理人员是否构成劳动关系，仍然要从传统的劳动关系认定要素来判断，也就是根据股东是否由公司支付劳动报酬，是否参与公司的生产经营，是否由公司缴纳社保，是否存在较高的人身隶属性等因素来进行综合判断。

典型案例 14[①]

案情简介

李某系科技公司发起人之一，李某持股比例为 15%，于 2013 年 2 月至 2017 年 12 月 7 日担任该公司法定代表人兼任总经理，负责技术工作。2017 年 12 月 8 日之后，李某不再担任科技公司法定代表人，科技公司未再另行为李某安排职务和工作内容。

就双方之间存在何种法律关系，双方当事人主张不一。李某主张与科技公司之间存在劳动关系；科技公司否认双方系劳动关系。

李某主张曾与科技公司签署书面劳动合同，并提交了劳动合同复印件予以佐证，该证据载明李某月工资标准为 26, 920 元，合同期限至 2017 年 2 月 28 日。科技公司对劳动合同复印件的真实性不予认可，主张双方之间未签署劳动合同。另查，李某在仲裁期间自述与科技公司之间未签署劳动合同。

① （2019）京 01 民终 2087 号。

就用工管理情况一节，双方均确认王某系科技公司执行董事，其持股比例为85%。李某主张科技公司决策由王某决定，其本人需接受王某管理。

裁判意见

法院认为，确认存在劳动关系需符合如下三点要件：主体资格是否符合法律规定；劳动者是否接受用人单位的劳动管理并从事用人单位安排的有报酬的劳动；劳动者提供的劳动是否为用人单位的业务组成部分。本案中，首先，李某虽为科技公司法定代表人、股东兼任总经理，然而依据2014年11月18日电子邮件、2014年11月20日电子邮件可知，王某曾向公司包括李某在内的其他工作人员进行工作安排，且就工作情况需在一定期限内进行确认，邮件内容措施并非管理者或股东之间就公司经营问题进行协商，由此可见，李某在担任科技公司法定代表人兼总经理职务期间，需接受王某之管理。鉴于王某系科技公司执行董事同时为该公司持股比例85%的控股股东，且由科技公司章程可知执行董事可决定聘任、解聘公司经理，故法院确认李某系接受科技公司用工管理。其次，依据李某提交的银行明细单，科技公司每月以“工资”名义向李某支付一定款项，虽科技公司主张系该公司支付的股东收益，然而上述款项在一定时间内数额较为稳定，明显与科技公司之主张不符，因此法院采信李某之主张确认上述款项均为科技公司支付的工资，即李某之劳动报酬。最后，李某在科技公司负责技术工作，该工作内容亦属于科技公司的业务范围，李某、科技公司均具备建立劳动关系的主体资格。综合上述三项认定，法院认为李某系接受科技公司管理，从事该公司安排的有报酬的劳动，该劳动属于科技公司的业务组成部分，因而法院采信李某之主张确认其自2013年2月起与科技公司之间存在劳动关系。

案例分析

本案中，李某系公司的股东，担任该公司法定代表人兼任总经理，负责技术工作。李某主张其与公司之间存在劳动关系。法院从三个方面对其是否与公司存在劳动关系进行了判断。首先，李某虽为科技公司法定代表人、股东兼任总经理，但是根据其工作邮件可知，李某的工作不仅限于管理者或股东之间就公司经营问题进行协商，还包括处理具体的工作，并且需要向拥有高管解聘权的大股东王某负责，因此法院确认李某系接受科技公司用工管理。其次，该公司在一段时间内固定地向李某支付一定款项，法院认为该款项可以被认为是李某的工资。此外，李某在科技公司负责技术工作，该工作内容亦属于科技公司的业务范围。

本案中，法院根据传统的劳动关系认定因素对股东兼任高级管理人员的劳动关系进行判断。由此可见，用人单位应当重视在公司中实际参与生产经营的股东、法定代表人等的劳动关系问题，如确实符合劳动关系特征的，应当与其订立劳动关系，否则可能承担劳动法上的不利后果，比如未签书面劳动合同二倍工资差额、未依法缴纳社保的补足义务等。

第五节　试用期用工管理

15. 能否约定延长试用期

试用期是企业判断劳动者是否符合相应岗位要求的期限，用人单位应当建立合理的试用期制度，根据岗位实际情况约定试用期，并且安排考核。试用期期间，劳动关系尚不稳定，用人单位解除劳动合同相对容易，劳动者的薪资也往往低于正式职工。因此，《劳动合同法》第 19 条对试用期的长短和约定次数有严格的限制，规定同一单位和同一劳动者只能约定一次试用期，并且劳动合同期限三个月以上不满一年的，试用期不得超过一个月；劳动合同期限一年以上不满三年的，试用期不得超过两个月；三年以上固定期限和无固定期限的劳动合同，试用期不得超过六个月。

但是实践中，由于约定期限过短或考核结果不理想等原因，常有用人单位选择与劳动者协商延长试用期。用人单位与劳动者约定延长试用期的做法是否违反了《劳动合同法》第19条的规定，在实践中存在不同的观点。

一种观点认为，只要双方达成一致，并且延长后的试用期总期限不违反《劳动合同法》第19条的期限规定，该延长试用期的约定就属有效，双方应当履行新的试用期约定。

另一种观点则认为，应当严格遵守《劳动合同法》第19条的规定，无论出于何种原因，无论双方是否协商一致，均只能约定一次试用期，协议延长的试用期约定不符合法律规定，应属无效。

对于约定延长试用期的问题，实践中并没有明确的法律规定，法院的裁判口径也各不相同，上述两种观点都得到过不同地区的法院支持。

典型案例15[①]

案情简介

朱某于2018年5月30日进入公司工作，双方签订了一份期限至2021年5月29日的书面劳动合同，其中约定试用期自2018年5月30日起至2018年8月31日止，朱某担任项目经理一职，每月工资7700元。2018年8月底，公司、朱某重新签订了一份书面劳动合同，将朱某的试用期调整为自2018年5月30日起至2018年9月30日止，该合同中的其他内容与前一份劳动合同内容一致，签订日期亦注明为2018年5月30日。2018年9月28日，公司向朱某发出《离职通知书》。朱某以公司违法解除，要求恢复劳动关系以及补发工资。

裁判意见

一审法院经审理后认为，公民、法人的合法权益受法律保护。试用期是

① （2019）沪02民终3764号。

劳动合同双方当事人在平等自愿、协商一致的基础上，在合同期限内特别约定的一个供双方当事人相互考察的期间。通过试用期，双方当事人更直接、全面、准确地了解对方，在此基础上履行劳动合同，有利于劳动关系的相对稳定。但是，实践中也存在滥用试用期、试用期过长等诸多问题。因此，《劳动合同法》规定，劳动合同期限三个月以上不满一年的，试用期不得超过一个月；劳动合同期限一年以上不满三年的，试用期不得超过两个月；三年以上固定期限和无固定期限的劳动合同，试用期不得超过六个月。并且同一用人单位与同一劳动者只能约定一次试用期。这就提醒用人单位，如果在合理的时间内仍无法判断劳动者是否胜任工作，则需自行承担由此带来的用工风险。

本案中，根据查明的事实，朱某入职公司时，双方曾签订为期三年的书面劳动合同，并约定试用期自 2018 年 5 月 30 日起至 8 月 30 日止。然而，2018 年 8 月底，双方又约定延长一个月试用期至 2018 年 9 月 30 日，虽然该约定并未违反有关试用期的法定最高限，但违反了“同一用人单位与同一劳动者只能约定一次试用期”的规定，故应属无效。因此，2018 年 9 月 28 日公司以朱某试用期不符合录用条件为由解除双方劳动关系，违反法律规定，朱某要求恢复双方之间的劳动关系并要求公司支付 2018 年 10 月 22 日至 11 月 30 日（仲裁期间）的工资 15, 046 元，一审法院予以支持。

案例分析

本案中，劳动者与用人单位签订了为期三年的劳动合同，并且约定了三个月的试用期，在三个月试用期届满前，用人单位与劳动者重新签了一份劳动合同，新合同与原合同其他条款均不变，只是将试用期延长了一个月。在新约定的试用期届满之前，用人单位以“试用期不符合录用条件”为由与劳动者解除了劳动关系。法院认为，双方延长试用期的约定并未违反有关试用期的法定最高期限，但违反了“同一用人单位与同一劳动者只能约定一次试用期”的规定，故该约定应属无效，用人单位解除劳动合同系违法解除。

法院在裁判意见中还强调，《劳动合同法》第19条关于试用期次数及期限的限制，就是为了防止用人单位滥用试用期，用人单位在约定试用期时就应当充分理解试用期的作用，从而合理确定试用期长短及安排考核。

上述法院的裁判意见严格执行了《劳动合同法》第19条的规定，充分保护了劳动者权益。但是在实践中，也确实存在一些特殊情况，比如劳动者在试用期内因长病假无法进行试用期考核，如果采取严格的口径操作，那么对于试用期内长期请病假的员工，为了规避风险，用人单位只能以劳动者不符合录用条件为由解除劳动关系，如此一来反而不利于保障劳动者权益。因此，相对而言，如果能够在一定条件下允许用人单位与劳动者约定延长试用期，可能更加有利于保护劳动者的就业机会。上海地区也有案例认为，因劳动者病假原因而导致无法在试用期内进行有效考核，用人单位与劳动者延长试用期的约定系属有效。

16. 受疫情影响能否延长试用期

试用期内，用人单位应当充分安排考核，以此评估劳动者是否符合岗位要求。然而，如果约定的试用期内，发生了一些不可归责于双方的情形，比如新冠疫情导致的用人单位停工停产，无法安排试用期员工工作，试用期内较长时间无法对劳动者进行考核，从而不能确定劳动者是否符合岗位要求的，试用期能否相应顺延呢？

典型案例16[①]

案情简介

2019年10月17日，李某进公司工作，担任设计副组长，双方签订期限为2019年10月17日至2022年12月31日的劳动合同，约定李某试用期自

① （2021）沪02民终3031号。

2019 年 10 月 17 日起至 2020 年 4 月 16 日止。2020 年 1 月 18 日，公司春节放假，春节放假结束后，受疫情影响，公司于 2020 年 3 月 15 日复工。同年 4 月中旬，公司向李某发送《员工工作表现评核表》。2020 年 4 月 21 日，公司根据李某实际工作表现，其工作技能不能满足设计部副组长职务要求，结合公司岗位职责标准对其试用期考核结果为不合格，根据相关规定试用期考核不合格不予录用，考虑到疫情停工时间较长，无法综合反映李某的工作能力，为此，公司与李某协商延长试用期 1.5 个月，李某予以拒绝。2020 年 4 月 30 日，公司以李某试用期考核不合格，不予录用为由，决定于 2020 年 5 月 1 日解除与李某的劳动合同。2020 年 5 月 28 日，李某向上海市嘉定区劳动人事争议仲裁委员会申请仲裁，要求公司自 2020 年 5 月 1 日起与其恢复劳动关系，后又发生一审、二审诉讼。

裁判意见

李某认为劳动合同约定了最长试用期 6 个月，其试用期于 2020 年 4 月 17 日已届满；公司抗辩因新冠疫情，李某的试用期中止。劳动法、劳动合同法之所以设立试用期，给用工双方以选择、考察的期限，既是保障劳动者就业选择权的实现，也是促进劳动力资源的充分利用。通常情况下，用人单位招聘人员时，除对劳动者的基本条件及初步印象外，还需要在试用期内对劳动者的个人品性、责任心、忠诚心和实际工作能力等进行综合考察，最终决定劳动者是否符合录用条件。众所周知，2020 年 1 月底，全国范围内暴发新冠疫情，而公司受疫情影响于 2020 年 3 月 15 日复工，确实存在对李某考察期限受阻的情况，故法院对公司抗辩因疫情的不可抗力而导致试用期中止的意见予以采信。至于李某认为公司 2 月 20 日左右即通过政府复工批准，此后未复工是公司本身的原因，即便按李某所称公司因疫情影响放假从 2020 年 2 月 10 日起算至其所称的政府批准公司复工的 2 月 20 日，李某的试用期中止期间也有 10 天，而按照李某认可的双方争议发生的 2020 年 4 月 26 日，也未超过劳动合同约定的试用期届满 2020 年 4 月 16 日后的 10 天，故法院认定公司对李某作出不予转正的决定发生在试用期内。

案例分析

(1) 新冠疫情导致无法进行试用期考核，可以顺延试用期。

本案中，李某与用人单位签订了为期三年的劳动合同，约定了试用期自2019年10月17日起至2020年4月16日止。然而2019年年末遇上了新冠疫情，长达数月的时间，全国大部分企业均停止工作，2020年1月18日，公司春节放假，春节放假结束后，受疫情影响，公司于2020年3月15日复工。期间两个月的时间无法安排李某工作，公司认为不能对其进行充分的考核，希望延长试用期，李某拒绝，公司遂以试用期不符合录用条件为由解除合同。

法院认为，2020年年初，由于新冠疫情而导致李某考察期受阻是客观存在的事实，并且认可了公司主张的不可抗力导致试用期中止的意见。法院认为用人单位顺延试用期的请求合理，加上受疫情影响顺延的试用期天数，用人单位解除劳动合同仍然在试用期内。

(2) 新冠疫情属于不可抗力，一般情况下仍然应当慎重进行延长试用期操作。

试用期内如果发生了不可归责于双方的事由，导致较长时间无法正常工作，除疫情影响外，还可能是病假等其他原因。从情理上看，用人单位延长试用期也是存在一定合理性的。但是，由于目前尚无明确的法律规定可以延长试用期，并且《劳动合同法》第19条关于试用期的规定比较严格，因此在实践中，延长试用期的操作还是具有一定法律风险的。本案中，新冠疫情导致用人单位无法进行试用期考察，具有一定的特殊性。

17. 两次入职同一家用人单位能否再次约定试用期

试用期是用人单位与劳动者双方互相了解、互相适应的期限，期间双方的劳动关系处于不稳定的状态，在试用期内解除劳动合同相对而言更加容易，试用期的工资待遇往往也低于转正之后的待遇。为了避免用人单位滥用试用期，损害劳动者权益，《劳动合同法》对试用期的期限做了严格规定，并且《劳动合同法》第 19 条还规定“同一用人单位与同一劳动者只能约定一次试用期”。

然而《劳动合同法》第 19 条没有明确这里所说的只能约定一次试用期是否指在同一段劳动关系内，如果劳动者从原用人单位离职一段时间后再次入职原单位，此时，双方能否再次约定试用期？针对这一问题，实践中主要有以下两种观点：

一种观点认为，应当严格理解《劳动合同法》第 19 条的规定，只要是同一用人单位与同一劳动者之间，就只能约定一次试用期，无论是第几次入职。

另一种观点则认为，劳动者离职后时隔一段时间再次入职，其个人经历发生变化，工作能力、个人性格等也可能发生较大变化，用人单位的情况也可能相较之前发生较大变化，双方都需要对彼此再次考核，因此再次约定试用期是有必要的。

典型案例 17[①]

案情简介

劳动关系基本情况：三方均认可王某于 2015 年 11 月 18 日入职 A 公司，担任资深内容编辑职位，试用期六个月，月工资 12,000 元，双方签订了书面劳动合同，2016 年 6 月 16 日王某因个人原因离职，2017 年 1 月 13 日王某再次重新入职 A 公司，双方未签劳动合同，2017 年 5 月 9 日王某与 A 公司签订期限为 2017 年 1 月 13 日至 2020 年 1 月 12 日的劳动合同，试用期六个月，月工资 12,000 元，2017 年 6 月 28 日王某与 B 公司签订期限为 2017 年 1 月 13 日至 2020 年 1 月 12 日的劳动合同，试用期六个月，月工资

① （2019）京 03 民终 5472 号。

12,000 元，每月 15 日以银行转账形式发上个月整月工资，其正常工作至 2018 年 4 月 8 日，工资正常支付至 2018 年 4 月 8 日。王某主张入职时未及时签订劳动合同，公司应支付 2017 年 2 月 28 日未签劳动合同双倍公司差额，且公司约定了二次试用期，应支付违法二次试用期赔偿金，同时公司应支付 2017 年年终奖 12,000 元，王某以前述诉求提起仲裁，该案经过了一审、二审。

裁判意见

法院终审认为，王某虽与 A 公司前后签署两次劳动合同，且均约定了试用期，但是第一份劳动合同期限为 2015 年 11 月 18 日至 2018 年 11 月 17 日。双方均认可该份合同，王某 2016 年 6 月 16 日因个人原因离职。第二份劳动合同期限为 2017 年 1 月 13 日至 2020 年 1 月 12 日。《劳动合同法》第 19 条第 2 款规定："同一用人单位与同一劳动者只能约定一次试用期。"根据上述规定，法院认为用人单位如对同一劳动者在同一劳动合同项下多次约定试用期违反该法律条款对于劳动者同工同酬、维护劳动者稳定就业的初衷，且法律并未禁止用人单位与劳动者重新建立劳动关系后对试用期进行重新约定。本案中，A 公司虽然前后两次均与王某约定试用期，但第一份劳动合同系王某本人原因离职，且个人离职时间与后一次劳动关系的建立时间之间间隔较长。故基于本案实际情况，A 公司与王某约定的"两次试用期"，并不存在违反法律规定的约定两次试用期而应支付赔偿及工资差额的情形。

案例分析

本案中，劳动者在 2016 年从原用人单位离职，2017 年再次入职同一家单位，两次入职双方均约定了试用期。劳动者认为用人单位重复约定试用期违反了《劳动合同法》第 19 条的规定，应当支付违法约定试用期的赔偿金。然而法院认为，法律并未禁止用人单位与劳动者重新建立劳动关系后对试用期进行重新约定，并且规定“同一用人单位与同一劳动者只能约定一次试用期”的初衷在于保障劳动者同工同酬、维护劳动者稳定就业。本案中劳动者因个人原因离职后，再次入职时间间隔较长，再次约定试用期具有合理性，并且也并不违反法律规定。

由此可见，劳动者两次入职同一用人单位的，再次约定试用期在实践中具有一定的操作空间。但是，上述案例只能代表个别法院的观点，并不排除其他法院可能采取相反观点。用人单位应当事先了解当地法院是否有明确的裁判口径。如果当地的裁判口径不明确，单位对二次入职的员工再次约定试用期会存在一定的法律风险。

18. “试用期不符合录用条件”解除劳动合同实务操作要求

试用期解除劳动合同依据的是《劳动合同法》第 39 条第 1 项，即在试用期间被证明不符合录用条件的，用人单位可以解除劳动合同。依据这一条款解除劳动合同需要满足以下要求：

（1）用人单位应当就该岗位制定明确的录用条件，并且在劳动者入职时就应当将相关录用条件告知劳动者；

（2）在试用期内用事先制定的考核标准进行考核，判断劳动者是否符合录用条件；

（3）依据考核结果，对不符合录用条件的劳动者，在试用期届满前，通知其不予录用的决定，并且将解除事由通知工会。

实践中，很多用人单位并没有制定明确的录用条件，或者并没有事先告知劳动者其岗位的录用条件。那么后期，在产生争议时，由于没有事先明确岗位的录用条件是什么，用人单位往往处于不利地位。在诉讼过程中，如果用人单位不能说明其岗位的录用条件是什么，很难主张劳动者不符合录用条件。

典型案例18[①]

案情简介

2019年11月4日，陶某与用人单位签订期限自2019年11月4日起至2022年11月30日止的劳动合同，约定陶某在策划部门担任数值策划工作；试用期三个月，自2019年11月4日起至2020年2月3日止。用人单位提供如下证据材料：1. 陶某与项目负责人以及项目主管之间的微信聊天记录，上述聊天内容反映：（1）2019年11月9日，陶某不听项目负责人朱某的安排，不去体验公司研发的游戏软件；（2）2019年12月2日，陶某本职工作体验太少，入职一个多月才390级；（3）2019年12月10日，项目主管戴某需要素材，陶某不愿提供，让主管自己去找；（4）2020年1月3日，陶某连游戏软件最基本的常识、游戏内道具的品质分类也不清楚，还需问项目主管……戴某作证称：其在用人单位任主策划，是陶某所工作项目的主管，当时公司辞退陶某是因为陶存在以下问题：（1）沟通能力，陶与人沟通多用命令式语气，与其他同事不能很好沟通；（2）工作不够细致；（3）工作能力不行，不能如期完成工作，达不到公司要求；（4）工作态度不行，上班不认真，玩其他游戏，且经领导多次谈话不改……

裁判意见

用人单位在一审提交的答辩状中称依据《劳动合同法》第39条第1项劳动者“在试用期间被证明不符合录用条件的”的规定解除双方劳动合同，在一审法院找双方谈话时表示公司解除劳动关系的理由是陶某不胜任工作，此处的“不胜任工作”是否指第39条第1项所规定的“不符合录用条件”，用人单位在一审时并未明确，但即使用人单位确系依据试用期不符合录用条

① （2021）沪01民终271号。

件的法律规定解除双方劳动合同，因用人单位并未在陶某入职时与陶某明确试用期“录用条件”的考核标准，现根据公司提供的微信聊天记录等证据，尚不足以证明陶某的工作表现“不符合录用条件”，故用人单位以此为由解除劳动合同亦缺乏依据，应承担违法解除的法律责任。

案例分析

本案中，用人单位在试用期内以试用期不符合录用条件为由解除劳动合同，然而由于用人单位并没有明确该岗位的录用条件，因此法院认为用人单位解除劳动合同缺乏依据。虽然用人单位通过微信聊天记录、其他员工作证等方式试图说明陶某工作表现不佳，不符合岗位要求，但是在没有事先和劳动者确定岗位录用条件的情况下，试图说明其不符合岗位要求变得十分困难。

因此，在实践中，建议用人单位在员工入职时就要明确其岗位的录用条件，并且要确保员工明确知悉相关录用条件。可以将录用条件直接约定在劳动合同中，也可以单独告知录用条件，由员工签字确认，公司保留好员工签字确认的文件。事后发生争议时，该录用条件可以作为用人单位评价员工工作表现的依据。

第二章

社会保险缴纳及工伤

第一节　未依法缴纳社保的法律风险

19. 自愿放弃缴纳社保协议的效力

根据《劳动合同法》《社会保险法》等的规定，依法缴纳社保是企业和劳动者共同的义务，社会保险条款更是劳动合同的必备条款。自劳动者入职之日起用人单位就应当着手办理社保参保手续，依法缴纳社保。用人单位未依法缴纳社保的，劳动者可以以此为由提出解除劳动合同，用人单位需要为此支付经济补偿金。用人单位如果被社保监察部门发现没有依法缴纳社保的，还可能承担行政处罚的后果。

然而，实践中，出于种种原因，不依法缴纳社保的情况屡禁不止。有的用人单位为了节约用工成本不给劳动者缴纳社保，有的劳动者因为异地缴纳了社保而不希望承担额外的社保费用。用人单位往往会和劳动者通过签订“自愿放弃缴纳社保”协议的方式，试图规避法定义务。用人单位会要求劳动者在协议中声明自愿放弃缴纳社保，并且约定因此造成的后果由劳动者自行承担。该协议违反了法律强制性规定，往往会被司法机关认定为无效，届时用人单位可能要因此承担补缴社保、赔偿社保应当报销费用等违法后果。

签订“自愿放弃缴纳社保”协议并不能为用人单位降低任何法律风险，即使是劳动者主动要求不缴纳社保的，也不能降低用人单位应当承担的法律责任。在一些情况下，用人单位会基于劳动者的请求，为其在公司注册地以外的地区委托第三方代缴社保，公司虽然是出于留住人才的目的，满足员工的要求，但是客观上仍然没有履行缴纳社保的义务，需要承担相应的法律后果。

典型案例 19[①]

案情简介

王某于 2014 年 11 月 1 日入职用人单位工作，并于 2014 年 11 月 10 日向用人单位出具《声明》写明："本人王某已在原户籍地缴纳了社保相关费用，并在现时将来享受原籍的社保福利，自愿不缴纳上海市社保的个人部分，放弃新易达消防工程有限公司为本人缴纳的一切社保金，因此而产生的后果本人自行承担"。

2018 年 4 月 19 日，王某又签署《承诺书》，表示不需要用人单位购买社会保险，愿意承担因此而导致未享受到社会保险待遇的后果。双方订立的末份劳动合同约定期限为 2019 年 11 月 10 日至 2020 年 11 月 9 日，王某在工程部工作，每月工资 2480 元。用人单位自 2019 年 9 月起为王某缴纳上海市社会保险费。2018 年 6 月 16 日 5 时 50 分许，王某在工作时踩空楼梯导致摔倒，经王某申请，上海市 × × 局于 2018 年 10 月 15 日作出《认定工伤决定书》，对王某受到的事故伤害认定为工伤。2020 年 6 月 30 日，王某以用人单位违反《劳动合同法》第 38 条为由，书面通知用人单位解除劳动关系。

裁判意见

用人单位为劳动者缴纳社会保险费是用人单位的法定义务，并非由双方协商一致或一方放弃可作为不缴纳社会保险费的理由，且用人单位对劳动者

① （2021）沪 02 民终 11844 号。

负有管理之责，即使劳动者在户籍地缴纳社会保险费，用人单位对此也应进行审核确认，以减轻用人单位应承担的责任。本案中，王某虽在户籍地缴纳过农村养老保险，然该费用并不包含工伤所应享受的待遇，故用人单位认为王某出具过《承诺书》等，王某存在过错，其不应承担工伤全部责任的意见，法院不予采纳。因用人单位与王某签订劳动合同，双方系劳动关系，工伤适用无过错责任，用人单位认为王某存在过错，应适用侵权责任的意见，法院亦不予采纳。一审法院根据王某的伤残等级及工伤条例相关规定判令用人单位支付一次性伤残补助金、一次性工伤医疗补助金、一次性伤残就业补助金并无不妥。因王某发生工伤时，用人单位未为王某缴纳社会保险费，工伤保险基金对鉴定费用不予理赔，应由用人单位承担。至于再次鉴定费用，因用人单位提出再次鉴定意见未发生变化，根据工伤保险相应规定，亦应由用人单位承担，故用人单位不同意支付鉴定费用，法院不予支持。

案例分析

本案中，劳动者在入职时向用人单位申请放弃缴纳社保，因为其已经在原户籍地缴纳了社会保险，不需要通过单位再次缴纳社会保险。虽然不缴纳社保的请求是劳动者本人提出的，也有本人签字的申请书，然而法院认为，依法缴纳社保是用人单位的法定义务，即使是劳动者主动要求，用人单位也不能不缴纳社会保险费。该劳动者在用人单位就职期间发生了工伤，由于用人单位没有依法缴纳社会保险，需要承担相应的医疗费用、鉴定费用、伤残补助金等。

本案中，用人单位提出了劳动者主动要求不缴纳社保，劳动者对此也存在过错，用人单位不应当承担全部责任的主张。对此，劳动法的立法本意倾向于保护劳动者，对用人单位的要求往往比较严格，尤其是在用人单位存在严重过错的情况下，即使劳动者确实存在过错，通常也并不能降低用人单位应当承担的法定责任。用人单位对此不能抱有侥幸心理。

20. 异地缴纳社保是否可行

（1）社保缴纳地的法律规定

缴纳社保是用人单位的法定义务，原则上，员工的社保缴纳地需要和公司注册地保持一致，比如注册在上海市的某公司，应当为与其建立劳动关系的员工在上海市缴纳社保。异地缴纳社保是指用人单位注册地与员工的社保缴纳地不一致的情形，比如注册在上海市的某公司，为与其建立劳动关系的劳动者在苏州市缴纳社保，此时该员工的社保缴纳地与用人单位的注册地就不一致了。我国各地区社保系统相对独立，没有统一联网，因此也为异地缴纳社保客观上提供了操作空间。

根据《社会保险法》第 57 条的规定，“用人单位应当自成立之日起三十日内凭营业执照、登记证书或者单位印章，向当地社会保险经办机构申请办理社会保险登记。社会保险经办机构应当自收到申请之日起十五日内予以审核，发给社会保险登记证件”。由此可知，用人单位应当向“当地”，也就是注册地的社会保险经办机构申请办理社会保险登记，同理，其为员工缴纳社保也应当是在注册地的社保机构缴纳。由于不同地区经济差异较大，社保基数差别也较大，用人单位在异地缴纳社保可能损害劳动者权益，也会存在一定的法律风险。

（2）社保异地缴纳的法律风险

异地缴纳社保严格来说并不符合法律规定，但是在实操中，用人单位对异地缴纳社保却有较高的需求，有的是出于员工自身的请求，有的则是出于节约成本的目的，用人单位往往会通过第三方公司为员工在异地以第三方公司的名义代为缴纳社保。实践中，异地缴纳社保的现象普遍存在，然而这一操作却存在一系列的法律风险。

①补缴社保的风险

如果用人单位和劳动者建立劳动关系，却为其在外地缴纳社保，那么本单位社保账户下自然不会为员工缴纳社保，此时用人单位就存在未依法缴纳社会保险的风险，用人单位可能需要补缴劳动关系存续期间的社会保险费用。虽然很多时候异地缴纳社保都是劳动者一方出于购房、购车、退休等目的主动要求的，但是不排除未来劳动者出尔反尔，给单位带来用工风险。届时，即使用人单位主张其在外地已经为劳动者缴纳社会保险，已经履行依法缴纳社保的义务，司法实践中通常也很难获得支持。此外，用人单位未依法缴纳社保，还可能受到社保稽查，届时需要承担补缴社保及滞纳金的责任。

②用人单位承担社会保险待遇的风险

用人单位没有在注册地以本单位名义为其员工缴纳社保，可能导致员工无法享受相应的社保待遇，并且该情形是用人单位没有依法缴纳社保导致的，那么用人单位就需要承担相应的费用。尤其是在发生工伤事故时，员工所受伤害事故是否属于工伤以及后续的赔偿，均由社保部门进行认定，而受理工伤认定申请的社保部门同样也会核查员工的社保缴纳情况和用人单位信息。通常，用人单位在其注册地没有以自己的名义为员工缴纳过社保，当地的社保机构当然不会赔付工伤保险待遇，而代缴社保主体所在地的社保机构发现代缴主体并非工伤员工的用人单位，也会拒绝赔付工伤费用。因此，发生工伤事故的员工很可能面临用人单位注册地和社保代缴地都不予工伤赔付的情况。此时用人单位就需要承担员工工伤的相应费用。

③员工要求解除劳动合同的风险

根据《劳动合同法》第 38 条第 1 款第 1 项及第 46 条第 1 项的规定，用人单位未依法为劳动者缴纳社会保险费的，劳动者可以解除劳动合同，并且有权要求用人单位支付经济补偿金。异地缴纳社保不符合我国用人单位依法缴纳社会保险的主体要求，用人单位通过第三方主体异地代缴社保的行为不能被认为履行了依法缴纳社会保险的义务，违反了《劳动合同法》的强制性规定，劳动者可以以此为由解除劳动合同，用人单位需要承担支付经济补偿金的责任。

综上所述，用人单位与劳动者建立劳动关系，双方均应合法合规地履行劳动法、社保法等法定义务，公司出于合规管理的要求，完全可以拒绝员工异地缴纳社保的申请。如果公司陆续答应员工的此类要求，则其对于公司合规管理会造成挑战。

典型案例20[1]

案情简介

评估公司原注册地在北京市朝阳区，2020年2月3日变更至海淀区现注册地，其社会保险的缴费区县亦为北京市朝阳区。2019年12月5日，胡某向朝阳区社保中心投诉，反映评估公司未为其缴纳2009年8月至2018年8月的社会保险，并提交相关材料。朝阳区社保中心于2019年12月13日立案，向评估公司作出并送达京朝社稽通字（2019）第2452号《社会保险稽核通知书》，通知评估公司按要求接受稽核检查并提交所需稽核材料。2020年3月25日，评估公司向朝阳区社保中心补充提交中智济南分公司出具的《缴费证明》，用以证明评估公司委托中智济南分公司在济南为胡某缴纳了2016年4月至2018年8月的五险一金。后评估公司起诉至法院。

裁判意见

根据《社会保险法》第57条第1款的规定，用人单位应当向当地社会保险经办机构申请办理社会保险登记。《社会保险费征缴暂行条例》《社会保险稽核办法》规定，缴费单位必须向当地社会保险经办机构办理社会保险登记，参加社会保险。缴费单位、缴费个人应当按时足额缴纳社会保险费，社会保险经办机构发现被稽核对象在缴纳社会保险费方面存在违法行为的，应据实写出稽核意见书，被稽核对象应在限定期限内予以改正。本案中，胡某向朝阳区社保中心投诉，反映评估公司未为其缴纳2009年8月至2018年8月的社会保险。根据《劳动合同》《协议书》《胡某工资明细表》《询问笔

---

① （2021）京03行终368号。

录》等在案证据材料，可以认定胡某于2009年8月至2018年8月与评估公司存在劳动关系，评估公司未依法在其社会保险登记地北京市朝阳区为胡某缴纳该期间的社会保险，违反《社会保险法》《社会保险费征缴暂行条例》《社会保险稽核办法》等法律规范规定的用人单位应为职工足额缴纳社会保险费的法定义务，评估公司委托其他单位为胡某在山东省济南市缴纳社会保险，不能取代其在社会保险登记地依法应当承担的社会保险费缴纳义务。朝阳区社保中心在查明上述事实的基础上，作出《稽核整改意见书》，认定事实清楚，依据正确。

案例分析

本案中，胡某和评估公司就社保缴纳问题产生纠纷，胡某2009年8月至2018年8月的社会保险均是由公司委托其他单位在山东省济南市缴纳，而胡某的劳动合同是与注册地在北京市海淀区的评估公司签订。评估公司为胡某缴纳社保的方式就是实践中常见的异地缴纳社保。异地缴纳社保的原因有很多，大多数是应劳动者的要求，为其在特定城市购房或落户而异地缴纳，也不排除部分用人单位为减少用工成本，而去社保缴纳成本相对较低的地区缴纳社保。

无论是何种原因的异地缴纳社保，这一操作在法律上仍然存在较高的风险。例如本案中，用人单位委托济南当地的社保代缴公司代缴社保，那么其在北京的公司账户下就从未为胡某缴纳过社保，显然违反了《劳动合同法》《社会保险法》等法律的规定，在北京当地的社保监察机构看来，该公司从未为员工缴纳过社保。长达9年的异地缴纳过程中，员工本人必然是知晓社保异地缴纳的情况的，甚至员工本人可能也是同意的，但是缴纳社保是用人单位的法定义务，法院的裁判也警示我们，即使员工对异地缴纳社保存在事先的认可、默认，也并不能减轻用人单位未依法缴纳社保的过错。

第二节　生育保险法律问题

21. 新《妇女权益保障法》对女职工劳动保护的新要求

2022 年 10 月 30 日，十三届全国人大常委会第三十七次会议审议通过了新修订的《妇女权益保障法》。《妇女权益保障法》自 1992 年颁布以来，已经是第三次修改。本次修订，内容增至 10 章、共 86 条，自 2023 年 1 月 1 日起施行。

《妇女权益保障法》再次强调了“男女平等是国家的基本国策”，体现了我国保障妇女合法权益、实现男女平等的坚定决心；并且提出坚持中国共产党对妇女权益保障工作的领导，建立政府主导、各方协同、社会参与的保障妇女权益工作机制。除此之外，本次修订还存在诸多亮点。比如：国家将男女平等基本国策纳入国民教育体系；医疗机构施行生育手术、特殊检查或者特殊治疗时，应当尊重妇女本人意愿；提出加强对防范性骚扰的宣传与教育；鼓励婚前健康检查等。具体到用人单位而言，本法也在防范职场性骚扰、平等就业、女职工劳动保护三方面对用人单位提出了更高、更具体的要求。

（1）防范职场性骚扰

2018 年《妇女权益保障法》① 仅规定了禁止对妇女实施性骚扰，受害妇女有权向单位和有关机关投诉。而 2022 年《妇女权益保障法》第 23 条②具

---

① 《妇女权益保障法》（2018 年修正）第 40 条规定，禁止对妇女实施性骚扰。受害妇女有权向单位和有关机关投诉。

② 《妇女权益保障法》（2022 年修订）第 23 条规定，禁止违背妇女意愿，以言语、文字、图像、肢体行为等方式对其实施性骚扰。受害妇女可以向有关单位和国家机关投诉。接到投诉的有关单位和国家机关应当及时处理，并书面告知处理结果。受害妇女可以向公安机关报案，也可以向人民法院提起民事诉讼，依法请求行为人承担民事责任。

体描述了性骚扰行为的特征，明确了以“言语、文字、图像、肢体行为等方式”均可能构成性骚扰行为，还明确了受害妇女主张权利的方式及有关机关的义务。2022 年《妇女权益保障法》新增了第 25 条①，明确了用人单位在日常管理中应当如何防范性骚扰，要求用人单位制定明确的规章制度、明确负责机构或人员、开展预防及培训活动、采取必要的安全保卫措施、开设投诉渠道、保护当事人隐私等。并且 2022 年《妇女权益保障法》第 80 条②还规定了处罚措施，用人单位违反本法规定，未采取必要措施预防和制止性骚扰，造成妇女权益受到侵害或者社会影响恶劣的，由上级机关或者主管部门责令改正；拒不改正或者情节严重的，依法对直接负责的主管人员和其他直接责任人员给予处分。

根据上述规定，为了防范企业内部职场性骚扰问题，企业有义务规范内部规章制度，建立明确的职场性骚扰应对机制。具体而言，企业可以从以下几个方面着手构建防范机制：

①更新并完善企业《员工手册》等规章制度，增加或者修订关于防范职场性骚扰的内容，包括职场性骚扰行为的表现形式、投诉渠道、应对机制、调查程序、处罚规定等，相关制度应当经过职工大会或职工代表大会民主讨论并向全体员工公示；

②定期开展防范性骚扰员工培训，帮助劳动者了解性骚扰以及遭遇性骚扰时可以采取的求助措施；

③切实执行企业关于防范性骚扰的规章制度，积极主动处理职场性骚扰

---

① 《妇女权益保障法》(2022 年修订) 第 25 条规定，用人单位应当采取下列措施预防和制止对妇女的性骚扰：(1) 制定禁止性骚扰的规章制度；(2) 明确负责机构或者人员；(3) 开展预防和制止性骚扰的教育培训活动；(4) 采取必要的安全保卫措施；(5) 设置投诉电话、信箱等，畅通投诉渠道；(6) 建立和完善调查处置程序，及时处置纠纷并保护当事人隐私和个人信息；(7) 支持、协助受害妇女依法维权，必要时为受害妇女提供心理疏导；(8) 其他合理的预防和制止性骚扰措施。

② 《妇女权益保障法》(2022 年修订) 第 80 条规定，违反本法规定，对妇女实施性骚扰的，由公安机关给予批评教育或者出具告诫书，并由所在单位依法给予处分。学校、用人单位违反本法规定，未采取必要措施预防和制止性骚扰，造成妇女权益受到侵害或者社会影响恶劣的，由上级机关或者主管部门责令改正；拒不改正或者情节严重的，依法对直接负责的主管人员和其他直接责任人员给予处分。

事件，保护受害员工权益与个人隐私，但是处理职场性骚扰事件时应当经过充分、完善的调查，确保掌握了确凿的证据后再对涉事员工进行处罚，以防止用人单位自身陷入劳动纠纷。

（2）平等就业

平等就业一直是男女平等问题的重点，由于女职工的生理特性及传统文化的影响，女职工往往需要承担更多的生育义务及家庭责任，因此用人单位为了降低用工成本，在招聘过程中，同等条件下倾向于招聘男性职工，并且在招聘过程中存在询问女职工婚育信息、家庭情况等不当行为。

2018 年《妇女权益保障法》第 23 条①就规定了不得以性别为由拒绝招录女职工或者提高录用标准，并且不得在劳动合同中增加限制女职工结婚、生育的条款。

2022 年《妇女权益保障法》第 43 条②对 2018 年《妇女权益保障法》第 23 条进行了扩充，进一步列举了用人单位在招聘过程中禁止以性别为由差别化对待女性求职者的行为，其中包括限定男性求职者优先、询问女职工婚育信息、进行妊娠测试、限制女职工结婚生育等行为。

因此，用人单位要注意，在发布的招聘信息中不能标注“男性优先”等要求，在面试交流过程中不能询问女职工婚育信息，即使用人单位询问了女职工也可以选择隐瞒真实情况，并且用人单位不能因为女职工的隐瞒而进行处罚，甚至解除劳动合同，否则可能构成违法解除。此外，在招聘中进行妊娠测试、要求女职工入职后一段时间内不得结婚生育等，也是违反《妇女权

---

① 《妇女权益保障法》（2018 年修正）第 23 条规定，各单位在录用职工时，除不适合妇女的工种或者岗位外，不得以性别为由拒绝录用妇女或者提高对妇女的录用标准。各单位在录用女职工时，应当依法与其签订劳动（聘用）合同或者服务协议，劳动（聘用）合同或者服务协议中不得规定限制女职工结婚、生育的内容。禁止录用未满十六周岁的女性未成年人，国家另有规定的除外。

② 《妇女权益保障法》（2022 年修订）第 43 条规定，用人单位在招录（聘）过程中，除国家另有规定外，不得实施下列行为：（1）限定为男性或者规定男性优先；（2）除个人基本信息外，进一步询问或者调查女性求职者的婚育情况；（3）将妊娠测试作为入职体检项目；（4）将限制结婚、生育或者婚姻、生育状况作为录（聘）用条件；（5）其他以性别为由拒绝录（聘）用妇女或者差别化地提高对妇女录（聘）用标准的行为。

益保障法》规定的行为。并且，2022 年修订增加了相应的维权及处罚条款，《妇女权益保障法》新增第 77 条[①]规定了侵害妇女平等就业权益，导致社会公共利益受损的，检察机关可以依法提起公益诉讼；新增第 83 条[②]，规定人力资源和社会保障部门可以对用人单位违反《妇女权益保障法》第 43 条和第 48 条[③]的行为责令改正，拒不改正或情节严重的，可以处 1 万元以上 5 万元以下罚款。

（3）女职工劳动保护

为了加强女职工权益保护，2022 年修订还根据女职工生理特征，新增第 31 条[④]，其中第 3 款规定，用人单位应当定期为女职工安排妇科疾病、乳腺疾病检查以及妇女特殊需要的其他健康检查。该条款将妇女特殊需要的健康检查纳入用人单位的法定义务中去，但是该法尚未明确“定期”是时隔多长时间，建议用人单位在制定本单位福利政策时，充分考虑到女职工的特殊需要，合理为女职工安排健康检查。

---

① 《妇女权益保障法》（2022 年修订）第 77 条规定，侵害妇女合法权益，导致社会公共利益受损的，检察机关可以发出检察建议；有下列情形之一的，检察机关可以依法提起公益诉讼：（1）确认农村妇女集体经济组织成员身份时侵害妇女权益或者侵害妇女享有的农村土地承包和集体收益、土地征收征用补偿分配权益和宅基地使用权益；（2）侵害妇女平等就业权益；（3）相关单位未采取合理措施预防和制止性骚扰；（4）通过大众传播媒介或者其他方式贬低损害妇女人格；（5）其他严重侵害妇女权益的情形。

② 《妇女权益保障法》（2022 年修订）第 83 条规定，用人单位违反本法第 43 条和第 48 条规定的，由人力资源和社会保障部门责令改正；拒不改正或者情节严重的，处 1 万元以上 5 万元以下罚款。

③ 《妇女权益保障法》（2022 年修订）第 48 条规定，用人单位不得因结婚、怀孕、产假、哺乳等情形，降低女职工的工资和福利待遇，限制女职工晋职、晋级、评聘专业技术职称和职务，辞退女职工，单方解除劳动（聘用）合同或者服务协议。女职工在怀孕以及依法享受产假期间，劳动（聘用）合同或者服务协议期满的，劳动（聘用）合同或者服务协议期限自动延续至产假结束。但是，用人单位依法解除、终止劳动（聘用）合同、服务协议，或者女职工依法要求解除、终止劳动（聘用）合同、服务协议的除外。用人单位在执行国家退休制度时，不得以性别为由歧视妇女。

④ 《妇女权益保障法》（2022 年修订）第 31 条规定，县级以上地方人民政府应当设立妇幼保健机构，为妇女提供保健以及常见病防治服务。国家鼓励和支持社会力量通过依法捐赠、资助或者提供志愿服务等方式，参与妇女卫生健康事业，提供安全的生理健康用品或者服务，满足妇女多样化、差异化的健康需求。用人单位应当定期为女职工安排妇科疾病、乳腺疾病检查以及妇女特殊需要的其他健康检查。

《妇女权益保障法》第 44 条[①]还规定，劳动（聘用）合同或者服务协议中应当具备女职工特殊保护条款，并不得规定限制女职工结婚、生育等内容。这一条款对劳动合同必备条款提出了新的要求，我国《劳动合同法》第 17 条[②]列举了 8 项劳动合同必备条款及兜底条款，《妇女权益保障法》第 44 条的内容是对该条款的补充，用人单位在签订劳动合同时也应当注意添加相应条款。

综上所述，2022 年修订的《妇女权益保障法》更加强调妇女权益保护，增加了用人单位的法定义务，该法修订完成后自 2023 年 1 月 1 日起施行，用人单位应当加快修订公司有关规章制度，增加防范性骚扰的条款，尽快落实该法有关规定。

第三节　工伤事故常见法律问题

22. 新入职缴纳社保“空窗期”发生工伤

依法缴纳社会保险是用人单位的法定义务，用人单位未依法为劳动者缴纳社保，需要承担相应的法律责任。然而，由于社会保险的缴纳需要遵循一定的行政流程，用人单位通常无法在劳动者入职第一天做到“无缝衔接”地为其缴纳社保。《社会保险法》第 58 条也规定，“用人单位应当自用工之日

---

① 《妇女权益保障法》（2022 年修订）第 44 条规定，用人单位在录（聘）用女职工时，应当依法与其签订劳动（聘用）合同或者服务协议，劳动（聘用）合同或者服务协议中应当具备女职工特殊保护条款，并不得规定限制女职工结婚、生育等内容。职工一方与用人单位订立的集体合同中应当包含男女平等和女职工权益保护相关内容，也可以就相关内容制定专章、附件或者单独订立女职工权益保护专项集体合同。

② 《劳动合同法》第 17 条规定，劳动合同应当具备以下条款：（1）用人单位的名称、住所和法定代表人或者主要负责人；（2）劳动者的姓名、住址和居民身份证或者其他有效身份证件号码；（3）劳动合同期限；（4）工作内容和工作地点；（5）工作时间和休息休假；（6）劳动报酬；（7）社会保险；（8）劳动保护、劳动条件和职业危害防护；（9）法律、法规规定应当纳入劳动合同的其他事项。劳动合同除前款规定的必备条款外，用人单位与劳动者可以约定试用期、培训、保守秘密、补充保险和福利待遇等其他事项。

起三十日内为其职工向社会保险经办机构申请办理社会保险登记。未办理社会保险登记的，由社会保险经办机构核定其应当缴纳的社会保险费”。可见法律也是给了用人单位一个缓冲的时间，实践中用人单位通常也是根据《社会保险法》的规定，自用工之日起30日内完成社保登记的。并且，各地的社保机构对于用人单位当月申请办理社保增员、减员，也是有时间限制的，用人单位并不是随时都可以为新员工办理社保增员。

这就导致，尽管用人单位计划依法为劳动者缴纳社会保险，但是劳动者实际用工之日和用人单位完成社保缴纳之间是存在一个“空窗期”的，在这期间员工发生工伤事故，应当由谁来承担工伤责任呢?

在实践中，社保部门往往会拒绝支付工伤费用，社保部门认为应当参加工伤保险而未参加工伤保险的用人单位职工发生工伤的，应当由该用人单位按照《工伤保险条例》规定的工伤保险待遇项目和标准支付相关费用。而在用人单位看来，其并非故意不缴纳社会保险，只是由于程序问题尚未来得及完成社保缴纳，并且其办理社保登记的时间也没有超出《社会保险法》第58条规定的30天期限，社保“空窗期”发生的全部费用均由用人单位承担，在其看来当然是不合理的。

然而，在目前的司法实践中，支持社保部门的观点仍然较多，发生此类情形的，用人单位还是需要依法承担相应的责任。

典型案例21[①]

案情简介

2019年5月10日，李某与公司签订《劳动合同书》（劳务派遣），约定本合同为固定期限劳动合同，合同期限为两年，自2019年5月10日起至2021年5月9日止。根据公司的需要，李某被派遣至保安公司担任中控员岗位工作。按照保安公司与北京市延庆区政务服务管理局签署的《物业服务合

① （2021）京行申106号。

同》的要求，公司派驻李某到北京市延庆区政务服务管理局从事消防中控员工作。2019年5月15日7时许，李某在中控室交接工作时，突然晕倒，经抢救无效后死亡。根据居民死亡医学证明（推断）书的记载，李某为猝死，死亡时间为2019年5月15日9时16分。公司从网上为李某申请了社保增员（五险同增），申请操作时间为2019年5月15日9时31分。2019年8月6日，北京市延庆区人力资源和社会保障局作出《认定工伤决定书》，认为李某受到的事故伤害，属于工伤认定范围，予以认定为视同工伤。2019年8月27日，公司向延庆区社保中心口头申请李某的工伤待遇支付，包括一次性工亡补助金和丧葬补助金，延庆区社保中心未予核定支付。后公司于2019年12月9日向法院提起本案诉讼，要求延庆区社保中心履行职责，按照工伤赔偿标准向其支付李某的工伤待遇，包括丧葬补助金和一次性工亡补助金。

裁判意见

根据《工伤保险条例》第1条①，工伤保险制度设立的目的是保障因工作遭受事故伤害或者患职业病的职工获得医疗救治和经济补偿，促进工伤预防和职业康复，分散用人单位的工伤风险。为了实现上述目的，根据该条例第2条②、第7条③、第12条④，用人单位负有参加工伤保险、为本单位职工

① 《工伤保险条例》第1条规定，为了保障因工作遭受事故伤害或者患职业病的职工获得医疗救治和经济补偿，促进工伤预防和职业康复，分散用人单位的工伤风险，制定本条例。

② 《工伤保险条例》第2条规定，中华人民共和国境内的企业、事业单位、社会团体、民办非企业单位、基金会、律师事务所、会计师事务所等组织和有雇工的个体工商户（以下称用人单位）应当依照本条例规定参加工伤保险，为本单位全部职工或者雇工（以下称职工）缴纳工伤保险费。中华人民共和国境内的企业、事业单位、社会团体、民办非企业单位、基金会、律师事务所、会计师事务所等组织的职工和个体工商户的雇工，均有依照本条例的规定享受工伤保险待遇的权利。

③ 《工伤保险条例》第7条规定，工伤保险基金由用人单位缴纳的工伤保险费、工伤保险基金的利息和依法纳入工伤保险基金的其他资金构成。

④ 《工伤保险条例》第12条规定，工伤保险基金存入社会保障基金财政专户，用于本条例规定的工伤保险待遇，劳动能力鉴定，工伤预防的宣传、培训等费用，以及法律、法规规定的用于工伤保险的其他费用的支付。工伤预防费用的提取比例、使用和管理的具体办法，由国务院社会保险行政部门会同国务院财政、卫生行政、安全生产监督管理等部门规定。任何单位或者个人不得将工伤保险基金用于投资运营、兴建或者改建办公场所、发放奖金，或者挪作其他用途。

缴纳工伤保险费的法定义务。工伤保险基金由用人单位缴纳的工伤保险费、工伤保险基金的利息和依法纳入工伤保险基金的其他资金构成。用人单位为其职工参加工伤保险并缴纳工伤保险费，且职工在缴费期间发生工伤事故的，是社会保险经办机构从工伤保险基金中支付工伤保险待遇的前提条件。如果职工系在用人单位未参加工伤保险期间发生了工伤事故，那么社会保险经办机构可以拒绝支付其工伤保险待遇。

本案中，根据法院查明的事实可以认定李某死亡时上诉人尚未为其办理参加工伤保险手续并缴纳工伤保险费，李某的视同工伤属于参加工伤保险前发生工伤事故的情形，延庆区社保中心对参保缴费前因工伤产生的费用不具有支付义务。因此，上诉人向延庆区社保中心提出核定支付李某的一次性工亡补助金和丧葬补助金的请求，缺乏事实基础及法律依据。延庆区社保中心不予核准李某的一次性工亡补助金和丧葬补助金并无不当。

案例分析

本案中，该劳动者入职 5 天，在工作岗位上猝死，被认定为视同工伤，由于入职时间尚短，用人单位尚未为其办理社保增员，在该劳动者突发疾病之后，用人单位立刻办理了社保增员，系统中申请操作时间仅比员工死亡时间晚了 15 分钟。然而社保中心仍然认为系工伤事故发生在先，事故发生时，用人单位尚未为员工缴纳社保，因此相关费用，社保中心不予理赔。本案一审、二审、再审的法院均支持了社保中心的意见，认为劳动者死亡时用人单位尚未为其办理参加工伤保险手续并缴纳工伤保险费，劳动者的视同工伤属于参加工伤保险前发生工伤事故的情形，社保中心对此不具有理赔义务。

虽然从情理上来说，用人单位愿意依法承担缴纳社保的义务，并且相关手续也没有违反法律规定，但是由于实践中对社保“空窗期”发生工伤的问题没有明确的规定，司法机关也普遍支持应当不予理赔的观点，出现该情况的，用人单位目前大概率只能自行承担损失。对此，用人单位也可以通过购买商业保险、雇主责任险等方式来分担相应风险，同时应当尽快为新员工办理社会保险参保手续。此外，用人单位在招聘过程中，也可以尽量将员工入职时间与办理社保缴纳时间基本调整一致，以缩短社保缴纳“空窗期”。

23. 团建受伤是否属于工伤

团建活动是用人单位提高员工凝聚力的重要方式，越来越多的企业开始重视团建文化，举办丰富多彩的团建活动。然而团建活动多为户外且运动量大的活动，在团建过程中容易发生事故伤害。那么，在团建活动中发生的伤害是否属于工伤呢？在实践中，对于不同的情形有不同的规定。

根据《工伤保险条例》、最高人民法院《关于审理工伤保险行政案件若干问题的规定》等的规定，认定工伤主要参考三个因素：工作原因、工作地点、工作时间。由于工伤的情形多种多样，法律无法一一列举，那么在发生实际事故时就会结合上述三个因素去判断是否有可能构成工伤。

团建活动一般不涉及具体的工作内容，但是有的团建活动会在工作日展开，并且强制要求员工参加，团建活动还常常以提高凝聚力、领导力培训等名义展开，本质上仍然与工作息息相关，在发生伤害时，很有可能被认定为工伤。

典型案例22[①]

案情简介

咨询公司组织包括俞某在内的员工携带家属共20人于2018年1月10日至15日前往泰国。2017年11月，咨询公司与上海途牛国际旅行社有限公司（以下简称途牛旅行社）签订《团队出境旅游合同》，出团通知书载明前往的

① （2019）沪03行终67号。

国家及线路为泰国曼谷—芭提雅5晚6天（纯泰团），行程包括泰国曼谷、芭提雅等地游玩、用餐及住宿等。2018年1月12日，俞某在泰国沙美岛参加浮潜自费游玩项目时发生淹溺，随即被送至RayongHospital进行抢救，经医院抢救无效于当日死亡。咨询公司于2018年1月29日向上海市普陀区人力资源和社会保障局提出工伤认定申请，同年2月26日作出普陀人社认（2018）字第175号不予认定工伤决定（以下简称被诉不予认定工伤决定），认定俞某的情况，不符合《工伤保险条例》,《上海市工伤保险实施办法》第14条、第15条认定工伤或者视同工伤的情形，决定不予认定或者视同工伤。俞某提起诉讼。

裁判意见

本案的争议焦点是俞某参加单位组织的集体活动自费浮潜项目时发生溺亡是否与工作原因有关，其受到的事故伤害是否属于工伤范围。依据《工伤保险条例》第14条①规定的7种应当认定工伤的情形以及第15条②规定的3种视同工伤的情形，其中典型的工伤情形为“在工作时间和工作场所内，因工作原因受到事故伤害”,《工伤保险条例》第14条第5项规定的工伤情形为“因工外出期间，由于工作原因受到伤害或者发生事故下落不明的”。《工伤保险条例》制定的宗旨在于保障因工作遭受事故伤害或患职业病的职工获得医疗救治和经济补偿，促进工伤预防和职业康复，分散用人单位的工伤风

---

① 《工伤保险条例》第14条规定，职工有下列情形之一的，应当认定为工伤：(1) 在工作时间和工作场所内，因工作原因受到事故伤害的；(2) 工作时间前后在工作场所内，从事与工作有关的预备性或者收尾性工作受到事故伤害的；(3) 在工作时间和工作场所内，因履行工作职责受到暴力等意外伤害的；(4) 患职业病的；(5) 因工外出期间，由于工作原因受到伤害或者发生事故下落不明的；(6) 在上下班途中，受到非本人主要责任的交通事故或者城市轨道交通、客运轮渡、火车事故伤害的；(7) 法律、行政法规规定应当认定为工伤的其他情形。

② 《工伤保险条例》第15条规定，职工有下列情形之一的，视同工伤：(1) 在工作时间和工作岗位，突发疾病死亡或者在48小时之内经抢救无效死亡的；(2) 在抢险救灾等维护国家利益、公共利益活动中受到伤害的；(3) 职工原在军队服役，因战、因公负伤致残，已取得革命伤残军人证，到用人单位后旧伤复发的。职工有前款第1项、第2项情形的，按照本条例的有关规定享受工伤保险待遇；职工有前款第3项情形的，按照本条例的有关规定享受除一次性伤残补助金以外的工伤保险待遇。

险。2014 年，最高人民法院为正确审理工伤保险行政案件，根据法律、法规，结合审判实际制定了最高人民法院《关于审理工伤保险行政案件若干问题的规定》，其中第 4 条[①]第 2 项规定了社会保险行政部门认定“职工参加用人单位组织或者受用人单位指派参加其他单位组织的活动受到伤害的”为工伤的，人民法院应予支持；第 5 条[②]第 1 项、第 3 项规定了社会保险行政部门认定“职工受用人单位指派或者因工作需要在工作场所以外从事与工作职责有关的活动期间”“职工因工作需要的其他外出活动期间”为“因工外出期间”的，人民法院应予支持。2016 年，人力资源和社会保障部也印发了《关于执行〈工伤保险条例〉若干问题的意见（二）》，其中第 4 条规定：“职工在参加用人单位组织或者受用人单位指派参加其他单位组织的活动中受到事故伤害的，应当视为工作原因，但参加与工作无关的活动除外。”从上述这些规定来看，其均在更好地执行《工伤保险条例》，保障职工和用人单位的合法权益，这些规定虽对职工参加用人单位组织或受指派参加其他单位组织的活动受到事故伤害，视为工作原因，但也均明确规定了要从事与工作职责有关的活动，这也是工伤的性质所决定的。纵观本案中原审第三人之子俞某外出活动的情况来看，其虽是单位组织的集体活动，费用、行程均为单位负责，但行程中并未安排与工作有关的活动及事项，而从导致俞某发生溺亡的浮潜项目性质来看，该项目明显属于高风险旅游项目，亦未强制员工参加，更与工作原因无关。并非单位组织的集体活动都视为与工作相关，应当从活

① 最高人民法院《关于审理工伤保险行政案件若干问题的规定》第 4 条规定，社会保险行政部门认定下列情形为工伤的，人民法院应予支持：（1）职工在工作时间和工作场所内受到伤害，用人单位或者社会保险行政部门没有证据证明是非工作原因导致的；（2）职工参加用人单位组织或者受用人单位指派参加其他单位组织的活动受到伤害的；（3）在工作时间内，职工来往于多个与其工作职责相关的工作场所之间的合理区域因工受到伤害的；（4）其他与履行工作职责相关，在工作时间及合理区域内受到伤害的。

② 最高人民法院《关于审理工伤保险行政案件若干问题的规定》第 5 条规定，社会保险行政部门认定下列情形为“因工外出期间”的，人民法院应予支持：（1）职工受用人单位指派或者因工作需要在工作场所以外从事与工作职责有关的活动期间；（2）职工受用人单位指派外出学习或者开会期间；（3）职工因工作需要的其他外出活动期间。职工因工外出期间从事与工作或者受用人单位指派外出学习、开会无关的个人活动受到伤害，社会保险行政部门不认定为工伤的，人民法院应予支持。

动的目的性、费用的承担、活动安排的内容以及参与人员的组成等方面综合认定。所以，俞某参加单位组织的集体活动自费浮潜项目时发生溺亡与工作原因无关。普陀区人力资源和社会保障局认定俞某受到的事故伤害不符合认定工伤或者视同工伤的情形，并无不当。

案例分析

（1）与工作的关联度是认定工伤的重要因素

本案中，公司与旅行社签订协议，组织员工前往泰国旅游，由公司承担相关费用。员工俞某在旅游过程中，参加自费项目时溺亡，人社局认为该员工不符合认定工伤或视同工伤的情形。

本案中，判断员工在团建活动中受伤是否属于工伤，关键在于受伤的原因是否与工作原因有关。虽然是用人单位组织员工参加团建旅游项目，但是员工俞某参加的自费项目属于高风险项目，完全由员工自愿参加，用人单位没有强制员工参加，更加与工作原因无关，据此法院认为人社局不予认定工伤的决定并无不当。

由此可见，员工参加团建活动受伤的，并不是所有情况下都可以被认定为工伤，需要综合考虑团建活动的目的、性质、组织方式、费用承担、事故原因等多方面内容。但是用人单位无法最终判断员工受伤是否属于工伤，为保险起见，假如在团建活动中有员工发生了伤害事故，有任何可能涉及工伤的，最好及时为员工向人社部门申请工伤认定，由人社部门作出判断，以免因为用人单位没有及时申请工伤认定而造成劳动者损失。

（2）合规建议

用人单位组织员工团建，可以在组织团结过程中采取合理措施，降低事故发生的概率以及公司承担责任的风险。首先，公司组织团建活动应当考虑活动的风险性，避免组织危险性较大的活动，如攀岩、划船、竞技活动等，此种运动类的活动，公司可以购买相关服务，由员工自行选择是否参加，如果员工自愿参加的，则自行前往，公司尽量避免在其中起到控制和管理的作用。其次，对于公司自行组织的凝聚力活动，此类活动与工作的关联性较强，发生事故伤害的基本上会被认定为工伤，那么应当在活动中做好安全防护，尽量降低事故发生的可能性。最后，用人单位如果在组织活动的同时购买一些保险，可以降低自身的损害赔偿可能性和具体数额。

24. 居家办公期间工伤认定问题

自新冠肺炎疫情以来，出于防疫需要，员工居家办公的情形越来越普遍，有些用人单位还将居家办公变成了一项常态化的工作安排，并且制定了灵活办公规章制度，员工可以定期向公司申请居家办公。居家办公制度增加了工作时间的灵活性，尤其是在疫情的背景下，大大提高了企业工作效率。然而，灵活性的增加必然也带来了管理上的难题，比如居家办公期间如何管理员工的工作地点、工作时间以及工作安排。这些问题同时还会给工伤认定带来一定的困境。

居家办公期间的工伤认定依然要遵循《工伤保险条例》、最高人民法院《关于审理工伤保险行政案件若干问题的规定》等的规定，在法律适用上并没有特殊之处。实操中比较容易产生争议的是如何认定员工发生伤害或突发疾病时是在工作场所、工作时间或是工作原因导致的。

典型案例23[①]

案情简介

班某去世前系北友公司机械设计工程师，双方存在劳动关系。2020年8月16日（周日）21时20分，班某因发热症状至南翔医院就诊，初步诊断为呼吸道感染。2020年8月17日11时18分，班某至南翔医院复诊，就医记录记载：“主诉：发热复诊；现病史：患者昨起出现发热、来院就诊用药热不

① （2021）沪0115行初395号。

退，稍有咳嗽、咽痛，无恶心、吐泻。无其他不适。”复诊后，班某于同日13时13分左右由南翔医院返家。2020年8月18日3时25分左右，班某因呕吐等症状至南翔医院就医，后于同日5时50分左右转院至同济医院，经抢救无效于同日7时16分死亡。

2020年9月8日，第三人就班某死亡向上海市闵行区人社局申请工伤认定，申请认定班某死亡视同工伤。受理后，上海市闵行区人社局就有关事实进行了调查核实，询问了原告及班某在北友公司的同事黄某、徐某，结合第三人及原告提交的材料，于2020年11月19日作出不予认定工伤决定并送达原告、第三人。原告不服，于2020年12月4日向上海市人社局申请行政复议，上海市人社局于2021年1月27日作出被诉复议决定并送达原告等。原告仍不服，遂诉至法院。

裁判意见

本案的争议焦点在于班某是否在工作时间、工作岗位上突发疾病，在48小时内经抢救无效死亡。关于班某突发疾病的时间确定问题，2020年8月18日，班某突发疾病并非在工作时间、工作岗位，不符合视同工伤的情形。退一步讲，即使可以确定班某突发疾病的时间系2020年8月17日，现有证据亦无法证明班某系居家办公。班某当日的通话及微信聊天记录虽涉及工作内容，但通信次数有限，通话时长最长不过2分钟，微信记录内容较简短，在即时通信较为便捷的当今社会，此类情况较为普遍，不宜据此认定其系在工作时间、工作岗位。此种情况下，亦难以视同工伤。故闵行区人社局作出的不予认定工伤决定认定事实清楚，法律适用正确，市人社局经复议予以维持符合法律规定。

案例分析

(1) 居家办公认定工伤也需要判断是否在工作时间、工作岗位及工作原因

本案中，该员工在家突发疾病，在48小时内抢救无效死亡。家属认为，

该员工突发疾病时正在处理工作，属于工作时间，在工作岗位上突发疾病。然而人社局认为，该员工与几位同事的微信、电话联系尚未达到认定其系在工作时间、工作岗位，因此没有支持工伤认定的请求。

本案虽然没有被认定为工伤，但是依然提醒我们，居家线上办公期间容易出现模糊工作时间、超时工作的情况。用人单位应当严格管理在家办公员工的工作时间，推行加班审批制度，以防出现工作时间纠纷，在工伤认定时对用人单位不利，同时也可以减少加班费争议。

（2）居家办公应当更加注意工作管理

对于用人单位来说，为了尽可能减少工作场所、工作时间、工作原因的争议，应当制定有序的管理制度，对居家办公员工进行管理。比如：员工需在家办公的必须事先申请，获得批准后才可以在家办公；申请时要和员工书面确定在家办公的地点，要求员工在其提供的地点办公，不能随意变更地点；和员工明确在家办公期间的工作时间，需要加班的应当提前申请，经批准后才可加班；等等。通过上述措施，可以一定程度上固定员工居家办公的时间、地点、工作内容，以减少用人单位的法律风险。

25. 超出工伤保险报销范围的医疗费用由谁承担

工伤保险是保护劳动者权益、分担用人单位风险的重要保障。用人单位依法缴纳工伤保险，劳动者发生工伤后，由社保部门支付相应的治疗费用。然而工伤保险往往并不能覆盖劳动者所需的全部治疗费用。

《工伤保险条例》第30条①第3款规定，“治疗工伤所需费用符合工伤保

---

① 《工伤保险条例》第30条规定，职工因工作遭受事故伤害或者患职业病进行治疗，享受工伤医疗待遇。职工治疗工伤应当在签订服务协议的医疗机构就医，情况紧急时可以先到就近的医疗机构急救。治疗工伤所需费用符合工伤保险诊疗项目目录、工伤保险药品目录、工伤保险住院服务标准的，从工伤保险基金支付。工伤保险诊疗项目目录、工伤保险药品目录、工伤保险住院服务标准，由国务院社会保险行政部门会同国务院卫生行政部门、食品药品监督管理部门等部门规定。职工住院治疗工伤的伙食补助费，以及经医疗机构出具证明，报经办机构同意，工伤职工到统筹地区以外就医所需的交通、食宿费用从工伤保险基金支付，基金支付的具体标准由统筹地区人民政府规定。工伤职工治疗非工伤引发的疾病，不享受工伤医疗待遇，按照基本医疗保险办法处理。工伤职工到签订服务协议的医疗机构进行工伤康复的费用，符合规定的，从工伤保险基金支付。

险诊疗项目目录、工伤保险药品目录、工伤保险住院服务标准的，从工伤保险基金支付”。

由上述规定可知，工伤治疗期间所产生的药品费、诊疗费、住院费等均需符合社保基金报销目录范围，否则不予报销。但是在实际治疗过程中，工伤员工所需的治疗、药物和医疗器材经常会超出上述目录的报销范围。对于超出报销范围的相关费用应当由谁来承担，《工伤保险条例》没有作出明确规定。在实践中，各地的裁判口径也不尽相同。

实践中存在两种观点：

一种观点认为，《工伤保险条例》并没有规定超出报销范围的费用应当由用人单位承担，要求用人单位承担超出报销范围的费用没有法律依据。并且用人单位已经依法购买了工伤保险，为员工申请了工伤认定，已经尽到了法定的义务。

另一种观点则认为，工伤保险制度本身只是替用人单位分担风险，如果没有工伤保险，那么劳动者发生工伤的全部费用都应当由用人单位承担。尽管《工伤保险条例》没有明确规定应当由谁承担超出报销范围的费用，但是劳动者负伤本来就是工作导致的，因此，由用人单位承担相关费用也是具有合理性的。

典型案例24①

案情简介

原、被告签订有期限为2015年8月14日至2018年8月31日的劳动合同。2015年11月19日被告驾驶电动自行车下班途中发生交通事故，于2016年2月22日被认定为工伤，2016年5月9日经鉴定为因工致残程度九级。被告于2016年9月7日向上海市浦东新区劳动人事争议仲裁委员会申请仲裁，要

① （2017）沪0115民初1416号。

求原告：支付2015年11月19日至2016年5月12日医药费22,653.90元……后原告起诉至上海市浦东新区人民法院。

裁判意见

法院认为，根据相关规定，治疗工伤所需医疗费用符合国家和本市的工伤保险诊疗项目目录、工伤保险药品目录、工伤保险住院服务标准的，从工伤保险基金支付。本案中，原告已为被告缴纳社会保险，且被告治疗工伤发生的住院医疗费以及门诊医疗费已向社保机构申请报销，报销金额亦已支付给被告，被告再要求原告支付工伤保险基金报销费用之外的医疗费22,653.90元缺乏法律依据，法院难以支持。

案例分析

（1）超出报销范围的费用不应当由用人单位承担

本案中，劳动者被认定为工伤，工伤治疗期间，超出报销范围的费用两万余元，劳动者认为应当由用人单位支付，法院则认为用人单位已经依法缴纳了工伤保险，履行了法定义务，并且劳动者的工伤治疗、住院等基本费用均已经获得了社保部门的报销，至于额外支出的医疗费用，不应当由用人单位承担。

由此可见，该法院的裁判意见偏向于第一种观点。目前上海地区对于超出报销范围的医疗费用尚无明确的处理方法，虽然该法院认为用人单位不需要承担超出报销范围的医疗费用，但是不排除其他法院可能出于人道主义关怀或其他因素，认为用人单位也应当承担一定的责任。

（2）部分地区相关规定

我国部分地区对该问题还作出了较为详细的规定：

例如，浙江省高级人民法院民事审判第一庭、浙江省劳动人事争议仲裁院《关于审理劳动争议案件若干问题的解答（二）》指出，用人单位已依法为劳动者缴纳了工伤保险，劳动者工伤医疗费超出社保基金报销目录范围的费用原则上不应由用人单位承担，但超出目录范围的费用经用人单位同意或者认可的除外。

又如，江苏省无锡市政府《关于贯彻国务院〈工伤保险条例〉和〈江苏省实施《工伤保险条例》办法〉的意见》规定，治疗工伤所需费用超出工伤保险诊疗项目目录、工伤保险药品目录、工伤保险住院服务标准范围的，属于抢救生命危急工伤职工所必需的，由工伤保险基金和用人单位各支付50%。

由此可见，部分地区对此问题可能存在地方性规定，用人单位在处理相关问题时应当事先了解当地的规定及裁判口径。

从平衡用人单位和劳动者利益角度而言，单独由一方承担全部的额外费用可能过于严苛，用人单位在实操中可以根据具体情形，考虑额外产生费用的金额大小、必要性、劳动者的工伤严重程度、家庭负担等因素，经双方协商共同承担相应费用。

26. 第三人侵权与工伤的竞合

根据《工伤保险条例》第33条①的规定，职工因工作遭受事故伤害或者患职业病需要暂停工作接受工伤医疗的，在停工留薪期内，原工资福利待遇不变，由所在单位按月支付。然而，假如劳动者的工伤系第三人造成的，根据《民法典》第1179条的规定，侵害他人造成人身损害的，应当赔偿医疗费、护理费、交通费、营养费、住院伙食补助费等为治疗和康复支出的合理费用，以及因误工减少的收入。

由上述规定可知，当工伤事故系第三人造成时，第三人可能需要向劳动

---

① 《工伤保险条例》第33条规定，职工因工作遭受事故伤害或者患职业病需要暂停工作接受工伤医疗的，在停工留薪期内，原工资福利待遇不变，由所在单位按月支付。停工留薪期一般不超过12个月。伤情严重或者情况特殊，经设区的市级劳动能力鉴定委员会确认，可以适当延长，但延长不得超过12个月。工伤职工评定伤残等级后，停发原待遇，按照本章的有关规定享受伤残待遇。工伤职工在停工留薪期满后仍需治疗的，继续享受工伤医疗待遇。生活不能自理的工伤职工在停工留薪期需要护理的，由所在单位负责。

者支付误工费，而用人单位同时需要支付停工留薪期工资，如此一来，就会导致劳动者基于同一损害获得双重赔偿。在实践中，对于第三人已经赔偿了误工费的情况，用人单位是否还需要支付停工留薪期工资，存在不同观点。

一种观点认为，误工费与停工留薪期待遇系基于不同法律关系产生的，二者可以兼得，用人单位以侵权人已向劳动者赔偿误工费为由拒付停工留薪期工资的主张不应予以支持。

另一种观点认为，误工费与停工留薪期待遇属于重复赔偿，不可兼得，应当按照就高原则。如果误工费不足以覆盖劳动者本人工资的，那么用人单位应当补足；如果误工费已经足以覆盖停工留薪期工资的，用人单位可以不再支付。

上海地区的法院普遍倾向于第二种观点。

典型案例25[①]

案情简介

原告原系被告员工，担任保安员。原告于2017年4月10日在上班途中发生交通事故致伤，同年6月29日被上海市浦东新区人力资源和社会保障局认定为工伤，2019年6月17日被浦东新区劳动能力鉴定委员会鉴定为因工致残程度七级。2019年7月1日，原告向被告提出辞职。

2017年4月10日，案外人姚某驾驶残疾人专用车与骑电动自行车的原告发生碰撞，经交警部门认定姚某某负事故主要责任、原告负次要责任。姚某为其残疾人专用车投保了平安非机动车整车盗抢险，该保险第三者责任保险赔偿限额为每次事故3万元，且每次事故绝对免赔300元或15%，以高者为准，本起事故发生在保险期限内。经委托司法鉴定认定原告因本次交通事故致伤构成伤残，伤后酌情给予休息期360天，后期行内固定拆除术酌情给

① （2020）沪0115民初66463号。

予休息期60天。姚某于2019年2月去世。法院于2019年10月29日作出判决，认定事故发生前12个月原告月平均工资为4397.77元，原告误工费损失数额为61,568.78元，确定由姚某的继承人在继承姚某遗产范围内对原告包括误工费在内的各项损失承担70%的赔偿责任。

裁判意见

在第三人侵权引发工伤事故的情形下，会产生两种赔偿请求权，一是工伤职工的工伤赔偿请求权，二是工伤职工向第三人提起的侵权损害赔偿请求权。两种请求权的权利基础和归责原则不同，工伤赔偿请求权基础是劳动者因发生工伤事故而获得的一种社会保险利益，工伤损害赔偿实行无过错责任原则，有社会保险性质；而侵权损害赔偿请求权基础是劳动者因第三人侵权致害而取得，侵权损害赔偿实行的是民法的填平原则、过错原则和过失相抵原则，其性质属于私法领域的赔偿。故劳动者在人身权受到第三人侵害的同时又被劳动行政部门认定为工伤的，劳动者分别提起侵权损害赔偿之诉及申请工伤赔偿仲裁的，对于侵权损害赔偿的请求和不服工伤赔偿仲裁裁决提出的请求，人民法院应分别依法作出判决。同时，用人单位或者工伤保险经办机构在履行了相应赔偿义务后，可就劳动者已实际获得的重复的赔偿部分取得追偿权。

就本案而言，原告在上班途中与他人发生交通事故致伤，经政府有关机关认定为工伤，产生了第三人侵权损害赔偿责任和工伤赔偿责任的竞合，其中原告在本案中基于用人单位工伤赔偿责任主张的停工留薪期工资与其在机动车交通事故责任纠纷案中基于侵权损害赔偿责任主张的误工费属于重复赔偿项目，应按“就高原则”受偿，不可兼得，虽然原告主张的误工费在另案中得到了部分支持（按70%的赔偿比例实际得到支持的数额为43,098.15元）且向法院申请了强制执行，但至今未实际受偿，故被告作为用人单位仍应依法承担工伤赔偿责任，故原告的诉讼请求应予支持，但在原告未向相关部门申请延长停工留薪期并得到确认的情况下，其停工留薪期依法不宜超过

12 个月，据此法院确定原告的停工留薪期工资为 52, 773. 24 元。另外，鉴于误工费与停工留薪期工资属于重复的赔偿项目，且本案确认的原告停工留薪期工资数额高于另案判决支持的误工费金额，故被告在履行停工留薪期工资的给付义务后，原告实际执行到部分或全部误工费的，被告有权向原告追偿。

案例分析

（1）重复赔偿部分不可兼得，应按“就高原则”受偿

本案中，劳动者上班途中发生交通事故，经认定为工伤，产生了第三人侵权损害赔偿与工伤赔偿责任的竞合，误工费部分已经在另案中得到了部分支持，法院认为误工费与停工留薪期工资属于重复赔偿部分，劳动者不能兼得，应当按照“就高原则”受偿。也就是说，如果第三人赔偿的误工费低于停工留薪期工资，用人单位应当补足差额。然而本案中，误工费部分虽然已经判决，但是尚未得到执行，因此法院认为用人单位应当先行支付停工留薪期工资，待误工费得到强制执行后，用人单位可以向劳动者追偿。

由此可见，上海地区虽然认为误工费和停工留薪期待遇不可兼得，但是出于保护劳动者的目的，如果劳动者尚未取得误工费，用人单位还是需要先支付停工留薪期工资的。

（2）用人单位未依法缴纳工伤保险的情形

用人单位未依法缴纳工伤保险的，劳动者发生工伤事故，相关医疗费、生活护理费、停工留薪期工资、一次性伤残补助金、一次性工伤医疗补助金、一次性伤残就业补助金等工伤费用，均应当由用人单位自行承担。因第三人侵权而导致的工伤事故，除重复赔偿的项目外，第三人的赔偿不会降低用人单位应当承担的责任。

第三章
休息休假及工作时间管理

第一节　病假及医疗期

27. 用人单位能否指定医院病假复查

病假是劳动者患病或非因工负伤，需要停工休息的，用人单位应当给予的假期。病假期间，用人单位应当依法提供员工病假待遇。为了防止员工虚假请病假，骗取病假工资，用人单位对员工请休病假的，通常会进行一定的审核，确保病假的真实性。在实践中，一些公司会在员工手册或者相关规章中规定，公司有权要求员工前往指定医院就诊或复查。公司希望通过这样的规定来确保员工病假的真实性，从而防止员工滥用病假制度，增加公司的人力成本。那么，公司是否能够在规章制度中设置病假复查条款？如果员工不按照公司要求前往指定医院复查，用人单位能否对其进行违纪处罚？

一种观点认为，在规章制度中设置病假复查条款属于用人单位行使自主管理权，只要相关条款经过民主讨论与公示程序，就应当有效，劳动者应当遵守。

另一种观点则认为，要求劳动者前往指定医院复查的行为，可能侵犯劳动者隐私权以及自由就医的权利，劳动者有权拒绝。并且，如果劳动者能够提交病假单、就诊记录等材料，通常就能够说明病假的真实性，用人单位不应当再要求劳动者前往指定医院复查。

典型案例26[①]

案情简介

王某原系乙公司员工，双方签订的最后一份劳动合同约定：劳动合同履行期限为2019年12月26日至2021年12月25日；王某工作岗位为销售岗位；王某每月工资为2480元；乙公司请假制度包括员工请病假有下列情形之一的属合理怀疑，乙公司有就近指定第七人民医院或专科医院复查的权利，并可派员陪同为员工排队挂号等，复查费用均由乙公司承担：病假单或病历上注明“本人要求休息……”或其他相当情形的；乙公司可解除与王某的劳动合同，且不支付经济补偿金的情形包括：因病假存在合理怀疑情形之一的，经二次告知，王某无正当理由或客观事实拒不服从复诊安排的。后乙公司单方解除与王某的劳动合同，王某提起仲裁和一审诉讼。

裁判意见

自2019年7月31日起，王某连续以腰痛、颈椎病、肩颈痛等多种疾病向L公司提交病情证明单及病历资料，L公司收到上述材料后转交给了乙公司。根据王某提交的病历，王某在长期病休期间共计存在6次未遵医嘱拒绝进行CT和MRI检查，并14次向医生要求病休的情况，这样的病历资料有违常理。且乙公司就此病历资料向相关医院和医生进行了核实，确认系王某主动要求病休。综上，乙公司对王某提供的病情证明单和病历产生怀疑具备事实基础。在此前提下，乙公司两次要求王某前往指定医院复诊并对病历资料上载明的不遵医嘱进行检查、要求病休等情况进行说明，然王某均置若罔闻。依据劳动合同的约定，乙公司对员工请病假的事由存在合理怀疑的，可以要求员工进行复查，如员工经过二次告知，无正当理由或客观事实拒不服从复

① （2022）沪01民终2418号。

诊安排的，乙公司有权解除与王某的劳动合同，故乙公司解除与王某的劳动合同并非违法解除，王某要求乙公司支付违法解除劳动合同赔偿金的诉讼请求，一审法院不予支持。

典型案例27①

案情简介

2017年4月25日至2020年4月24日，束某与某公司订立劳动合同。2020年4月25日起，束某与上海分公司订立劳动合同，劳动合同期限双方约定至2023年4月24日。就工作地点，双方约定为上海及项目所在地。2020年9月9日至11月12日，束某未出勤，除2020年10月1日至8日外，均有医院为束某开具病假单。上海分公司考勤管理制度第9.3.2条规定，公司有权审核员工相应的病假资料，如就诊挂号、病历、检查报告、医药费等记录，并留存复印件，员工应予提供，并配合公司可能的复查要求，否则公司有权不批准病假申请。此由考勤管理制度及规章制度发布与公示截图予以佐证。后公司认为束某行为不符合公司考勤制度，因而不发放病假工资。束某提起仲裁后，本案又经历一审、二审。

裁判意见

法院认为，上海分公司考勤管理制度第9.3.2条规定，公司有权审核员工相应的病假资料……员工应予提供，并配合公司可能的复查要求，否则公司有权不批准病假申请。本案中，上海分公司以束某未按该规定配合上海分公司的复查要求为由，上诉主张2020年11月6日至12日束某旷工。但是，上述期间束某有医院开具的病假单，束某未按照上海分公司规章制度的规定配合公司复查要求的行为，不足以否定束某所提供病假单的真实性。因此，

① （2021）沪01民终13869号。

上海分公司的此项上诉主张，缺乏事实依据，法院不予采信。上海分公司以此为由上诉要求不支付束某 2020 年 11 月 6 日至 12 日病假工资，法院不予支持。

案例分析

（1）劳动者已经提交材料证明病假真实性的，用人单位不应强制要求劳动者病假复查

上述两个案例中，用人单位均对劳动者病假真实性不予认可，并且要求按照规章制度的规定前往指定医院复查。案例一中，法院认为该劳动者在长期休病假期间，多次拒绝医生要求的检查项目，并且多次主动向医生要求休假，用人单位据此对病假真实性存疑是符合常理的。用人单位依据双方劳动合同的约定，对员工请病假的事由存在合理怀疑的，可以要求员工进行复查，并且该用人单位也愿意承担复查的相关费用，员工经过二次告知，无正当理由或客观事实仍然拒不服从复诊安排的，用人单位据此解除劳动合同，法院认为公司解除劳动合同系合法解除。案例二中，用人单位规章制度规定，公司有权要求员工配合病假复查，但是该员工已经向用人单位提交了病假单，用人单位没有提交充分的证据否定病假单的真实性，在员工已经提交病假单的前提下，以员工不配合到指定医院复查解除劳动合同，没有法律依据。

由上述案例可知，关于病假复查的问题，上海地区的司法口径相对比较灵活，对该条款的效力通常是认可的，然而在具体适用病假复查条款时，仍然有合理性的要求。如果劳动者已经充分提交了病假单等证明材料，并且用人单位也没有证据证明该劳动者病假真实性存疑，却仍然坚持要求劳动者前往指定医院复查，甚至因此解除劳动合同的，可能不会获得法院的支持。

（2）合规建议

从目前来看，对于用人单位能否要求员工前往指定医院复查的问题，各地裁判口径并不统一。用人单位可以在规章制度中写入病假复查条款，但是在实际操作时，如果用人单位怀疑劳动者病假的真实性，那么首先还是应当

派员前往医院调查病假单是否合法有效。在拿到一定证据，对病假单真实性形成合理怀疑之后，再根据规章制度的要求，安排员工前往指定医院复查，公司应当承担相关的复查费用。用人单位指定医院复查时，需要根据员工的身体状况综合考虑，对于病情较重的员工，应当就近安排，如果确实因病无法前往医院复查的，用人单位也不宜强制。

28. 用人单位能否要求病假员工提供详细治疗记录

近年来，我国《民法典》与《个人信息保护法》相继颁布，虽然这两部法律不是劳动用工领域的专门法律，但是这两部法律的出台也反映了司法实践中对个人信息的保护越来越重视。同样地，员工对其个人信息的敏感度也越来越高。在个人信息收集与处理的问题上，用人单位要注意遵循合理、必要的原则，不能过度收集非必要的员工个人信息，并且要对员工个人信息做好保密与销毁的工作，以防因用人单位原因而导致个人信息泄露产生侵权纠纷。

为了做好员工病假管理，用人单位普遍实行病假审批制度，要求劳动者请病假的，必须提供病假单、就诊记录、病历、处方单、缴费单等病假材料，否则不予批准病假，严重的还将按旷工处理。一般来说，医院开具的病假单是员工请病假的主要依据，病假单上通常体现医生建议休假天数，只要员工提供了有效的病假单，原则上用人单位就应当批准病假。用人单位要求员工进一步提供病历、处方单、缴费单等材料是否合理，是实践中产生争议的焦点。

典型案例28[①]

案情简介

2017年10月16日，谢某与公司签订劳动合同书，约定：谢某担任外勤

① （2021）京03民终106号。

人员（高级项目经理），合同期限为2017年11月1日至2020年10月31日。

2018年9月10日，谢某开始休病假。谢某向公司提交了病休的诊断证明书。

2018年12月29日，公司向谢某发送律师函，内容为：谢某提交的病假文件缺少部分病历、心理治疗凭证、心理治疗单据、医药费凭据、心理治疗材料、精神分析治疗材料，要求谢某收函后向公司出具完整的请病假资料，如无法提供，公司将考虑不得不视谢某的行为为旷工，并依法进行后续处理。后公司单方解除了与谢某的劳动合同，谢某因而提起仲裁，后本案进入一审、二审。

裁判意见

本案中，谢某提交的诊断证明书能够反映其存在抑郁状态且有建议休息的医嘱，即便谢某提交的就诊材料不如公司要求的齐全，也不能推翻谢某因病需要休息的事实；2018年12月10日前谢某的病假申请已经过公司OA批准。

《民法典》第1034条规定："自然人的个人信息受法律保护。个人信息是以电子或者其他方式记录的能够单独或者与其他信息结合识别特定自然人的各种信息，包括自然人的姓名、出生日期、身份证件号码、生物识别信息、住址、电话号码、电子邮箱、健康信息、行踪信息等。个人信息中的私密信息，适用有关隐私权的规定；没有规定的，适用有关个人信息保护的规定。"

法院认为，谢某罹患疾病的细节应属个人隐私，公司要求提供的病历、心理证明材料、费用凭据等应以必要为限，能够反映谢某患病就诊事实即可，但不应过分求全，以免侵犯个人隐私，侵害患者权益。结合公司在上诉意见中所称"谢某从未按照公司规章制度提交完整的证明其在客观上患有'精神病'疾病的病假证明材料"，公司对于抑郁状态或抑郁症的认识存在偏差，根据《企业职工患病或非因工负伤医疗期规定》第3条、第4条的规定，企业职工医疗期根据本人实际参加工作年限和在本单位工作年限计算，而根据原劳动部《关于贯彻〈企业职工患病或非因工负伤医疗期规定〉的通知》，“精神病”等特殊疾病的认定只涉及在24个月内不能痊愈需要延长医疗期的情形，故对公司的相应上诉主张，法院不予采信。根据谢某的陈述及证据，其在2018年12月10日OA关闭后仍通过邮件等形式向公司发送了病假条和诊断证明，故公司认定谢某旷工并以此为由解除与谢某的劳动关系缺乏依据。

案例分析

（1）用人单位收集病假材料应当以必要为限

本案中，劳动者患有精神类疾病，向公司提交了病休的诊断证明书，申请休病假。而用人单位进一步要求该劳动者提供病历、心理治疗凭证、心理治疗单据、医药费凭据、心理治疗材料、精神分析治疗材料等病假材料。劳动者则认为该部分材料涉及个人隐私，拒绝提供。用人单位因此不予批准病假，并且按照旷工解除了劳动合同。

法院在裁判意见中列举了《民法典》第1034条的规定，认为劳动者罹患疾病的细节应属个人隐私，公司要求提供的病历、心理治疗材料、费用凭据等应以必要为限，劳动者提供的诊断证明已经足以证明病假真实性的情况下，用人单位不宜进一步要求劳动者提供其他疾病就诊材料，以免侵犯隐私权。

（2）合规建议

关于病假审核问题，各地的裁判口径可能有所不同，然而司法机关会着重审查用人单位病假政策的合理性。用人单位在制定病假政策时，应当充分考虑劳动者的各项权益，不宜制定过于严格的病假政策。用人单位可以在规章制度中要求劳动者在必要的情况下提供除病假单以外的就诊材料，但是在实际操作中，如果劳动者提交的病假单足以证明病假的真实性，用人单位不宜强制要求劳动者进一步提供更多涉及个人隐私的就诊材料。

29. 上海地区医疗期计算方法

医疗期是指劳动者患病或者非因工负伤停止工作治病休息，用人单位不得因此解除劳动合同的期限。上海市《关于本市劳动者在履行劳动合同期间患病或者非因工负伤的医疗期标准的规定》对医疗期的计算做了明确规定，上海地区的医疗期按照劳动者在本用人单位的工作年限设置。劳动者在本单位工作第一年，医疗期为 3 个月；以后工作每满 1 年，医疗期增加 1 个月，但不超过 24 个月。

上海地区关于医疗期的计算和其他地区的计算方法截然不同，实操中用人单位应当格外注意，尤其是有些公司总部在上海，在全国各地有其他分公司的，在制定相关休假政策的时候要注意区分上海和外地的医疗期及病假政策。

关于上海市的这一医疗期计算规定，实操中对“以后工作每满 1 年”也有两种不同的理解。一种理解认为，劳动者在本单位工作第一年应当享有 3 个月医疗期，第二年仍然只有 3 个月的医疗期，因为根据该规定，劳动者工作 1 年后，应当在工作满 1 年后，也就是从第三年开始才能增加 1 个月的医疗期。根据这种观点，员工入职一家单位第一年、第二年、第三年、第四年的医疗期分别是 3 个月、3 个月、4 个月、5 个月，以此类推。而另一种理解则认为，劳动者在本单位工作第一年应当享有 3 个月医疗期，从第二年开始就应当增加 1 个月医疗期，也就是第一年 3 个月医疗期，第二年 4 个月，第三年 5 个月，第四年 6 个月，以此类推。上海市人力资源和社会保障局曾在官网上将医疗期解释为第一种计算方法，即“33456”，而司法实践中，也有法院认为应当按照第二种方法计算医疗期，即“3456”。

综合来看，医疗期的计算可能关系到员工的劳动合同解除与终止，为保险起见，建议用人单位按照比较有利于劳动者的方法来计算医疗期，也就是按照第二种计算方法来计算。

典型案例29[①]

案情简介

被告于2019年10月16日进入原告即用人单位处从事销售工作，月工资组成为基本工资3400元、交通费用150元、通信费100元和提成。被告入职后，原告未及时与其订立书面劳动合同，后于2020年4月1日签订了一份劳动合同，期限为2020年4月1日至2021年4月2日。

2020年10月22日，被告因病在复旦大学附属眼耳喉鼻科医院住院治疗，出院诊断为："1. 右眼孔源性视网膜脱离；2. 右眼增生性玻璃体视网膜病变；3. 右眼脉络膜脱离；4. 双眼年龄相关性白内障。"该医院为被告出具过多份病假单，最后一份病假单于2021年4月26日出具，期限为2021年4月26日至5月9日。

2021年1月22日，原告人事通过微信向被告发送了解除劳动合同的通知。后本案员工提起仲裁，用人单位不服仲裁裁决起诉至法院。

裁判意见

法院认为，根据法律规定，意思表示到达对方时生效。2021年1月22日，原告通知被告劳动合同于2021年2月22日解除，该意思表示并不存在撤销、撤回的情况，对于当事人具有法律约束力，故依法确认原、被告之间的劳动合同于2021年2月22日解除。用人单位违法解除或者终止劳动合同的，劳动者有权要求恢复劳动关系。原、被告之间的劳动合同于2021年4月2日到期，原告也已明确到期后不再与被告续签劳动合同，故仅确认原、被告之间的劳动关系恢复至2021年4月2日。至于被告辩称的医疗期，根据沪府发〔2002〕16号文，医疗期按劳动者在本用人单位的工作年限设置，劳动

① （2021）沪0117民初6754号。

者在本单位工作第一年，医疗期为 3 个月；以后工作每满 1 年，医疗期增加 1 个月，但不超过 24 个月。根据被告在原告处的工作年限来看，被告的医疗期应当为 4 个月，而被告于 2020 年 10 月 22 日开始休病假，故截至 2021 年 4 月 2 日劳动合同终止，并不存在医疗期未届满的情况。因此，原告要求仅恢复其与被告的劳动关系至 2021 年 4 月 2 日，于法有据，法院予以支持。

案例分析

（1）采用“3456”的医疗期计算方法更加有利于劳动者

本案中，该劳动者于 2019 年 10 月 16 日进入用人单位工作，法院确定双方劳动关系至 2021 年 4 月 2 日终止，该劳动者入职用人单位一年半左右的时间，法院认为其医疗期应当是 4 个月。

由此可见，法院采取了“3456”的医疗期计算方法，认为劳动者入职满 1 年第二天起就应当增加 1 个月的医疗期。如果采用“33456”的计算方法，那么该劳动者入职满 1 年不满 2 年，应当享有 3 个月医疗期，待 2021 年 10 月 16 日起才增加 1 个月医疗期。医疗期的计算涉及劳动合同的解除与终止，一旦计算错误很有可能导致违法解除，在医疗期的计算上建议用人单位采取更加严谨的计算方法。就上海市医疗期的计算争议而言，采用“3456”的计算方法更加有利于劳动者，法律风险也相对更低，结合目前的司法实践，用人单位采取“3456”的计算方法更加保险。

（2）上海地区医疗期的其他问题

上海地区的医疗期自劳动者入职之后开始累计计算，不会发生清零重新计算的问题。也就是说，随着劳动者工龄的增加，医疗期天数相应累计，如果一个工作 10 年的劳动者，从未请过病假，那么按照“3456”的计算方法，其医疗期应当有 12 个月。在职期间劳动者请病假的，每请一天病假消耗一天医疗期，已经消耗的医疗期不会重新计算，同样是工作 10 年的劳动者，如果在职期间病假天数累计 8 个月，那么其剩余的医疗期则为 4 个月。

劳动者在本单位累计病休时间超过法定医疗期天数，就属于医疗期满，用人单位可以要求其返岗工作，其身体状况无法从事原工作的，用人单位应当为其安排其他岗位，劳动者仍然不能胜任的，用人单位可以提前30日通知依法解除劳动合同。

30. 上海以外地区医疗期计算方法

上海地区的医疗期计算有特别的地方性规定，而上海以外地区医疗期期限的计算方法基本普遍适用原劳动部在1995年实施的《企业职工患病或非因工负伤医疗期规定》，其中明确要根据劳动者实际工作年限及在本单位工作年限来确定医疗期，同时还规定了医疗期的累计计算周期，在相应周期内医疗期未届满的，将会在下一个周期重新起算医疗期。比如，一个劳动者法定医疗期是3个月，那么他对应的累计病休周期就是6个月，从该劳动者首次病假之日起开始起算6个月的病休周期，在这6个月期间，如果该劳动者没有休满3个月的病假，那么在6个月的病休周期届满之后，之前消耗的医疗期全部清零。该员工下一次再请病假，又要重新起算病休期。只有在6个月的病休期内，该员工请满了3个月的病假，才能算医疗期满，否则该员工的医疗期一直可以重新起算。所以实操中，如果员工了解劳动法，有计划地请病假的话，他的医疗期可能永远都不会届满。全国除上海之外的大部分地区基本上适用原劳动部颁布的医疗期计算方法。

并且《企业职工患病或非因工负伤医疗期规定》中的条款有明确规定：

其第3条规定，企业职工因患病或非因工负伤，需要停止工作医疗时，根据本人实际参加工作年限和在本单位工作年限，给予3个月至24个月的医疗期：（1）实际工作年限10年以下的，在本单位工作年限5年以下的为3个月；5年以上的为6个月。（2）实际工作年限10年以上的，在本单位工作年限5年以下的为6个月；5年以上10年以下的为9个月；10年以上15年以下的为12个月；15年以上20年以下的为18个月；20年以上的为24个月。

其第4条规定，医疗期3个月的按6个月内累计病休时间计算；6个月的按12个月内累计病休时间计算；9个月的按15个月内累计病休时间计算；

12个月的按18个月内累计病休时间计算；18个月的按24个月内累计病休时间计算；24个月的按30个月内累计病休时间计算。

典型案例30[①]

案情简介

李某于1996年7月27日入职啤酒公司，双方于2008年6月1日续签了无固定期限劳动合同。李某2014年3月24日至12月23日休病假，从2015年7月25日起又开始休病假，诊断病情均为腰椎间盘突出、腰肌劳损。最后一份诊断证明书时间为2017年1月18日，病休9天。李某与啤酒公司均认可其医疗期为24个月。

啤酒公司向李某送达了落款时间为2016年12月16日的《医疗期满告知书》，内容为：根据《企业职工患病或非因工负伤医疗期规定》，你两年（2014年6月23日至2017年1月23日）的病假医疗期于2017年1月23日期满，现告知你于2017年1月24日开始正常上班，若你胜任不了原岗位工作，医疗期满后拟将你从原岗位二包车间调到包装物料瓶场，请你接到医疗期满告知书之日起30天之内即2017年1月20日之前持此“告知书”将意见反馈到劳资科，逾期劳资科收不到你的反馈意见，公司自2017年1月24日起按旷工处理……

李某于2016年12月20日左右收到《医疗期满告知书》，2017年1月24日李某没有上班。李某称其口头回复公司医疗期未满，并且继续提交了病假条，2017年1月18日的诊断证明书到期后，再提交病休证明，啤酒公司不再接收，说已经辞退。

李某主张啤酒公司2017年2月7日违法解除与其的劳动合同。为此李某提起劳动仲裁，并提交主要证据《解除劳动（聘用）合同或者工作关系的证

① （2018）京03民终69号。

明书》，内容为：本单位与你签订的劳动合同，依据《劳动合同法》第39条第2项，于2017年2月3日解除劳动合同关系。落款时间为2017年2月3日。经办人下方手写有2017年1月24日至2月2日旷工满10天。后本案进入一审、二审。

裁判意见

关于李某的病休时间是否超过了医疗期的问题。根据《企业职工患病或非因工负伤医疗期规定》第4条及原劳动部《关于贯彻〈企业职工患病或非因工负伤医疗期规定〉的通知》第1条第1项之规定，医疗期为24个月的，应按30个月内累计病休时间计算；医疗期计算应从病休第一天开始，累计计算。本案中，李某的病休时间应自2014年3月24日开始起算。啤酒公司在向李某送达的《医疗期满告知书》中从2014年6月23日起算医疗期没有依据。经核算，截至2016年9月24日，李某在30个月的病休期间内累计病休时间并未满24个月。虽然此后李某仍持续休病假，但并不属于上述30个月的病休期间，而应属于下一个病休期间。故一审法院认定从李某病休第一天开始至啤酒公司向其送达《医疗期满告知书》中载明的医疗期满时间（2017年1月23日）为止，李某的累计病休时间已经远超24个月，属于认定事实错误。啤酒公司以李某旷工为由停发了李某的病假工资不妥，故对于李某主张的2017年2月1日至7日的病假工资487元，法院予以支持。

案例分析

本案中，根据李某的实际工作年限及在本单位工作年限可以确认其医疗期为24个月，对应的病休周期为30个月。李某从2014年3月24日开始请病假，其病休周期应当从2014年3月24日起至2016年9月24日止。只有在此期间李某累计病假天数满24个月，才属于医疗期届满，否则在2016年3月24日之后，李某再休病假的，又将重新起算一个新的医疗周期。

本案中，李某在病休周期内没有请满24个月病假，因此他的医疗期尚未届满，用人单位以医疗期满不能从事原工作也不能从事用人单位另行安排的工作为由单方解除劳动合同构成违法解除。

就原劳动部关于医疗期的计算规定来看，对于医疗期满的规定还是比较严格的，只要在一个病休周期内没有休满一定天数的病假，从下一个周期开始之前已经消耗的医疗期将全部清零重新起算。因此，如果员工比较了解劳动法，他只要在一个病休周期内刻意控制病假天数，就可以使医疗期永远不会届满。遇到这种情况，用人单位只能通过其他途径处理劳动关系问题，而不宜用医疗期满不能胜任工作的理由单方解除。

31. 特殊疾病医疗期

医疗期的期限由法律明确规定，在法定的医疗期内，职工的权益受到劳动法的保护，用人单位不得因职工患病而解除与该职工的劳动关系。劳动者工作的年限越长，其享有的法定医疗期也越长，一般而言医疗期最长不会超过24个月。

然而对于某些特殊疾病，如癌症、精神病、瘫痪等，其治愈难度大、治疗时间长，普通的医疗期限可能不足以治愈。因此原劳动部《关于贯彻〈企业职工患病或非因工负伤医疗期规定〉的通知》第2条规定，“对某些患特殊疾病（如癌症、精神病、瘫痪等）的职工，在24个月内尚不能痊愈的，经企业和劳动主管部门批准，可以适当延长医疗期”。该条文本意在更好地保护患特殊疾病的劳动者，在法定医疗期最长24个月的基础上给予一定延长的可能性，实践中对该条文存在不同理解。

一种观点认为，只要员工患有上述特殊疾病之一的，就应当享有24个月医疗期。在24个月之后还需延长的，才需要经过企业和劳动主管部门的批准。另一种观点则认为，患有特殊疾病的员工并非当然享有24个月医疗期，需要先经过企业和劳动主管部门的批准才能确定是否延长医疗期。

医疗期的期限对用人单位有重要的意义。对于用人单位来说，如果错误地计算了员工的医疗期，可能会导致违法解除劳动合同，从而承担违法解除的法律后果。关于特殊疾病的医疗期延长问题，还需要参考各地的裁判口径，就上海地区而言，对特殊疾病医疗期的裁判口径近几年发生了变化。

典型案例31[①]

案情简介

黄某于2013年3月至上海公司处工作。根据上海公司的安排，黄某与深圳某公司签订了期限为2013年3月4日至2015年3月3日的劳动合同；该合同期满后，又续签了期限为2015年3月4日至2016年3月3日的劳动合同。2016年2月15日，黄某被诊断为某特殊疾病。黄某向上海公司提交的最后一份病假单建议休息至2016年10月15日。2016年8月19日，上海公司向黄某发送了《关于黄某女士医疗期到期的函》，告知黄某医疗期于2016年8月15日到期。黄某于2016年8月23日回复上海公司，表示黄某的医疗期应为24个月。上海公司于2016年9月6日向黄某发出《告知函》，向黄某再次重申提交劳动能力鉴定书等。2016年9月23日，上海公司向黄某发出《知会函》，告知黄某提出的不低于24个月医疗期的要求，缺乏充分的证明材料，不符合法律政策要求，不予采纳；上海公司给予黄某的6个月医疗期已结束，黄某与上海公司的劳动合同关系顺延到医疗期结束时终止。2016年9月27日，黄某作为申请人向上海市浦东新区劳动人事争议仲裁委员会申请仲裁，要求被申请人即上海公司恢复劳动关系，顺延医疗期24个月。后本案又进入一审、二审。

裁判意见

原劳动部《关于贯彻〈企业职工患病或非因公负伤医疗期规定〉的通知》中规定：根据目前的实际情况，对某些患特殊疾病的职工，在24个月内

① （2017）沪01民终9536号。

尚不能痊愈的，经企业和劳动主管部门批准，可以适当延长医疗期。根据该规定，患特殊疾病的劳动者享有24个月医疗期。黄某2016年2月被诊断为某特殊疾病，故黄某应享受24个月的医疗期。上海公司以黄某未经劳动能力鉴定，不能享受24个月医疗期，不符合上述规定，原审法院不予采纳。

典型案例32[①]

案情简介

2018年8月13日，程某与公司签订劳动合同，约定：合同履行期为2018年8月13日至2020年12月31日，由公司派遣程某至新张江公司工作。

2018年11月13日，上海市医疗保险事务服务点出具基本医疗保险门诊大病登记回执，载明程某疾病诊断为中、重度，登记有效期为2018年11月13日至2019年5月13日。2019年1月29日至5月31日程某一直休病假。

2019年4月30日，公司通知程某于2019年5月5日起上班，但程某并未按时出勤。2019年5月7日，公司通知程某申请劳动能力鉴定，但程某并未申请鉴定。2019年5月9日，新张江公司将程某退回公司。2019年5月15日，公司通知程某调换工作岗位，程某未出勤。

2019年5月28日，公司出具合同终止通知书，载明：公司将单方解除与程某的劳动合同；程某工资结算至2019年5月31日，社会保险缴纳至2019年5月；公司将一次性支付经济补偿金、代通金及6个月医疗补助费共计人民币（以下币种同）37,588.50元。2019年5月31日，公司将上述款项转账支付程某。同日，公司为程某办理了退工证明。

裁判意见

法院认为，本案争议焦点为公司解除与程某的劳动合同关系是否合法有

① （2020）沪01民终7539号。

据。医疗期是指企业职工因患病或非因工负伤停止工作治病休息不得解除劳动合同的时限。虽然劳部发〔1995〕236号文规定对于某些患特殊疾病的职工，在24个月内尚不能痊愈的，经企业和劳动部门批准，可以适当延长医疗期，但该文件制定的背景是"一些企业和地方劳动部门反映，《企业职工患病或非因工负伤医疗期规定》中医疗期最长为24个月，时间过短，限制较死，在实际执行中遇到一定困难，要求适当延长医疗期"，且该文件又同时"允许各省、自治区、直辖市在实施《企业职工患病或非因工负伤医疗期规定》时，可根据当地实际情况，制定具体细则"。由上海市人民政府制定并颁布的自2015年5月1日起施行且至今有效的《关于本市劳动者在履行劳动合同期间患病或者非因工负伤的医疗期标准的规定》则根据本市实际情况对本市劳动者医疗期的设置以及直接适用24个月医疗期的情形进行了详细明确的规定：医疗期按劳动者在本用人单位的工作年限设置。劳动者在本单位工作第一年，医疗期为3个月；以后工作每满1年，医疗期增加1个月，但不超过24个月。劳动者经劳动能力鉴定委员会鉴定为完全丧失劳动能力但不符合退休、退职条件的，应当延长医疗期。延长的医疗期由用人单位与劳动者具体约定，但约定延长的医疗期与前条规定的医疗期合计不得低于24个月。换言之，对于本市劳动者而言，医疗期的延长需要满足经劳动能力鉴定委员会鉴定为完全丧失劳动能力的条件。

案例分析

上述两个案例的劳动者均患有某种特殊疾病，所需的治疗期限远远超过了他们根据本单位工作年限计算的医疗期，二人均主张自己应当享有24个月医疗期，而用人单位则提出劳动能力鉴定的要求。对此，上海市第一中级人民法院作出了两种不同的裁判。

（1）患有特殊疾病的应当直接享有24个月医疗期

案例一的判决发生在2017年，法院认为，员工患有特殊疾病，就应当享有24个月医疗期，不需要以劳动能力鉴定为前提，认为公司单方解除劳动合同系违法解除。这一裁判观点无疑更有利于保障劳动者权益，对用人单位提出了更高的要求。按照这一裁判观点，无论该劳动者依据工作年限确定的医疗期期限是多长，只要患有癌症、瘫痪、精神病等特殊疾病的，都当然享有24个月医疗期。

（2）因特殊疾病而延长医疗期应当依据地方规定

案例二中，法院从立法背景出发，认为因特殊疾病而延长医疗期的规定，应当根据各地区制定的实施细则来确定，上海市《关于本市劳动者在履行劳动合同期间患病或者非因工负伤的医疗期标准的规定》明确规定，“劳动者经劳动能力鉴定委员会鉴定为完全丧失劳动能力但不符合退休、退职条件的，应当延长医疗期。延长的医疗期由用人单位与劳动者具体约定，但约定延长的医疗期与前条规定的医疗期合计不得低于24个月”。也就是说，法院认为，特殊疾病医疗期也应当适用上海市医疗期计算标准，只有在劳动者被鉴定为完全丧失劳动能力又不符合退休、退职条件的，才能和用人单位约定延长医疗期。

由上述两个案件可知，上海地区对于因特殊疾病而延长医疗期的问题存在不同的裁判口径。对于患有特殊疾病的劳动者，按照案例一的观点直接给予24个月的医疗期避免了因期限计算错误而导致的违法解除问题。如果用人单位不愿延长医疗期，那么根据案例二的裁判口径，只给予法定的医疗期限，在上海地区的司法实践中也是存在操作空间的。当然，从人文关怀的角度出发，用人单位也可以与劳动者协商适当延长医疗期，给予一定的宽限及帮助，有利于构建和谐的劳动关系。

第二节　法定年休假及公司福利年休假

32. 法定年休假的条件及期限

为了维护职工休息休假权利，调动职工工作积极性，我国规定了法定年休假制度，根据《企业职工带薪年休假实施办法》第3条的规定，职工连续工作满12个月以上的，享受带薪年休假。《职工带薪年休假条例》第3条规定，职工累计工作已满1年不满10年的，年休假5天；已满10年不满20年的，年休假10天；已满20年的，年休假15天。

由此可见，对于刚刚参加工作的劳动者来说，其并非第一年就可以享有年休假，而是应当连续工作满12个月之后才能享有。实践中，对于“连续工作满12个月”这一前提条件如何认定，直接关系劳动者是否能够享有年休假。通常而言，这里所说的“连续工作满12个月”是指劳动者只要曾经有过连续不断的12个月工作经历，之后无论是否更换新的用人单位，都有权享有法定年休假。实践中常有的误区是将“连续工作满12个月”认为必须在本单位连续工作满12个月，之后才能开始享有年休假。

典型案例33[①]

案情简介

2017年4月2日，柳某与某公司签订期限为2017年3月1日至2018年2月28日的劳动合同，约定柳某在财务部门担任财务经理一职，工资由基本工资、加班工资、岗位津贴和绩效工资组成，其中基本工资2190元，岗位津贴7810元，绩效工资由某公司根据公司的经营业绩和柳某的工作业绩考核情况核定发放。某公司每月15日通过银行转账形式支付柳某上月工资。2017年3月至7月某公司每月发放给柳某10,000元，2017年8月起某公司每月发放给柳某12,000元。经仲裁后柳某向一审法院起诉要求某公司支付：

1.2018年3月1日至6日的工资2206.90元及2018年3月3日至4日休息日加班2天的加班工资2206.90元；

2.2017年3月1日至2018年3月6日未休年休假10天的折算工资

① （2019）沪01民终3686号。

28,735.63 元；

3. 违法解除劳动合同的赔偿金 62,500 元；

4. 未开具离职证明导致无法正常就业的损失 47,068.91 元。

裁判意见

职工连续工作满 12 个月以上的，享受带薪年休假。根据已查明事实，柳某自 2016 年 7 月 27 日起工龄未间断，故柳某可以自 2017 年 7 月 27 日起享受带薪年休假。根据其缴纳的社会保险费的月份，一审法院核算其 2017 年度、2018 年度每年应享有 5 天年休假，并根据在职时间（2017 年 7 月 27 日至 12 月 31 日、2018 年 1 月 1 日至 3 月 6 日）折算柳某 2017 年度享有年休假 2 天，2018 年度无年休假。用人单位跨 1 个年度安排年休假的，应征得职工本人同意，某公司虽主张已安排柳某于 2018 年 1 月 26 日至 31 日、2 月 6 日至 9 日、2 月 12 日至 13 日休年休假，但未举证证明该跨年度安排已征得柳某同意，故某公司仍应支付柳某 2017 年度未休年休假 2 天的折算工资 3494.25 元。

案例分析

本案中，劳动者主张应休未休年休假的补偿，法院认为职工连续工作满 12 个月以上的，享受带薪年休假。根据已查明事实，柳某自 2016 年 7 月 27 日起工龄未间断，故柳某可以自 2017 年 7 月 27 日起享受带薪年休假。而该劳动者的劳动合同期限是从 2017 年 3 月 1 日开始的，只要劳动者过去曾经连续工作满 12 个月，就可以享受年休假。

对此，用人单位在用工时，尤其是雇用工作年限较短的劳动者时，要注意审查其是否符合享有法定年休假的条件。

举例而言，某公司新入职员工小李，曾经有过两段工作经历，第一段劳动关系存续期限为 5 个月，从第一家用人单位离职后 3 个月才再次入职第二家工作单位，第二段劳动关系存续期限为 7 个月，第二段劳动关系结束后立即入职了现用人单位。小李向现用人单位主张其已经连续工作满12个月，要求享有当年度年休假。根据《企业职工带薪年休假实施办法》第3条的规定，“职工连续工作满12个月以上的，享受带薪年休假”。小李虽然曾经累计工作满12个月，但是两段劳动关系之间中断了3个月，因此并不符合“连续工作满12个月”的规定。

33. 年休假争议仲裁时效

根据《职工带薪年休假条例》① 的规定，为了维护职工休息休假权利，调动职工工作积极性，对于连续工作满一年的劳动者，每年可以享有一定天数的法定带薪年休假。用人单位应当统筹安排员工休年休假，用人单位无法安排员工当年度休假的，应当按照其日工资收入的300%支付当年度未休年休假工资报酬。

在实践中，用人单位未安排劳动者休假也未支付应休未休年休假补偿的情况经常发生，由于年休假每个年度都会产生，而劳动者在职期间往往不会就年休假的补偿与用人单位产生争议。这就导致劳动者在离职时向用人单位主张应休未休年休假的工资时，会发现年份较远的年休假工资仲裁时效已经届满。

《劳动争议调解仲裁法》第27条规定，劳动争议申请仲裁的时效期间为一年。仲裁时效期间从当事人知道或者应当知道其权利被侵害之日起计算。

前款规定的仲裁时效，因当事人一方向对方当事人主张权利，或者向有关部门请求权利救济，或者对方当事人同意履行义务而中断。从中断时起，仲裁时效期间重新计算。

因不可抗力或者有其他正当理由，当事人不能在上述规定的仲裁时效期

① 《职工带薪年休假条例》第5条规定，单位根据生产、工作的具体情况，并考虑职工本人意愿，统筹安排职工年休假。年休假在1个年度内可以集中安排，也可以分段安排，一般不跨年度安排。单位因生产、工作特点确有必要跨年度安排职工年休假的，可以跨1个年度安排。单位确因工作需要不能安排职工休年休假的，经职工本人同意，可以不安排职工休年休假。对职工应休未休的年休假天数，单位应当按照该职工日工资收入的300%支付年休假工资报酬。

间申请仲裁的，仲裁时效中止。从中止时效的原因消除之日起，仲裁时效期间继续计算。

劳动关系存续期间因拖欠劳动报酬发生争议的，劳动者申请仲裁不受上述规定的仲裁时效期间的限制；但是，劳动关系终止的，应当自劳动关系终止之日起一年内提出。

由上述规定可知，仲裁时效有两种：一种是普通时效，即自当事人知道或应当知道权利被侵害之日起计算一年；另一种是特殊时效，即劳动关系存续期间因拖欠劳动报酬发生争议的，不受一年时效的限制，最晚可以在劳动关系终止之日起一年内提出主张。

在实践中，关于年休假仲裁时效的争议焦点在于年休假是否属于劳动报酬。若是，则适用特殊时效；若不是，则适用一年时效。

典型案例34①

案情简介

原告于2013年4月16日入职被告处工作，岗位为驾驶员，原、被告之间的劳动关系于2020年8月15日解除。原告于2020年8月27日申请仲裁，要求被告支付解除劳动合同经济补偿、2020年7月1日至8月15日停工期间工资、2013年3月16日至2020年8月15日应休未休年休假工资、2020年2月工资及劳动关系存续期间法定节假日加班工资差额。上海市青浦区劳动人事争议仲裁委员会经审理裁决被告支付原告2020年7月1日至8月15日工资差额1606元、2019年应休未休年休假工资7727.70元，对原告的其他请求不予支持。原告不服该裁决，递诉至法院。被告提供员工手册复印件，证明被告已经安排原告休假，且根据员工手册规定，年休假当年度有效。

① （2021）沪0118民初931号。

裁判意见

法院认为，关于未休年休假工资用人单位在当年度未安排年休假的情况下，一般最迟应在当年年度末之前支付应休未休年休假工资。劳动争议申请仲裁的时效期间为一年，原告未提供证据证明其曾向被告主张该权利而存在时效中止、中断的情形，故被告对原告2013年至2018年应休未休年休假工资的时效抗辩成立，法院对原告要求被告支付2013年至2018年应休未休年休假工资的诉讼请求不予支持。被告自认原告未享受过2019年的年休假，因此应支付原告2019年应休未休年休假工资差额。现法院核算金额在仲裁裁决范围之内，被告对此亦无异议，故法院对该项仲裁裁决予以确认。原告于2020年8月15日解除与被告的劳动合同，被告无法安排原告享受当年度年休假的责任在于原告，故原告要求被告支付2020年应休未休年休假工资差额的诉讼请求，法院不予支持。

案例分析

（1）年休假争议应当适用普通时效

本案中，该劳动者离职后，就劳动关系存续期间应休未休年休假提出主张，然而法院认为，年休假应适用普通时效，用人单位在当年度未安排年休假的情况下，一般最迟应在本年度末之前支付应休未休年休假工资。劳动者主张2013年至2018年的应休未休年休假工资，并且也不存在时效中止、中断的情形，法院不予支持。

从目前来看，上海地区的司法实践普遍认为年休假不属于劳动报酬，对于劳动关系存续期间发生的应休未休年休假工资适用一年仲裁时效。在实操中，对于年份比较久远的年休假，并且也不存在时效中止、中断的情形的，劳动者要求用人单位支付应休未休年休假的补偿，用人单位提出时效抗辩的，劳动者的主张通常不会被支持。

（2）应休未休年休假补偿金额

《企业职工带薪年休假实施办法》第 10 条第 1 款规定，用人单位经职工同意不安排年休假或者安排职工年休假天数少于应休年休假天数，应当在本年度内对职工应休未休年休假天数，按照其日工资收入的 300% 支付未休年休假工资报酬，其中包含用人单位支付职工正常工作期间的工资收入。

根据上述规定，用人单位应当按照劳动者日工资收入的 300% 支付未休年休假工资报酬，其中包含用人单位已经支付给劳动者的正常工作期间的工资收入。也就是说，用人单位还需要按照劳动者日工资收入 200% 的标准额外支付应休未休年休假的补偿。在实践中，许多用人单位及劳动者对这一问题的理解存在误区，用人单位在支付应休未休年休假补偿时应当按照劳动者日工资 200% 的标准支付，剩余的 100% 已经作为工资发放给劳动者了。

34. 公司福利年休假的管理

年休假作为一项重要的员工福利，除基于法律规定享有外，部分用人单位还会设置福利年休假，在法定年休假的基础上额外增加一定天数的带薪年休假，作为公司的一项福利制度。法定年休假和公司福利年休假的区别在于，法定年休假的天数由法律明确规定，休假方法、补偿也有法律的明确规定，用人单位应当遵守；而福利年休假则是公司的一项福利制度，属于用人单位可以自行拟定的规则，用人单位在制定福利年休假规则时可以自行决定不同员工是否享有福利年休假、享有几天福利年休假，以及福利年休假的顺延、失效、补偿等问题。

根据相关规定，员工离职时没有休完的法定年休假，需要依法支付应休未休年休假的补偿。那么，对于福利年休假，公司是否需要根据法定的标准支付补偿呢？

典型案例35[①]

案情简介

刘某于2013年8月8日入职公司，双方签有《劳动合同书》，合同期至2018年8月8日，约定执行综合工时制。公司经营烤鱼餐饮，刘某原系店长后任大区域经理，离职前主要在大融城门店工作。公司《员工手册》规定：公司为在本单位持续工作满一年以上的一线门店员工提供带薪年假，标准为10天/年。2018年12月29日，刘某向上海市杨浦区劳动人事争议仲裁委员会申请仲裁，提出加班工资、年休假工资的仲裁请求。后本案又经过一审、二审。

裁判意见

至于年休假，国家规定年休假制度主要是为了保障劳动者的休息权。对于法定年休假，用人单位未安排劳动者休息的，法律法规有规定，用人单位应支付劳动者相应的补偿。对于企业自行确定给予劳动者享受的超过法定标准的休假待遇，此系企业给予员工享受的福利。对于福利年休假享受的条件，未享受是否需要补偿，可由双方事先约定。现并无证据证明刘某与公司约定过超出法定标准的福利假如果未休可以参照法定年休假的规定给予补偿，故刘某要求公司支付其未休年休假的折算工资，缺乏法律依据。对其该请求，法院难以支持。

案例分析

本案中，该公司《员工手册》中规定，公司为在本单位持续工作满一年以上的一线门店员工提供带薪年假，标准为10天/年。该劳动者每年的法定

---

① （2019）沪0110民初5917号、（2019）沪02民终9127号。

年休假只有5天，那么根据《员工手册》的规定，多余的5天年休假就属于公司额外给予的福利年休假了。员工在离职时主张这5天的福利年休假没有休完，公司应当按照法定年休假的标准进行补偿。法院认为，对于福利年休假的补偿方法可以由双方进行约定，然而本案中双方并没有约定过福利年休假的补偿方法，那么法院对该劳动者的请求不予支持。

由此可见，对于用人单位在法定标准之外给予的福利年休假，该法院倾向于尊重用人单位的自主管理权。但是，我们仍然建议用人单位，在制定福利年休假政策的时候，应当尽可能完整地约定清楚相关事项，尤其是未休年休假的补偿问题，如果能够在员工手册中约定清楚，那么产生争议的可能性更小，被法院支持的可能性也更大。

第三节　加班及加班费

35. 员工能否拒绝加班

《劳动法》第41条规定，“用人单位由于生产经营需要，经与工会和劳动者协商后可以延长工作时间”。国务院《关于职工工作时间的规定》第6条[①]及《劳动部贯彻〈国务院关于职工工作时间的规定〉的实施办法》第6条[②]均规定，“任何单位和个人不得擅自延长职工工作时间”。也就是说，用人单位安排员工加班的，原则上都应当和员工协商一致，而员工是有权拒绝用人单位加班安排的。

一般情况下，用人单位需要加班的，与劳动者说明理由，大部分劳动者

① 国务院《关于职工工作时间的规定》第6条规定，任何单位和个人不得擅自延长职工工作时间。因特殊情况和紧急任务确需延长工作时间的，按照国家有关规定执行。

② 《劳动部贯彻〈国务院关于职工工作时间的规定〉的实施办法》第6条规定，任何单位和个人不得擅自延长职工工作时间。企业由于生产经营需要而延长职工工作时间的，应按《劳动法》第41条的规定执行。

都会接受，然而对于少部分不愿接受加班的劳动者，用人单位则倾向于用规章制度进行处罚，这一操作往往会给用人单位带来违法风险。

典型案例36[①]

案情简介

2016年4月19日，翁某进入公司从事模具钳工工作，双方签订了劳动合同，并自同年9月起办理了社会保险。翁某每周一至周六共上班6天，周日休息。2017年5月14日，因是星期天，翁某未按公司的要求进行加班，次日，公司以翁某5月14日擅自离岗且不服从公司领导安排，构成严重违纪为由作出了解除劳动关系的决定，翁某不服，于同年5月24日向南京市江宁区劳动人事争议仲裁委员会（以下简称仲裁委）申请仲裁，仲裁委作出裁决后，本案又进入一审、二审。

裁判意见

法院认为，用人单位单方解除劳动合同，应当符合法定的条件和程序。公司未与翁某协商一致而安排翁某休息日加班，已侵犯了劳动者的休息权，翁某拒绝加班是维护自己的正当权益，并无不当。公司不仅不改正错误，反而以翁某擅自离岗且不服从公司领导安排，构成严重违纪为由作出解除劳动关系的决定，从而解除了双方的劳动关系，该解除劳动关系行为显然没有正当性，且也未事先通知工会或通知其公司所在地工会，违反了解除劳动合同的法定条件和程序，故公司解除与翁某的劳动关系属于违法解除，对翁某要求支付违法解除劳动关系赔偿金20,922元的请求，因符合法律规定，法院予以支持。

① （2018）苏01民终2589号。

案例分析

本案中，该用人单位要求劳动者周末加班，劳动者没有服从安排，用人单位以其擅自离岗构成严重违纪为由单方解除了劳动合同。法院认为，用人单位未与翁某协商一致而安排翁某休息日加班，已侵犯了劳动者的休息权，翁某拒绝加班是维护自己的正当权益，并无不当。用人单位单方解除劳动合同，构成违法解除。

在实践中，如果工作岗位需要员工经常加班，单位可以灵活使用特殊工时制度，对部分岗位申请适用综合工时制或不定时工时制度。

此外，用人单位和劳动者协商一致安排加班的，也要遵守延长工作时间的法律规定。单位延长工作时间的，一般每日不得超过 1 小时；因特殊原因需要延长工作时间的，在保障劳动者身体健康的条件下延长工作时间每日不得超过 3 小时，但是每月不得超过 36 小时。用人单位依法安排劳动者在日法定标准工作时间以外延长工作时间的，应当按照不低于劳动合同规定的劳动者本人小时工资标准的 150% 支付劳动者工资；用人单位依法安排劳动者在休息日工作，应当安排补休，不能安排补休的，应当按照不低于劳动合同规定的劳动者本人日或小时工资标准的 200% 支付劳动者工资。

36. 未经审批的加班是否需要支付加班费

国务院《关于职工工作时间的规定》第 3 条规定，职工每日工作 8 小时，每周工作 40 小时。

《劳动法》规定，用人单位延长工作时间应当支付延长工作时间的工资。并且延长工作时间，一般每日不得超过 1 小时；因特殊原因需要延长工作时间的，在保障劳动者身体健康的条件下延长工作时间每日不得超过 3 小时，但是每月不得超过 36 小时。

根据上述法律规定，职工的工作时间受到法律保护，超出法定工作时间的工作，用人单位应当依法支付加班费。加班是绝大多数用人单位都会存在的现象，加班费的争议也是用人单位与劳动者之前最常见的争议之一。建立合理的加班管理制度，是用人单位员工管理的重要环节，在产生加班费争议时，也有利于保护用人单位的利益。

很多用人单位会在员工手册等规章制度中明确规定，劳动者需要加班的，应当填写加班申请，经公司批准后才可以加班，也只有经过批准的加班才会获得加班费。这一制度规定可以有效地管理员工加班问题，确保每一次加班都是在公司的管理下进行，在产生加班费争议时，这一规定一定程度上也能作为认定加班事实的依据。

典型案例37[①]

案情简介

耿某于2015年8月7日入职×咨询公司的关联公司上海某有限公司，于2018年8月7日入职×咨询公司，×咨询公司认可耿某的工作年限连续计算。耿某与×咨询公司签订有期限为2018年8月7日至2021年8月6日的劳动合同，其中第4条约定，“乙方（耿某）同意根据甲方（×咨询公司）工作安排需要，在技术部门担任IOS开发工作”；第8条第8.3款约定，“乙方（耿某）若需要加班、加点需告知主管并批准，未经甲方（×咨询公司）同意自行加班，或利用节假日出差、出勤等不视作加班”。后耿某因加班问题将×咨询公司诉至仲裁委员会，后本案又进入一审、二审。

裁判意见

法院终审认为，本案的争议焦点为耿某提供的证据是否可以证明其在相应的时间段存在加班。从本案中耿某提供的证据来看，虽然微信聊天记录中确实有非标准工作时间发送的记录，但仅此并不能确定工作的时间段。虽然

① （2020）沪01民终12597号。

耿某在微信所附的工作内容列表中记载了工作的时间段，但咨询公司只认可该证据的真实性，并没有认可列表中的时间段均为工作时间。列表中记载的工作时间段均为连续的9小时或10小时，亦难以全部计算为工作时间。虽然耿某在家办公系×咨询公司所同意，但由于双方对工作时间的计算方法没有约定，实际导致对耿某是否存在加班、加班时长无法计算。鉴于双方劳动合同明确约定加班需批准，而耿某没有履行相应的程序，一审驳回其诉请并无不当。综上所述，耿某的上诉请求不能成立，应予驳回。

案例分析

（1）未进行加班申请的，不支持加班费主张

本案中，员工向法院主张多次加班的加班费，然而其提交的证据不足以证明其在相应时间段存在加班事实。并且，根据用人单位的规章制度，员工加班的，应当事先进行加班审批。本案中，该员工明确知晓用人单位的这一规定，但是并没有履行相应的申请程序，并且也没有充分的证据证明确实存在加班事实，因此法院不支持其加班费的主张。

由此可见，用人单位设置加班审批制度，确实可以有效地进行加班管理，对于一些模糊不清的加班问题，劳动者明知应当申请而没有申请加班的，法院可能倾向于支持用人单位一方。并且，长期施行这一制度，员工也会形成规范的工作时间意识，有利于提高工作效率。当然，加班审批制度也不是万能的，如果劳动者确实有充分的证据证明，其存在加班事实，那么即使没有经过审批，用人单位也是应当支付加班工资的。

（2）弹性办公背景下，加班审批制度的重要性

新冠疫情暴发以来，越来越多的劳动者开始在家办公，部分企业逐渐形成了常态化的弹性办公趋势。在家弹性办公期间，用人单位对员工的管理更加困难。现场办公的情况下，员工有明确的上下班时间，下班离开办公场所后通常就没有工作任务了。而在家办公期间，用人单位无法判断工作时间结束后，劳动者是否仍然在继续工作。因此，用人单位有必要制定加班费审批

制度，对员工的工作时间进行严格管理，以减少加班争议。

37. 加班费争议举证责任

加班费争议是常见的劳动争议类型，用人单位在生产经营活动中难免需要安排劳动者延长工作时间或者休息日、法定节假日工作。以标准工时制为例，根据相关法律规定，用人单位安排劳动者在法定工作时间之外工作的，应当依法支付加班工资：

（1）用人单位依法安排劳动者在日法定标准工作时间以外延长工作时间的，按照不低于劳动合同约定的劳动者本人小时工资标准的150%支付劳动者工资。

（2）用人单位依法安排劳动者在休息日工作，而又不能安排补休的，按照不低于劳动合同约定的劳动者本人日或小时工资标准的200%支付劳动者工资。

（3）用人单位依法安排劳动者在法定休假节日工作的，按照不低于劳动合同约定的劳动者本人日或小时工资标准的300%支付劳动者工资。在产生加班费争议时，劳动者主张加班费的，应当就加班事实的存在承担举证责任。但劳动者有证据证明用人单位掌握加班事实存在的证据，用人单位不提供的，由用人单位承担不利后果。

根据《工资支付暂行规定》第6条①第3款的规定，用人单位必须书面记录支付劳动者工资的数额、时间、领取者的姓名以及签字，并保存两年以上备查。用人单位在支付工资时应向劳动者提供一份其个人的工资清单。

也就是说，用人单位对于劳动者的工资支付情况，包括加班工资支付情况应当至少保存两年备查。在产生加班费争议时，两年以内的加班费支付记

① 《工资支付暂行规定》第6条规定，用人单位应将工资支付给劳动者本人。劳动者本人因故不能领取工资时，可由其亲属或委托他人代领。用人单位可委托银行代发工资。用人单位必须书面记录支付劳动者工资的数额、时间、领取者的姓名以及签字，并保存两年以上备查。用人单位在支付工资时应向劳动者提供一份其个人的工资清单。

录应当由用人单位提供证据，如果用人单位没有将上述工资支付记录保存两年备查，无法提供相关材料，可能要承担不利法律后果。

典型案例38[①]

案情简介

原告于2020年6月17日进入被告处担任工程师。双方签有期限为2020年6月17日至2023年12月31日的劳动合同。《劳动合同》第11条约定，未经被告事先书面批准，原告在标准工作时间外的额外工作时间不视为加班且原告无权因此获得补休或加班工资。2021年8月19日，被告向原告发出解除劳动合同通知书，以客观情况发生重大变化致使劳动合同无法履行，双方协商未就变更劳动合同内容达成一致为由解除与原告的劳动合同。原告工作至当日。双方确认原告离职前12个月平均工资为21,683.93元。原告先是提起劳动仲裁，后又提起一审诉讼。

裁判意见

关于2020年6月17日至2021年8月19日平日延时加班工资、2020年6月17日至2021年8月19日休息日加班工资，劳动者主张加班工资的，应当就加班事实的存在承担举证责任，但劳动者有证据证明用人单位掌握加班事实存在的证据，用人单位不提供的，由用人单位承担不利后果。

根据原告的考勤记录及休假情况，2021年1月至6月其存在休息日加班31天，被告应当支付原告该期间休息日加班工资。至于2020年6月17日至12月31日及2021年7月1日至8月19日加班工资，本案中，原告的考勤记录保存在被告处，而被告作为用人单位有保存员工两年内工资支付记录和考勤记录的义务，现被告无法提供原告上述期间的考勤记录，理应承担举证不

① （2022）沪0113民初1404号。

能的不利后果，故对原告主张双休日全勤，法院予以采纳。经核算，被告应当支付原告 2020 年 6 月 17 日至 2021 年 8 月 19 日休息日加班工资 135,540.24 元。关于 2020 年 6 月 17 日至 2021 年 8 月 19 日平日延时加班工资，原告提交的考勤表中未显示有延时加班，原告所主张的延时加班未取得被告的事先批准或者事后确认，且鉴于原告经常在外出差，工作安排具有一定的自主性，对其主张 2020 年 6 月 17 日至 2021 年 8 月 19 日延时加班工资，法院不予支持。

案例分析

（1）用人单位无法提供两年以内的加班费支付记录，应当承担不利后果

本案中，劳动者主张 2020 年 6 月 17 日至 12 月 31 日及 2021 年 7 月 1 日至 8 月 19 日的加班工资。双方于 2021 年 8 月 19 日解除劳动合同，上述期间仍然在用人单位应当保存相关工资支付记录的两年期限内。法院认为，用人单位无法提供相应材料证明加班情况，应当承担举证不能的不利后果，法院对劳动者主张上述期间双休日全勤予以支持，用人单位应当支付休息日加班工资。

由此可见，在加班费争议的举证责任分配上，原则上应当由劳动者对存在加班的事实进行举证，然而用人单位有保存员工两年内工资支付记录和考勤记录的义务，在这两年期限内的加班费由用人单位承担举证责任，如果用人单位无法举证，就要承担相应的不利后果。

（2）用人单位需要保存的其他材料

《劳动合同法》第 50 条[①]第 3 款还规定，用人单位对已经解除或者终止的劳动合同的文本，至少保存两年备查。由此可见，根据《劳动合同法》及

① 《劳动合同法》第 50 条规定，用人单位应当在解除或者终止劳动合同时出具解除或者终止劳动合同的证明，并在 15 日内为劳动者办理档案和社会保险关系转移手续。劳动者应当按照双方约定，办理工作交接。用人单位依照本法有关规定应当向劳动者支付经济补偿的，在办结工作交接时支付。用人单位对已经解除或者终止的劳动合同的文本，至少保存两年备查。

《工资支付暂行规定》的规定，劳动合同文本及相关工资支付记录是必须进行保存的文本，如果用人单位没有妥善保存，在产生争议时，需要承担举证不能的不利后果。然而，除上述文本外，其他与劳动合同相关的文本，尤其是与劳动合同变更、解除、终止相关的通知书、确认函、承诺书等文件，最好也能参照上述规定保存至少两年的时间，以防后续产生劳动争议时无法提供证据。

38. 综合工时制员工的加班费计算

综合计算工时工作制是指因工作性质特殊或者受季节及自然条件限制，需在一段时间内连续作业，以周、月、季、年等为周期综合计算工作时间的一种工时制度。综合计算工时制度需要依法向有关部门进行申请，获得批准的才可以实行。

实行综合计算工时工作制，其工作时间不区分工作日与休息日，但其平均工作时间应与法定标准工作时间基本相同。以年为周期的标准工作时间为2000小时，以季为单位是500小时，以月为单位是167小时，以周为单位就以法定的40小时为标准。

如果在整个综合计算周期内的实际平均工作时间总数不超过该周期法定标准工作时间总数，只是该综合计算周期内的某一具体日（或周、或月、或季）超过标准8小时工作时间的，不应视为延长工作时间。比如，以季度为周期计算的综合工时制，员工一个季度内总计工作时间为490小时，没有超过季度标准工作小时500小时，那么该季度该员工没有超时工作，即使某一天该员工工作时间超过了8小时，当天也不计算加班费。

综合工时制度的加班有两种情况：

（1）安排劳动者在法定休假节日工作的，需要按照不低于劳动者本人日或小时工资的300%支付。

（2）安排劳动者在日法定标准工作时间以外延长工作时间的，按照不低于劳动者本人小时工资的150%支付。

以上述员工为例，假如在一个季度内，该员工总计工作时间为 490 小时，没有超过季度标准工作小时 500 小时，但是该季度内有一天的法定节假日，法定节假日当天该员工从事工作了，那么用人单位仍然应当支付法定节假日的加班工资。

39. 不定时工时制员工管理

我国工时制度包括标准工时制、综合计算工时制、不定时工时制。不定时工时制是针对因生产特点、工作特殊需要或职责范围的关系，无法按标准工作时间衡量或需要机动作业的职工采取的一种工时制。不定时工时制的适用需要向有关部门申请，申请批准后才能实行。根据法律规定，下列人员可以申请不定时工时制：

（1）企业中的高级管理人员、外勤人员、推销人员、部分值班人员和其他因工作无法按标准工作时间衡量的职工；

（2）企业中的长途运输人员、出租汽车司机和铁路、港口、仓库的部分装卸人员以及因工作性质特殊，需机动作业的职工；

（3）其他因生产特点、工作特殊需要或职责范围的关系，适合实行不定时工时制的职工。

不定时工时制的特点是没有固定的工作时间，工作时间根据实际的工作需求来确定，有工作安排时，员工就需要随时处理，没有工作安排时，相应的时间可以由员工自主安排。因此，有时可能存在一天工作超过 8 小时的情形，有时也可能连续几天没有任何工作安排，周六、周日工作也是常态。对于不定时工时制而言，每日超过 8 小时的工作时间及周末工作时间均不计算加班费，没有工作安排的天数也不扣减工资。然而对于法定节假日工作是否需要支付加班费，目前全国没有统一规定，就上海地区而言，对于不定时员工法定节假日工作的，需要依法支付加班费。

不定时工时制的员工工作自由度较高，其考勤管理与标准工时制及综合工时制员工不同，用人单位应当采取合适的方式进行考勤管理。

典型案例39①

案情简介

公司（甲方）与朱某（乙方）签订无落款日期的劳动合同，约定：劳动合同关系自2018年9月14日起至2021年9月13日止，乙方同意到甲方业务部门从事专职代驾工作；甲方将根据乙方所在岗位的工资绩效和对甲方的贡献，以及甲方的经营业绩，确定乙方的薪资标准，甲方在次月10日向乙方支付上月工资。2018年9月14日，朱某签署公司制度确认函，确认朱某已知悉与了解公司颁布的公司制度的公示地址，并确认已收到公司制度的完整副本；朱某已详细完整地阅读和理解了公司制度的全部内容，并保证随时了解公司制度条款的更新，朱某同意将公司制度作为《劳动合同》的一部分，并同意遵守其中的全部条款和规定……后公司依据变更后的考勤方式主张朱某2019年10月15～17日旷工而与朱某解除劳动合同，朱某因而起诉到广州市劳动人事争议仲裁委员会，后本案又进入一审。

裁判意见

法院认为，解除劳动关系为一种剥夺劳动者就业岗位的严厉惩罚措施，公司作为用人单位应审慎为之。根据《劳动合同法》第4条，涉及劳动者切身利益的制度应通过平等协商确定，并公示或者告知劳动者。公司变更后的考勤制度事关劳动者的切身利益，但公司没有提交证据证实变更之后的考勤制度经过平等协商或者征求公司职工意见且进行了公示，应承担举证不能的责任。朱某的岗位是代驾司机，工作时间不定时，工作地点不固定，变更考勤方式前的灵活考勤方式适合朱某的工作岗位，符合常理；变更考勤方式后，要求朱某上午打卡4次、下午打卡6次，打卡时间限制严格，与此前考勤方

① （2020）粤0112民初3022号。

式差别巨大，且代驾司机完成工作任务的时间不固定，完成订单再返回考勤地点考勤的时间无法掌控，而且两个订单之间不一定会留给代驾司机往返考勤地点的时间，该考勤方式明显不适合代驾司机的工作性质和特点，可能出现代驾司机客观上考勤不能的后果。2019 年 10 月 15～17 日，朱某每天均到规定的门店报到，只是没有按照新的考勤方式考勤，公司拒绝与朱某协商适合代驾司机考勤的方式，违反了法律规定。公司依据新的考勤方式主张朱某 2019 年 10 月 15～17 日旷工而解除劳动合同，无事实和法律依据，其主张无须支付违法解除劳动合同赔偿金的请求于法无据，法院依法不予支持。

案例分析

（1）不定时工时制员工的考勤方式应当符合其工作特征

本案中，该劳动者的职位系司机，从事代驾工作，属于公司的不定时工时制工作岗位。该岗位工作时间不固定，根据用人单位变更后的考勤方式，劳动者需要在固定地点上午打卡 4 次、下午打卡 6 次，打卡时间限制严格，该考勤方式明显不适合该劳动者的工作岗位。该劳动者无法执行用人单位新制定的考勤制度，用人单位以旷工为由解除劳动合同，法院认为系违法解除。

由此可知，对于不定时工时制员工，用人单位应当根据岗位特点制定合理的考勤制度，要求定时定点打卡对于不定时工时制员工而言通常难以完成，以此为由解除劳动合同，很有可能构成违法解除。

（2）对于不定时工时制员工的企业合规管理

用人单位无法要求不定时工时制员工每天定时定点打卡考勤，但是并不意味着不能对其进行考勤管理。用人单位可以采取更加灵活的方式管理不定时工时制员工的考勤，比如，要求不定时工时制员工定期提交工作计划以及工作完成记录表，要求每周来公司参加几次例会，不定时工时制员工请假的也需要履行用人单位的请假手续。没有按照要求完成上述工作的，用人单位有权根据员工手册的规定进行处罚。

不定时工时制员工的年休假问题用人单位也应当重视，其需要休年假的应当履行公司的休假手续，不能自行休假。如果允许不定时工时制员工自行休假，会导致用人单位无法掌握其实际休假情况，在结算年休假补偿时，如果员工主张其从未休过年休假，用人单位也无法拿出任何证据证明其已经休过年休假，那么法律后果会对用人单位不利。

40. 如何理解劳动法中的21.75天和20.83天

在企业人力资源管理实务中，计算员工奖金、加班费、假期工资、休假天数等事项时，经常需要进行天数和工资的折算，比如根据月工资计算小时工资，根据病假天数计算医疗期使用天数等。在计算不同事项时用到的“月天数”也是不同的，常见的“月天数”有21.75天/月、20.83天/月，用人单位应当按照规定在特定的情形下使用特定的“月天数”。

21.75天是月计薪天数，在将月工资换算为日工资时应当用21.75天来计算。21.75天/月的计算公式是［365天－104天（休息日）］÷12月＝21.75天/月，也就是全年总天数减去全年休息日天数，再平均到12个月，每月的计薪天数为21.75天。用人单位在计算加班费、应休未休年休假工资、日工资等事项时需要用21.75天来计算。

举例说明，小李月工资为7000元，为标准工时制员工。那么，其日工资为7000÷21.75＝321.84元/日，小时工资为7000÷21.75÷8＝40.23元/小时。如果某月小李有4个小时的延长工作时间，那么其加班费应当为40.23×4×150%＝241.38元。

20.83天是月工作日天数，主要体现劳动者的工作时间。实务中比较常见的是用于病假和医疗期的换算，一般来说，劳动者病假请满20.83天就消耗了一个月的医疗期。20.83天/月的计算公式是［365天－104天（休息日）－11天（法定节假日）］÷12月＝20.83天/月，也就是全年总天数减去休息日及法定节假日天数，再平均到12个月，每月的工作时间为20.83天。

举例说明，假如上海公司的小张，本单位工龄2年，累计病假天数90

天，那么其法定医疗期应当是4个月，4个月换算为天数应当是4×20.83=83.32天，约等于84天医疗期。也就是说，小张累计病假请满84天，其医疗期就届满了，小张已经请了90天的病假，医疗期显然已经届满。

上述计算方法参考原劳动和社会保障部《关于职工全年月平均工作时间和工资折算问题的通知》（劳社部发〔2008〕3号）。

第四节　其他假期

41. 用人单位事假管理合规

事假是劳动者因私人事务需要请假的情形，通常来说，用人单位对事假的批准有较高的自主管理权限，用人单位可以根据规章制度审核劳动者事假申请事由的合理性，并且决定是否批准休假。劳动者休事假的，用人单位可以不支付事假期间的劳动报酬。劳动者如果未经批准擅自休假的，则会构成旷工，严重的将被解除劳动合同。然而用人单位在行使事假管理权时也应当遵循合理性的原则，充分考虑到劳动者的需求，作出不予批准事假决定的，用人单位应当能够提出充分的合法的理由。

劳动者因家人去世、重病、举办婚礼等重大事由请假的，一般来说，用人单位应当酌情批准事假，紧急情况下，劳动者来不及履行单位规定的请假审批手续的，用人单位不宜对此过于苛责，应当允许劳动者事后补充相应的材料和手续。在实践中，常有用人单位因劳动者紧急情况下未能及时履行请假手续自行休假而解除劳动合同，这种情况下一般人都应当能够理解员工的难处，如果事后员工提供了合理解释及凭证，用人单位仍然坚持解除劳动合同，则有借题发挥之嫌疑，用人单位解除劳动合同的行为很有可能被认定为违法解除。此外，针对员工家人去世的情况，如果是父母、子女、配偶等近亲属去世的，用人单位当然应当给予一定天数的丧假；然而假如去世的是叔叔、伯伯、舅舅之类的亲属，并不属于法定应当享受丧假范围，但是考虑到这类亲属和员工的关系比较近，员工因此请事假的，如果用人单位没有紧急工作安排，建议酌情安排一定天数的休假。

典型案例40[①]

案情简介

王某于2005年进入E公司工作，双方签订过书面劳动合同，末次劳动合同到期日为2021年11月30日。自2020年9月18日起，王某再未上班。

王某于2020年9月20日向E公司董事长发微信，因孩子生病请假，董事长回复“可以”。2020年10月11日，王某又向董事长发微信请了一个月假。董事长语音回复：“可以，把事情交代好。”2020年11月11日，王某再次向董事长发微信再次请一个月假。2020年11月22日，董事长回复：“退货有很多事，不行呀。”

2020年12月18日、12月21日、12月25日，E公司三次书面通知王某限期返岗，未果。2020年12月28日，E公司以王某已连续旷工达30个工作日以上为由，解除了与王某的劳动合同。

E公司《员工手册》第4条“迟到、早退、旷工”部分规定：“……迟到早退10次以上（含10次）按自动离职论处……”第6条事假部分规定：“……3. 员工请假一天内由主管审批，请假三天由部门主管审批后报主管副总审批，请假三天以上由主管副总报总经理批准……凡未经请假或请假不准而未到者，以旷工论处……”第37条解除劳动合同部分规定：“……合同期内连续旷工3天或全月累计无故旷工3天或1年内旷工达5天者……”王某书面确认已阅读、培训《员工手册》。

后王某将E公司诉至仲裁委员会，此案又经历一审、二审。

---

① （2021）沪01民终12272号。

裁判意见

家庭与工作之间如何做好平衡，绝大多数劳动者都需要面对这一问题，但应尽可能处理好二者之间的关系。王某的女儿因患病需要照料，的确需要投入较大的精力，但工作也应妥善安排好，不能因为家庭的需要而完全忽略了工作职责。然而，王某在E公司之后未再准假的情况下仍然未上班，并且对于E公司发出的限期返岗书面通知置若罔闻，显然王某的做法有失妥当。另外，E公司在此之前已经批准了王某长达一个多月的假期，一定程度上也给予了王某一定的支持，E公司基于其企业经营以及用工管理的需要再未批准王某后续的请假要求，也并无明显不当之处。2020年12月18日、21日和25日，E公司三次书面通知王某限期返岗，并且已向王某明确告知未能返岗的后果，王某理应对于违纪后果有所预期。因此，E公司在此情况下，依照规章制度认定王某为旷工并解除了与其之间的劳动合同，并不违反法律规定，故王某要求E公司支付违法解除劳动合同的赔偿金，法院难以支持。

案例分析

本案中，王某因女儿生病需要照顾，向用人单位陆续请了一个多月的事假，用人单位也批准了一个多月的事假。然而等王某再一次请假时，用人单位表示王某长期请假已经对工作造成了影响，要求王某返岗上班，王某经多次催告仍不返岗上班。用人单位遂以王某旷工构成严重违纪为由，解除了劳动合同。

本案中，王某女儿重病的情况属实并且确实令人同情，然而用人单位也对此给予了一定程度的合理休假安排。劳动者的请假理由正当合理，但是用人单位也需要考虑生产经营状况，对于此类情形，用人单位在合理范围内给予足够的支持，如果劳动者确实无法继续正常提供劳动，用人单位也可以采取下一步措施。

42. 独生子女护理假

由于数十年来我国计划生育政策的推行，越来越多的独生子女父母步入老年，独生子女家庭老人照料问题成为一个普遍的社会问题。近年来，我国不断完善养老服务支持政策，提升养老服务质量，各地陆续出台了地方性法规保障养老。比如：《广州市人口与计划生育服务和管理规定》第17条第2款、第3款规定，“独生子女的父母年满60周岁以上，患病住院治疗期间，其子女可以享受护理假，每年累计不超过15天。看护假、护理假期间，职工所在单位应当保障职工工资照发，并且不影响职工的福利待遇和全勤评奖”。《北京市人口与计划生育条例》第25条规定，“本市各级人民政府和各有关部门应当制定和完善有利于独生子女父母的老年保障制度和措施。独生子女父母需要护理的，独生子女每年获得累计不超过十个工作日的护理假”。上海地区目前尚未出台独生子女护理假的相关规定。

目前已有多地出台独生子女护理假相关规定，然而各地的规定通常只是要求职工所在用人单位应当保障一定天数的独生子女护理假，并没有明确护理假期间的工资支付要求，也没有设置具体的处罚措施。这也间接导致护理假制度在实践中执行起来比较困难，很多独生子女仍然没有享受到护理假政策。为了进一步落实护理假政策，未来各地仍然需要继续探索相关配套措施。广州地区关于护理假的规定则比较详细，对护理假的申请条件、天数、工资发放等问题均做了明确规定。

典型案例41[①]

案情简介

秦某于2018年3月8日入职D公司处，任技术总监；双方分别于2018

① （2020）粤01民终14923号、14924号。

年6月8日、2018年7月9日签订期限自2018年6月8日起至2019年12月31日止的劳动合同，双方在2018年3月8日至6月7日未签订书面劳动合同。秦某于2018年6月8日起月工资为25,000元，每月10日以银行转账形式领取上个月工资，通过电子邮件签收工资条。秦某最后工作日为2019年5月9日。秦某主张其为独生子女，因其父于2019年4月生病住院需照顾而向D公司申请“独生子女护理假”并获得了D公司批准后仍扣除其相应工资的行为违反了法律规定，D公司需补发其2019年4月24日至30日照顾父亲护理假工资6818元，D公司人事根据公司讨论意见回复并不同意补发，因此秦某向广州市某劳动人事争议仲裁委员会提起了劳动仲裁，后又经历了一审、二审。

裁判意见

关于护理假工资问题，《广州市人口与计划生育服务和管理规定》第17条第2款、第3款规定，“独生子女的父母年满60周岁以上，患病住院治疗期间，其子女可以享受护理假，每年累计不超过15天。看护假、护理假期间，职工所在单位应当保障职工工资照发，并且不影响职工的福利待遇和全勤评奖”。《劳动争议调解仲裁法》第6条中规定，“发生劳动争议，当事人对自己提出的主张，有责任提供证据”。本案中，双方均确认真实性的2018年4月工资明细表显示请假扣款数额为6521.70元，双方已确认该笔款项即为因案涉请假所扣除的款项，结合上述规定和事实以及《独生子女证》、《证明》、秦某新的身份证明等证据，二审采信秦某的主张，其应享受带薪独生子女护理假，D公司应向其支付护理假工资6521.70元，对于秦某此项主张超出的部分，二审法院不予支持。原审法院对此认定有误，法院予以纠正。

案例分析

（1）用人单位应当保障作为独生子女身份的员工按规定享受护理假

本案中，秦某按照《广州市人口与计划生育服务和管理规定》向单位申请独生子女护理假，并且提交了相应凭证，用人单位批准假期后却扣除了相应天数的工资。法院认为，秦某有权依法享受带薪独生子女护理假，用人单位应向其支付护理假期间的工资。

由此可见，用人单位所在地明确规定独生子女特定条件下享有一定天数护理假的，用人单位应当批准并且按照规定支付工资。本案中，用人单位没有按照规定支付护理假期间的工资，法院认为应当承担补足义务。

（2）用人单位有权审核员工是否符合独生子女护理假条件

并不是所有独生子女都可以享有独生子女护理假，劳动者申请独生子女护理假的，应当提交相应的材料证明其为独生子女，并且其父母遇到了需要护理的情形，具体要求应当根据各地的规定操作。广州地区对需要护理的情形的规定是“父母年满60周岁以上，患病住院治疗期间”，如果不符合上述条件，用人单位则可以不批准独生子女护理假。用人单位可以要求独生子女员工提交独生子女证明、父母年龄证明、患病住院凭证等材料。从人文关怀角度考虑，如果员工因情况紧急，无法先行提交全部证明材料，用人单位最好先批准员工一定天数的假期，待员工事后提交相应证明材料后再发放护理假期间的工资。

第四章

员工工作能力及工作表现

第一节　员工工作能力及绩效考核

43. 能否在规章制度中规定“末位淘汰”

员工工作考核是企业管理的重要内容，制定合理的考核制度不仅能够增强员工工作积极性、提高企业效益，还能够在劳动争议中作为有效的证据，证明用人单位相关行为的合理性、合法性。用人单位制定考核制度可以行使自主管理权，根据实际需要自行拟定条款，然而行使自主管理权也要遵守法律规定，用人单位考核制度不能违反法律强制性规定，同时涉及劳动者切身利益的规章制度仍然需要经过民主程序讨论与公示。

企业需要提高效益，对工作能力不佳的员工进行淘汰也是符合常理的，然而很多企业直接在规章制度中规定了“末位淘汰”制度，即对绩效考核排名靠后的员工，作出解除劳动合同的决定。劳动法律允许用人单位对工作能力不佳的员工进行解除劳动合同的操作，但是必须遵循法定的理由和流程。《劳动合同法》第 40 条第 2 项规定，劳动者不能胜任工作，经过培训或者调整工作岗位，仍不能胜任工作的，用人单位可以提前 30 日通知单方解除劳动合同。依据此条规定，用人单位首先应当证明劳动者不能胜任工作，其次要对劳动者进行培训或调整工作岗位，然后需要再次对劳动者进行考核，考核结果仍然不能胜任工作的，才可以单方解除劳动合同，并且还要依法提前 30 日通知以及支付经济补偿金。

部分用人单位采取的“末位淘汰”制度并不符合《劳动合同法》第40条第2项解除劳动合同的要求。首先，绩效考核排名靠后并不意味着不能胜任工作，只要有排名，就必然有排名末位的人，排名靠后不必然代表工作能力有问题。其次，用人单位通常直接以考核结果排名靠后的理由解除劳动合同，即使考核结果能够说明劳动者不能胜任工作，用人单位没有履行调岗或培训的流程，仍然不符合法律规定。

典型案例42[①]

案情简介

原告于2017年9月13日进入被告处工作，同日签订了《劳动合同书》一份，劳动合同期限为2017年9月13日至2020年10月31日，原告在被告处新餐饮部门担任高级业务分析专家职位，工作地点为上海，税前工资为42,000元。《劳动合同书》中载明：“甲方根据规章制度或考核方案，认定乙方属于‘末位淘汰’员工或者‘竞争上岗’失败员工的，视为乙方不胜任工作，甲方可以解除与乙方的劳动合同。”

被告于2019年1月25日向原告作出解除劳动关系的决定。因在《解除劳动合同通知书》中并未记载理由，法院将被告在仲裁阶段发表的解除理由作为衡量被告作出解除劳动合同决定是否合法、合理的依据。解除理由为：（1）原告作为团队管理者，下属员工补签卡频繁，且补签卡与事实出勤严重不符，属于一般工作渎职；（2）原告2018年业绩未达标。

裁判意见

规章制度依据的问题，被告主张其作出解除理由的规章制度的依据为《劳动合同书》中记载的内容。首先，被告所提及的《劳动合同书》第8条

① （2019）沪0107民初16190号。

和第15条中并未记载解除的依据。其次，被告所提及的《劳动合同书》第41条中记载：“甲方根据规章制度或考核方案，认定乙方属于‘末位淘汰’员工或者‘竞争上岗’失败员工的，视为乙方不胜任工作，甲方可以解除与乙方的劳动合同。”法院认为，在劳动合同中将“末位淘汰”或者“竞争上岗”失败视为不胜任工作，上述约定缺乏法律依据。根据法律规定，劳动者不能胜任工作，经过培训或者调整工作岗位，仍不能胜任工作的，用人单位才具有无过失性辞退的条件。被告在双方签订的《劳动合同书》中直接约定“‘末位淘汰’员工或者‘竞争上岗’失败员工的，视为乙方不胜任工作，甲方可以解除与乙方的劳动合同”，缺乏法律依据，法院不予采纳。最后，被告在本案中未提供任何其他规章制度的依据，故法院综合本案的举证情况，依法确认被告作出的解除理由，缺乏任何制度依据。

案例分析

（1）“末位淘汰”条款不能作为解除劳动合同的依据

本案中，用人单位与劳动者在劳动合同中约定，如果劳动者绩效排名靠后，被认定为“末位淘汰”员工，可以视为其不能胜任工作，用人单位有权解除劳动合同。虽然用人单位可以和劳动者在劳动合同中就特定事项进行约定，实践中法院也通常会尊重双方的约定，但是劳动合同的约定不能违反法律的强制性规定，《劳动合同法》对劳动合同解除事由做了明确规定，超出《劳动合同法》规定范围自行约定劳动合同解除事由的，该约定通常是无效的。本案中，法院也认为，依据“末位淘汰”的约定单方解除劳动合同，没有法律依据，用人单位解除劳动合同系违法解除。

（2）低绩效员工劳动关系的合规处理方式

对于绩效完成不佳的员工，用人单位应当根据实际情况选择合适的处理方式。如果需要解除劳动合同，则应当按照《劳动合同法》第40条第2项的规定，依据考核结果安排调岗或培训，调岗或培训结束后再次进行考核，第二次考核仍然不能胜任工作的，才可以解除劳动合同。由于依据该条款解除劳动合同耗时较长、难度较大，用人单位在这个过程中也可以积极与劳动者协商，绩效考核不佳的结果可以作为用人单位的协商筹码，如果能够协商一致解除劳动合同，相对而言效率更高、风险更低。

44. 劳动者能否拒绝用人单位调岗安排

劳动者的工作岗位是劳动合同的必备条款，也是劳动合同中的重要条款，用人单位与劳动者双方应当按照劳动合同的约定履行各自的义务。然而，由于用人单位生产经营变化较大，用人单位时常需要根据实际情况调整劳动者工作岗位或工作内容，劳动者对调整后的工作岗位或工作内容不满的，双方对此经常产生争议。那么，用人单位对调整员工工作岗位或工作内容是否有自主管理权，劳动者能否拒绝用人单位调整工作岗位或工作内容呢？

《劳动合同法》第35条第1款规定："用人单位与劳动者协商一致，可以变更劳动合同约定的内容。变更劳动合同，应当采用书面形式。"

由上述规定可知，用人单位变更劳动合同需要与劳动者协商一致并且签订书面的变更协议。工作岗位的变更属于对劳动合同重要内容的变更，原则上是应当协商一致的。在双方不能达成一致的情况下，用人单位不能对劳动者的工作岗位、工作内容等重要内容进行实质性的变更。然而考虑到企业生产经营需要，法律同样没有禁止用人单位对劳动者工作岗位或工作内容进行合理变更，在合理的、不损害劳动者利益的范围内，用人单位可以适当调整劳动者的工作岗位或工作内容，劳动者应当服从用人单位的合理调整。

典型案例43[①]

案情简介

2020年9月11日，集团公司通过办公系统发送给朱某一份员工异动通

① （2021）沪02民终10281号之一。

知单，通知单载明异动生效日期为2020年9月1日，朱某岗位由工程管理中心副总经理变更为工程管理中心土建工程师，每月薪资由税前50,000元变更为税前10,000元。当天，集团公司还发送给朱某一份关于朱某岗位工作安排的通知，通知朱某自2020年9月14日起至名华公司工程部工作，在名华公司工程部经理处报到，主要完成农民工工资发放的政策整理和落实检查工作，考勤和办公地点由名华公司工程部安排。

朱某于2020年9月4日、18日致函集团公司，告知集团公司不接受单方调岗降薪及工作安排，要求集团公司尽快安排合理工作。因朱某一直未按集团公司要求至名华公司报到和开展工作，2020年11月6日集团公司再次通知朱某至名华公司报到和开展工作，因名华公司已经自行完成该项工作，集团公司随即在2020年11月12日，安排朱某至名华公司从事自营项目的技术工作，并要求朱某在名华公司考勤。朱某表示同意先至名华公司开展工作，但不接受集团公司不合理的调岗降薪安排，并于当天开始向集团公司工程管理中心总经理提交工作日志。2020年11月17日，集团公司再次安排朱某在11月底之前完成大场养老院项目的策划工作，并告知朱某在某项目处办公和考勤。2020年11月18日、19日、24日、25日、26日朱某按规定在某项目考勤。但之后朱某对调岗深感不满，尤其是对薪资下降太多不能接受，因而发生仲裁、一审、二审。

裁判意见

调岗虽系用人单位经营自主权之体现，然而为了防止用人单位滥用管理权，公司仍需对员工的调岗合理性予以审查。合理性判断通常应综合劳动合同约定、调整的原因、是否协商、是否有效告知、调整前后的薪资是否差异较大、调整前后劳动者岗位是否差异较大以及劳动者自身的工作能力能否胜任等因素进行考量。集团公司2020年9月11日所开具的异动单，明确将朱某的月薪从5万元降至1万元，仅为朱某原有薪资的1/5。此后，虽集团公司仍按5万元之标准支付了朱某9月工资，然该支付行为发生在10月，此时朱某已向相关部门提出调解申请，嗣后，集团公司停发了朱某10月、11月工资。鉴于集团公司从未以书面的形式告知朱某虽岗位调整，但调整岗位后的薪酬待遇实际发放并无变化，故集团公司于诉讼中称其未降低薪资一节，实难使人信服。

法院认为，对于超出一般合理范畴的调岗，劳动者有权基于自身考量决定是否同意，用人单位的调岗如缺乏正当性和合理性，其单方调岗决定不应当然发生效力。本案中，集团公司的调岗降薪超出了一般合理范畴，亦超出常人所能接受之范围，有损朱某之行业尊严。

典型案例44[①]

案情简介

原告于2010年7月5日入职被告处，双方于2013年7月5日签订3年期劳动合同，合同约定原告在业务部工作，职务为项目经理，职务内容包括：掌握代表处登记的政策及着手相关申请资料准备和实际操作，能够与客户保持相当频度的联系、能与客户建立良好的关系；掌握劳动社会保障局对外籍员工在华工作的要求，对合同的完成能够根据经验给予判断并与客户进行适当的意见交流；留心部门的其他相关业务、在代表处设立同时告知客户相关业务，主要表现在代表处会计合同及外籍员工的证件办理的合同签订；掌握分公司相关审理注册的政策及着手相关资料准备和实际操作，能够与客户保持相当频度的联系、能与客户建立良好的关系。

2021年3月11日，被告制作人事变动申请表，拟将原告调入出入境业务部，新职位等级为项目经理，申请事项为平调，申请原因栏载明："因出入境业务部担当人手不够，需要补充。经公司管理层协调，会员部同意，将裘某调入本部门。裘某曾担任原业务部项目经理，负责客户外籍员工在华就

① （2021）沪0101民初19688号。

业证等业务办理，希望调入本部门后，发挥所长为公司创造更大的业绩。”原告不同意调动。此后，被告与原告多次沟通调岗事宜未果，于2021年3月24日向原告发出解除协议，欲与原告解除劳动合同，原告未予同意，未在解除协议上签字。2021年3月25日，被告向原告发出任命书，载明自2021年3月29日起任命原告担任被告出入境业务部项目经理职务。原告在确认回执处写明，“不同意，不接受”。后双方之间发生争议，经历了劳动仲裁和一审程序。

裁判意见

法院认为，劳动关系是一种兼具人身关系和财产关系属性、平等关系和隶属关系特征的社会关系。劳动关系存续期间，劳动者必须将劳动力让渡于用人单位，接受用人单位的指挥、管理和监督。用人单位确因经营所需调动劳动者工作岗位、工作地点的，调动前后工资待遇相当的，劳动者应当服从。本案中，双方签订的劳动合同亦明确约定被告可以根据公司的经营状况或原告的能力、经验、健康状况等其他条件，适当调整原告的职务内容，故被告基于经营所需并结合原告情况对原告进行的合理调岗，原告应予服从。根据查明的事实，原告在被告会员部任项目经理前系在业务部任项目经理，工作内容涉及出入境业务，被告根据经营所需及原告之前任职情况安排原告任出入境业务部项目经理，且工资待遇并无变化，该调岗应属合理调动，并未违反双方劳动合同的约定，系被告合法行使用工自主权范畴，原告理应积极配合，但原告多次拒绝调岗，不服从被告的工作安排，被告依据《职工守则》的规定给予原告3次记小过处分并无不当，此后被告于2021年4月6日以原告过去连续12个月内受到记小过处分3次且拒不改正为由给予原告记大过处分，亦符合《职工守则》的规定。原告在收到记大过处分后仍未至新岗位开展工作，被告再次给予原告记小过处分亦无不当。综上，被告与原告解除劳动合同，有事实依据及法律依据，属合法解约，无须支付原告赔偿金。

案例分析

（1）工作内容变动不能超出合理范围

上述两个案例中，用人单位均对劳动者工作岗位进行了调整，劳动者不服从工作岗位的调整，用人单位最终解除劳动合同。

案例一中，用人单位将劳动者的岗位由工程管理中心副总经理变更为工程管理中心土建工程师，每月薪资由税前50,000元变更为税前10,000元。从这一调整上来看，明显属于降职降薪，用人单位没有与员工协商一致，也没有提供能证明劳动者不能胜任工作的证据，单方面进行较大幅度的降职降薪，超出了合理性的范畴。

而案例二中，用人单位因生产经营需要调整劳动者工作岗位，调整前后的岗位具有一定的关联性，并且工资待遇没有变化，调岗过程中也与劳动者进行过多次协商，法院认为该调岗属于合理调动，劳动者拒绝调岗安排，用人单位根据规章制度处理的，符合法律规定。

综上可知，在判断用人单位能否单方调岗时，关键是分析用人单位对于员工调岗的合理性。案例一中法院提到应当综合劳动合同约定、调整的原因、是否协商、是否有效告知、调整前后的薪资是否差异较大、调整前后劳动者岗位是否差异较大以及劳动者自身的工作能力能否胜任等因素进行考量。在实践中，用人单位可以参照上述因素分析调岗是否具有合理性。

（2）合规建议

一般而言，建议双方在劳动合同中约定用人单位可以根据生产经营状况合理调整工作岗位、工作地点、工作时间等内容的条款，虽然条款本身没有强制力，不必然使用人单位的调岗具有合理性，但其一定程度上可以说明劳动者对合理调岗事由的认可。此外，合理调岗原则上应当对于调岗的员工职级、薪资、福利待遇等基本保持不变，明显降低职位级别、薪资待遇的，很难证明其具有合理性。

如果用人单位对工作地点、工作时间等进行的调整可能给劳动者增添负担，比如企业搬迁，可能会增加劳动者通勤成本，那么用人单位也可以通过提供班车、出勤补贴等方式尽可能减少对劳动者的损害，使工作地点的变更更加具有合理性。

45. 是否需要支付离职员工年终奖

年终奖是对员工一年工作的奖励，一般是在当年年底或次年年初发放。我国法律对于年终奖的发放条件、发放方式、发放时间等并没有明确的规定，实践中一般由企业自行制定相关规则进行自主管理。然而，有关离职员工的年终奖发放问题在实践中产生了诸多争议。用人单位往往认为年终奖是为了激励员工更好地为企业提供服务而设置的，离职员工不属于奖金发放范围，不应当获得年终奖。而离职员工则认为，其虽然不再为企业提供劳动，但是当年在职期间仍然对用人单位的业绩作出了贡献，用人单位应当按比例支付当年度年终奖。由于我国法律没有对年终奖发放规则进行明确规定，实践中有观点认为，对于奖金的发放，用人单位有一定的自主管理权，用人单位有权决定是否发放以及如何发放年终奖。

典型案例45①

案情简介

2020年8月27日，原告从上一家公司离职。2020年9月1日，原告与被告公司签订《劳动合同》，约定合同期限为2020年9月1日至2023年8月31日，其中试用期的期限为2020年9月1日至2021年2月28日；被告公司安排原告在人事行政经理岗位从事工作；原告工作岗位实行不定时工作制。原告于2021年9月8日收到解除劳动合同通知书。

被告公司2021年绩效考核制度有所调整，根据《绩效考核工作指导书》

① （2022）沪0117民初3850号。

规定考核周期为年度，年终奖发放基数为 2 个月工资，在年终奖发放之日前离职员工均不享受年终奖，故原告不享受年终奖。为此，被告公司提供 2020 年 3 月原告《绩效评估管理规定》及讨论表决会议记录、2020 年 5 月《考勤与休假管理制度》及讨论表决会议记录、2021 年 2 月《绩效考核工作指导书》及讨论表决会议记录，予以佐证。

后双方发生争议，本案经历仲裁和一审。

裁判意见

法院认为，关于原告主张的奖金，奖金的发放属于用人单位可以行使经营自主权的范畴。被告公司有权根据自身的经营情况、劳动者的工作岗位及绩效表现等综合因素，自主确定奖金发放的条件、发放标准及发放金额，原告提供的录用通知书也载明了半年度奖金系根据公司年度业绩和个人绩效评估发放。关于 2021 年度奖金，被告公司依据 2021 年 2 月《绩效考核工作指导书》的规定主张原告不享有 2021 年度奖金，原告否认收到并知晓《绩效考核工作指导书》。法院认为，被告公司未能提供确切证据证明《绩效考核工作指导书》已经民主程序制定后正式发布，且原告知晓上述规定的内容，故被告公司据此主张原告不享有 2021 年度奖金，法院难以支持。

案例分析

（1）用人单位制定奖金发放规则应当经过民主程序

用人单位对奖金的发放拥有一定的自主管理权，但是用人单位行使自主管理权也应当符合法律规定。根据《劳动合同法》第 4 条的规定，制定直接涉及劳动者切身利益的规章制度应当经过职工代表大会或者全体职工讨论，提出方案和意见，与工会或者职工代表平等协商确定；并且还需要将该规章制度公示或者告知劳动者。

本案中，用人单位在《绩效考核工作指导书》中明确约定，在年终奖发放之日前离职员工均不享受年终奖。法院认为该《绩效考核工作指导书》没有经过民主程序制定后正式发布，且也无法证明原告事先知晓上述规定的内容，因此用人单位应当按比例支付劳动者离职当年的年终奖。

尽管本案中法院没有支持用人单位的主张，但是可以看出，在员工奖金的发放问题上，用人单位还是拥有一定自主权的。用人单位可以通过规章制度制定的法定程序，制定奖金的发放规则，如果规则制定合理，并且经过民主程序与公示程序，那么很大概率上还是会被法院采纳的。

（2）离职员工年终奖发放的影响因素

离职员工是否能够获得年终奖，除了应当参考用人单位规章制度，还可能受员工离职原因、离职时间、工作表现、过往奖金发放惯例等因素的影响。比如，如果员工离职系用人单位过错或违法解除导致的，那么用人单位仅以员工离职为由不支付年终奖，可能不会获得法院的支持。此外，如果员工离职时，当年度的考核基本完成，并且员工本人也完成了既定的绩效目标，那么用人单位主张不支付年终奖，不具有合理性，无法获得法院支持。

在实践中，还存在部分用人单位没有对年终奖的发放制定明确的规章制度，产生争议时还会参考过去奖金发放的企业惯例，如果用人单位过去奖金发放具有一定的规律性、稳定性，那么员工主张年终奖的请求在很大程度上会获得支持。

46. 劳动者提前辞职，是否应当返还留任奖金

留任奖金是用人单位招揽人才、留住人才的重要工具，用人单位通常会和劳动者约定，在本单位连续任职满一定期限可以获得相应的留任奖金，假如劳动者中途离职，则其需要返还已支付的留任奖金。劳动法上不允许用人单位通过扣押工资、约定违约金等方式限制劳动者的就业自由，然而留任奖金是在劳动者基本工资之外额外支付给劳动者的，是具有激励性质的奖金，并非为了限制劳动者的就业自由，用人单位对留任奖金的发放与扣除具有一定的自主管理权限。用人单位支付留任奖金的目的是希望劳动者可以长期在本单位工作，劳动者提前解除劳动关系的，用人单位则无法实现留住人才的

目的，在这种情况下，结合奖金的性质来看，用人单位要求劳动者返还留任奖金具有一定的合理性。

典型案例 46①

案情简介

邓某原系F公司员工，双方签署有期限为2015年7月31日至2018年7月30日的劳动合同，约定邓某在F公司担任高级信号完整性经理。2017年9月21日，双方签署了《留任奖协议》，第1.1条约定，F公司同意支付邓某留任奖计税前人民币50万元整，分四期支付，自邓某签署本协议之日起连续任职每满12个月，且该期间内获得年度绩效考核等级良好（或在特殊情况下，经F公司处CEO批准同意的其他等级）以上，由F公司支付邓某留任奖的25%计税前人民币125,000元/期。上述《留任奖协议》第1.2条中，邓某选择上述款项与当年年终奖金合并计税并代扣代缴个人所得税后，汇入账户。该协议第2.2条载明："本协议生效之日起，出现下列任一情况时，甲方（本案F公司，下同）有权立即终止本协议，乙方（本案邓某，下同）应在本协议终止之日起七（7）日内向甲方指定账户返还其已获得的1.1条项下的全部留任奖税前金额，甲方无义务支付所有未到期的留任奖：乙方在甲乙双方劳动合同关系存续期间，非因甲方违反《劳动合同法》第三十八条的规定而单方提出解除劳动合同的……"2018年6月28日，双方签署了自2018年7月31日起的无固定期限劳动合同，约定邓某担任高级信号完整性主管工程师。2019年3月30日和2020年5月29日，F公司分别支付了邓某第一期和第二期的留任奖共计税前人民币250,000元，与该年度应发放的年终奖一并通过银行转账支付，邓某确认其已收到留任奖共计250,000元之事实。2020年7月3日，邓某以"在F公司工作8年了，想换个环境换个方向"为

① （2022）沪01民终1964号。

由提出辞职，并最后出勤至该月31日。双方确认劳动合同于2020年7月31日解除，该日，邓某签署了一份《还款承诺书》，其上载明："因本人已自愿申请离职，根据协议，本人离职时应向公司返还已收到的全部留任奖，合计金额人民币25万元。现本人承诺分三期将上述款项支付至公司如下账户……每期支付时间如下：1. 2020年12月31日前，支付9万元。2. 2021年7月31日前，支付8万元。3. 2022年7月31日前，支付8万元。如果逾期未支付，除仍负担返还上述金额外，本人同意：每逾期一日，按照逾期未付金额的万分之二支付违约金。"嗣后，邓某未按照上述《还款承诺书》之约定返还F公司留任奖，经F公司催讨，邓某至今仍未返还。后双方发生争议，本案最终经二审一锤定音。

裁判意见

法院认为，《留任奖协议》是本案双方在平等、自愿、协商一致的基础上达成，该协议经双方签名盖章确认，系合法有效，双方应切实遵守履行。

第一，邓某为证明留任奖金的性质系劳动报酬提供了前后单位的收入对比，然而F公司支付的工资符合法律规定，不存在需要补足工资的必然性，该收入对比无法证明F公司为弥补邓某工资收入的不足而变相设置留任奖。另外，曾任F公司硬件部高级副总裁约某虽在一审阶段提供情况说明，但其并未到庭作证，且F公司对该份情况说明真实性不予认可，邓某亦无法证明约某负责工资与奖金分配事项，一审对该情况说明不予采信，应属合理。因此，邓某并无证据证明留任奖金的性质属于劳动报酬。

第二，关于提出离职，《留任奖协议》中明确写明留任奖设置的意义为鼓励邓某长期留任F公司。如果邓某提出离职，将受到该协议的相应约束，这是邓某是否提出离职需要考量的因素，而非其无权提出离职。邓某关于未予返还F公司2017年9月21日至2020年7月31日的留任奖金250,000元的请求，法院实难支持。

案例分析

本案中，用人单位与邓某约定了留任奖金支付方式以及退还方式，邓某主张留任奖金的性质系劳动报酬，法院经审理认定该留任奖金不属于劳动报酬，并且用人单位在《留任奖协议》中明确写明留任奖设置的意义为鼓励邓某长期留任F公司，邓某提前离职的，应当受到协议的约束。由此可见，在留任奖金的支付与扣除方面，用人单位具有较多操作空间，可以通过事先约定或制定规章制度的方式与劳动者明确留任奖金的性质及发放规则，产生争议时，法院通常也会认可双方约定的合理的发放规则。

用人单位在与劳动者签订留任奖金协议时，应当详细约定相关奖金的发放方式、支付条件、金额、返还条件等内容，尤其是一些比较重要的岗位员工，如高级技术人员、高级管理人员等，用人单位可以通过留任奖金发放规则的设计，实现长期留住人才的目的。留任奖金属于工资报酬以外的激励，特定情形下要求劳动者返还留任奖金，具有一定的合理性。然而，用人单位仍然要注意，不能在留任奖金中约定违约金，目前在劳动相关法律关系领域，只有在竞业限制协议和培训服务期协议中可以与劳动者约定违约金条款，其他情形下的违约金条款，通常均会被认定为无效。

第二节　员工考勤问题

47. 员工迟到，公司能否扣减工资

劳动者的工作时间与薪资息息相关，考勤管理是用人单位保证劳动者工作时间的重要方式，尤其是对于标准工时制的员工，用人单位往往会对其出勤有较高的要求。严格的考勤管理能够督促员工按时上下班，形成良好的工作氛围，也可以作为公司支付加班费、扣减薪资、进行违纪处罚的重要依据。

用人单位有权制定规章制度管理员工，维持企业正常的生产经营活动。一般而言，用人单位可以在员工手册等规章制度中制定出勤要求，比如明确规定员工的上下班时间，对迟到、早退的员工进行扣减工资、口头警告等处罚，对累计多次迟到、早退、旷工的员工可以解除劳动合同等。

劳动报酬是劳动者按照劳动合同约定提供一定时间的劳动所应当获得的对价。相应地，劳动者迟到、早退，没有充分履行劳动合同约定的工作时间，用人单位也可以扣减缺勤时间的工资。然而实践中，有的用人单位在规章制度中规定“迟到超过三十分钟扣半天工资”“迟到一小时罚款一百元”等具有罚款性质的条款。用人单位的本意是督促劳动者准时上下班，但是这些条款在实际适用中极有可能被认为是无效条款。

典型案例47①

案情简介

丁某于2016年12月16日进入A公司处从事销售经理工作，双方签订有期限为2016年12月16日至2019年12月15日的劳动合同。

2018年12月27日，A公司出具两份员工处分通知书，分别以丁某在2018年12月5日及11日上班时出现旷工行为（迟到一小时以上）之情况，对丁某分别予以记过处分一次。2018年12月28日，A公司以多次严重违反公司规章制度为由决定解除与丁某的劳动合同。丁某遂向劳动争议仲裁委员会申请仲裁，后本案又进入一审流程。

裁判意见

A公司在支付丁某2018年12月工资时因丁某当月5日上午、7日上午及11日上午迟到超过一小时各算旷工半天，25日上午旷工半天，故扣除合计旷

① （2019）沪0104民初10706号。

工2天的工资。丁某表示其是调休并非旷工，不应扣工资。对此，钉钉系统记录显示，丁某在当月5日8：29申请当日8：30至9：30调休被审批拒绝，在当月11日8：36申请当日8：30至9：30调休被审批拒绝，在当月24日22：20申请当月25日8：30至12：30调休被审批拒绝。A公司的员工手册规定所有的假期均需在钉钉软件上提交公文申请，获批准后方可休假。3天及3天以下的假期至少需要提前一个工作日申请。现丁某在当月5日及11日当天申请当日调休及在当月24日晚上申请次日上午调休，并不符合员工手册规定，A公司未予批准其请假申请并无不当，其未经批准的休假期间应属旷工，但A公司以丁某迟到一小时而扣半天工资并不合理，应按照丁某实际缺勤时间来扣发工资。丁某在当月7日上班未打卡，监控记录显示其在当日9时36分才进入办公场所，故丁某关于其当日未打卡属于漏打卡的主张缺乏依据，应按照其实际缺勤时间来扣发工资。经核算，A公司应支付丁某2018年12月1日至28日的工资差额381.61元。

案例分析

（1）劳动者迟到的，应当按照实际缺勤时间扣减工资

本案中，根据用人单位员工手册的规定，迟到一小时按旷工半天处理。该劳动者存在多次迟到一小时的情况，用人单位认为每次迟到一小时属于旷工半天，应当扣减半天工资。法院认为该劳动者未经批准的休假期间应属旷工，但是用人单位应当按照劳动者实际缺勤时间来扣发工资，也就是迟到一小时，应当扣减一小时的工资。该用人单位以劳动者迟到一小时而扣减半天工资，并不合理。

由上述案例可知，公司如果想通过考勤扣款来约束员工的迟到、早退行为，必须注意规章制度的合理性，不能过于放大员工的违纪行为，导致不合理地减少员工的劳动报酬。

（2）员工出勤管理合规建议

用人单位想要进一步加强考勤管理，也可以将员工的考勤和其他奖金、

考核挂钩，比如存在迟到、早退行为的，取消当月的全勤奖，或者一定时间内迟到、早退累计达到一定次数的，影响绩效考评分数及年终奖等。上述奖金发放的规则也都需要制定明确的规章制度，并且经过民主程序讨论及公示。

假如员工发生了迟到、早退行为，用人单位应当尽快进行处理，第一时间与该员工确认缺勤情况，听取员工的解释，从而判断相关理由是否合理正当。如果经核实，员工的迟到、早退行为属实，用人单位还应当将相关情况反映在考勤记录中，建议能够由员工签名确认，并由公司妥善保存相关记录。

48. 电子考勤能否作为旷工依据

近年来，随着科技的发展，员工考勤的方式更加多样化了，越来越多的公司采取电子考勤的方式记录员工的上下班时间，指纹、刷卡、App 等新型的考勤方式给用人单位管理员工带来了便利。那么，在产生劳动争议时，电子考勤记录能否被用作证明原告旷工的证据呢？

最高人民法院《关于审理劳动争议案件适用法律问题的解释（一）》第 44 条规定：“因用人单位作出的开除、除名、辞退、解除劳动合同、减少劳动报酬、计算劳动者工作年限等决定而发生的劳动争议，用人单位负举证责任。”因此，如果用人单位以旷工为由与员工解除劳动合同，应当对旷工事实进行举证。考勤记录是证明员工旷工的重要证据，而电子考勤记录作为电子数据的一种，有着较强的物质依赖性和容易修改的特点，裁审机关对此类证据的认定往往较为谨慎和严格。建议通过相关 App 和时间戳等方式实时保留相关电子证据。

典型案例 48[①]

案情简介

王某于 2016 年 9 月 26 日进入用人单位工作，双方签订期限为 2016 年 9

① （2018）沪 01 民终 14567 号。

月26日至2019年9月30日的劳动合同，约定王某从事质量保证部经理工作，每月基本工资11,200元、绩效奖4800元。2018年3月24日，用人单位出具《解除劳动合同通知书》，载明："因您（王某）2017年9月至今，已连续旷工3个工作日或年累计旷工超过5个工作日，严重违反公司《考勤管理规定》，根据公司《考勤管理规定》6.0条'连续旷工3日及以上或从第一次旷工之日起计算一年内累计旷工5日，按严重违反规章制度作解除劳动合同处理'，现公司决定于2018年3月24日与您解除劳动合同……"王某最后工作至2018年3月26日。

用人单位另提供2018年1月至3月考勤记录，其上显示王某2018年1月2日、1月8日、1月15日、1月22日、2月11日无上午指纹打卡记录，2018年2月12日无下午指纹打卡记录；王某对该考勤记录不予认可。一审法院曾组织双方至现场查阅考勤记录原始数据，王某仍不予认可，而用人单位未就此申请司法鉴定进一步提供证据证明上述考勤记录的真实性，一审法院对上述考勤记录不予确认。

裁判意见

法院认为，因用人单位作出的开除、除名、辞退、解除劳动合同、减少劳动报酬、计算劳动者工作年限等决定而发生的劳动争议，用人单位负举证责任。本案中，用人单位以王某2018年1月2日、1月8日、1月15日、1月22日、2月11日无上午指纹打卡记录，2018年2月12日无下午指纹打卡记录，属于旷工严重违纪为由，解除与王某的劳动合同，用人单位对此负有举证责任。首先，根据前述认定，在王某始终未予确认用人单位提供的考勤记录真实性的情况下，用人单位既未申请司法鉴定，又未进一步提供其他证据佐证上述考勤记录的真实性，故对用人单位提供的考勤记录难以采信。其次，用人单位提供的考勤记录显示，用人单位主张的旷工日期王某均有指纹打卡记录，仅系存在上午抑或是下午遗漏一次指纹打卡记录，难以认定王某该日持续旷工一天。综上，用人单位未就其公司主张的王某旷工事实提供确凿证据予以证明，应承担举证不能的法律后果，一审法院确认用人单位系违法解除与王某的劳动合同，应支付王某违法解除劳动合同赔偿金。

案例分析

（1）用人单位需要证明电子考勤记录的真实性

本案中，用人单位为了证明劳动者的旷工事实，提供了电子考勤记录的数据，然而劳动者对此不予认同，法院认为该举证责任在于用人单位，用人单位应当进一步申请司法鉴定，对证据的真实性予以确认。由于用人单位始终没有申请司法鉴定，因此旷工事实不能成立，用人单位解除劳动合同系违法解除。

由此可见，在员工对电子考勤记录不予认可的情况下，单独的电子考勤记录不足以证明证据的真实性，法院可能会要求用人单位进行司法鉴定，进一步证明证据的真实性。

（2）考勤操作合规建议

由于电子证据容易被篡改、删除，有条件的用人单位可以采取纸质考勤与电子考勤相结合的方式进行考勤管理。一方面，可以每天使用电子考勤；另一方面，可以定期将员工的考勤记录打印下来或者制定成考勤统计表，统一要求员工签名确认。尤其是在员工存在迟到、早退、缺勤等情形时，用人单位应当及时进行处理，与员工确认迟到、早退、缺勤的情况，根据规章制度给予相应的处罚，并且保留书面记录，有了员工本人签名确认的考勤记录或者相关电子证据经过鉴定、公证或相关部门确认，更容易被司法机关采信。

第三节　员工给公司造成损失的法律后果

49. 劳动者给用人单位造成损失的，用人单位能否要求劳动者赔偿

在劳动关系中，相对而言劳动者处于弱势地位，立法者在立法时往往更

倾向于保护劳动者的权益。然而，当劳动者因个人原因而对用人单位造成了损害时，用人单位应当如何维护权利呢？在实践中，因劳动者过错而给用人单位造成损失的情况并不少见。《工资支付暂行规定》第16条规定："因劳动者本人原因给用人单位造成经济损失的，用人单位可按照劳动合同的约定要求其赔偿经济损失。经济损失的赔偿，可从劳动者本人的工资中扣除。但每月扣除的部分不得超过劳动者当月工资的20%。若扣除后的剩余工资部分低于当地月最低工资标准，则按最低工资标准支付。"

根据上述规定，劳动者在履行职务过程中因本人原因而给单位造成损失的，单位可以根据劳动合同事先的约定要求劳动者赔偿损失。

典型案例49[①]

案情简介

被告于2020年3月16日入职原告处，担任海外广告中级优化师，月工资由基本工资6400元和绩效奖金2100元组成，劳动合同期限为2020年3月16日至2023年3月15日。

2020年8月10日，原告向被告出具《警告信》，载明："员工姓名：黄……员工过失详细记录：员工在2020年7月21日服务云蟾项目中，设置错账户规则，导致账户在暂停期间开启，且消耗了两万三千多美金，合计16万元人民币，此部分金额客户不结算，由公司承担，给公司带来重大损失。根据上述记录，您已违反公司纪律或严重消极怠工，现处以下处分：书面警告；扣除半年（7～12月）绩效+半年（7～12月）提成50%（其中16万元利润不计入提成）。特别提示：根据过往违纪记录，倘若您在任职期间内累计收到三次书面警告（含本次警告在内），即可视为严重违纪，公司可解除劳动合同，而不给予任何补偿……"后原告起诉被告要求被告承担公司损失。

① （2021）沪0106民初11240号。

裁判意见

首先，劳动者应该忠诚、勤勉、有责任心地完成工作任务，劳动者在工作中存在故意或者重大过失的，应承担相应的赔偿责任。本案中，客户账户开启时，会产生消耗，且费用较高，被告工作内容虽相对简单，但重要性不言而喻。被告明知本案系争游族公司账户下有 2 个广告活动处于开启状态且每个广告活动相互独立，需经分别操作才能关闭账户，理应进行分别操作，且被告之前已有过类似过失，在之后的操作中需要更加谨慎注意，以确保工作任务的顺利完成。但是，根据现有证据以及原、被告的陈述可知，被告仅关闭了账户下的一个广告活动，以致剩余广告活动产生消耗，造成损失。被告虽对此次损失不存在故意，但确有重大过失，理应承担相应责任。

其次，用人单位对劳动者负有管理的义务。被告在提供劳动的过程中，原告既不要求被告汇报工作，亦不对被告工作进行检查，在管理上存在一定失误，对此次损失的发生负有一定责任。

最后，根据原告陈述，Twitter 媒体平台第二自然月的 5 日向原告发送上个自然月的消耗及费用，且原告登某客户在 Twitter 的账户后也可以看到客户账户的实时消耗情况。而自被告要求关闭账户时至原告发现账户存在消耗时有近两个月的时间，即使原告平时不对被告工作进行检查，在每月与媒体平台核算费用时，亦应发现账户存在消耗，但原告并未尽到理性谨慎的注意义务，对此次事件的损失扩大亦存在一定过失。

综上所述，结合被告在职期间的工资发放情况，原、被告各自存在过失的程度以及原告对于类似事件的处罚比例，再考虑到被告在短短几个月内连续两次犯类似错误，法院酌定被告赔偿原告损失 20, 000 元。

案例分析

（1）用人单位不能将经营风险完全转嫁给劳动者

本案中，劳动者没有及时关闭广告账户，导致广告活动产生消耗，给公司造成损失，且劳动者之前就犯过类似的错误。法院认为，劳动者应当对其工作的重要性有明确认识，并且谨慎对待，劳动者的行为虽然不存在故意，但是属于重大过失，应当依法承担赔偿损失的责任。然而，法院同时指出，用人单位在管理上也存在疏忽，用人单位平时对劳动者该项工作不按时检查、不要求汇报，导致账户消耗近两个月时间才发现。因此，法院根据双方的过错，以及劳动者的工资情况，酌情要求劳动者赔偿20,000元。

用人单位始终是生产经营风险的主要承担者，用人单位获取利益的同时应当承担相应的商业风险，虽然劳动者给用人单位造成了损失，但是全部损失均由劳动者来承担是不合理的，用人单位不能将经营风险全部转嫁给劳动者。本案中用人单位主张16万元左右的损失全部由劳动者承担，法院最终酌情确认了20,000元的赔偿金额，剩余的损失应当由用人单位自行承担。

（2）合规建议

在实践中，发生此类情形的，建议用人单位和员工首先协商确定各自的过错，按照一定比例承担责任。通常情况下，员工个人过失导致的公司损失，属于公司生产经营过程中应当承担的风险，要求员工承担全部损失，通常是不会获得支持的，员工一般应当按照其过错程度承担相应的赔偿责任。

50. 劳动者未甄别出相关信息导致用人单位被诈骗，劳动者需要承担多少赔偿责任

近年来，网络诈骗犯罪日益猖獗且防不甚防，诈骗分子除对处于弱势地位的老年人、青少年实施诈骗外，也将目标瞄准了企业财务人员，他们利用企业财务制度的漏洞，冒充企业高管、法定代表人等，欺骗财务人员将相关款项转入诈骗分子的账户。并且此类网络诈骗侦破难度大，难以抓捕犯罪分子，即使成功抓捕犯罪分子，也难以追回款项。因此，用人单位常常会要求被诈骗的财务人员承担赔偿责任。

一般而言，劳动者故意或重大过失给用人单位造成损失的，用人单位有权要求劳动者承担一定的赔偿责任，然而用人单位要求劳动者赔偿的，也应

当证明劳动者的确存在故意或重大过失，并且只能在劳动者的过错范围内要求承担责任。用人单位要求劳动者承担全部赔偿责任的，通常不会被认可。

典型案例50[①]

案情简介

被告于2017年7月21日入职原告处，双方签订了期限为2017年7月21日至2018年7月21日的劳动合同，约定被告在原告处从事出纳、会计工作。2018年3月21日上午9时许，被告在公司上班时，被拉进一个QQ群（群号不详），群里面包括“罗某”“曾某”的名字，该群内“罗某”“曾某”头像和QQ号码与此前二人实际使用的并不一致。被告在未向原告处负责人罗某电话确认的情形下，按照该QQ群中人员要求于2018年3月21日向案外人“胡某”共计汇款33万元。2018年3月22日，被告向本市公安机关报案，公安机关予以立案，但追查未果。2018年9月25日，原告向上海市浦东新区劳动人事争议仲裁委员会申请仲裁，要求被告：（1）赔偿原告财产损失人民币33万元；（2）支付自2018年3月22日起至实际清偿之日止的利息。2018年9月30日，该仲裁委员会决定不予受理。原告不服该决定，遂起诉至法院。

裁判意见

法院认为，根据法律规定，用人单位与劳动者应当按照劳动合同的约定，全面履行各自的义务。劳动者因故意或重大过失给用人单位造成经济损失的，用人单位可要求其赔偿经济损失。本案的争议在于：（1）被告是否存在故意或重大过失？（2）如被告需赔偿，赔偿数额如何认定？首先，关于第一个争议焦点。纵观本案，被告作为具备专业知识、具有一定工作经验的财务人员，

① （2018）沪0115民初82472号。

且在明知付款前需要通过电话与公司负责人确认的情形下，在被拉入 QQ 群中未注意相对方的身份信息的不同，在接到行骗者通过 QQ 发来的相关付款信息后，未按流程通过电话与公司负责人核实即将款项转出，显然未尽到谨慎注意义务，有违财务人员的基本准则，故法院据此认定被告在此过程中存在重大过失，应当承担相应的赔偿责任。其次，关于第二个争议焦点。本案中，原告作为用人单位，在公司规章制度、财务管理及监督流程中也存在诸多不规范以及不完善的地方。且劳动者在履行职责过程中给用人单位造成的损失，亦属于用人单位经营风险的一部分。故原告在自身存在管理疏失的情况下，要求劳动者全额赔偿，对于处于被管理地位的劳动者而言，有失公允。基于此，原告对损失亦应承担相应的责任、被告应当限额赔偿。至于被告主张本案应当先刑后民，因缺乏依据，法院不予采纳。综上，法院结合原、被告的过错程度，被告所获的劳动报酬数额等方面综合因素，酌情确认被告应赔偿原告 66,000 元。

案例分析

（1）劳动者应当按照自身的过错程度承担赔偿责任

本案中，劳动者系用人单位财务人员，该劳动者遭遇了电信诈骗，在未核实对方身份的情况下，将公司款项转入诈骗分子账户。该劳动者作为财务人员应当了解财务转账流程，却未尽合理的注意义务，因此对于用人单位的损失具有过错。

然而用人单位的规章制度、财务制度等也并不完善，用人单位对此也存在过错，并且劳动者在履行职责过程中给用人单位造成的损失，亦属于用人单位经营风险的一部分。因此，劳动者对用人单位的损失应当承担有限的赔偿责任，法院对于用人单位的 33 万元损失，酌情判定由劳动者承担 66,000 元，相当于全部损失的 20%。

由此可见，通常情况下，用人单位生产经营需要承担相应的经营风险，劳动者过错造成的损失也是经营风险的一部分，用人单位不能将全部风险转嫁给劳动者，但是可以要求劳动者按照过错承担一定比例的赔偿责任，用人单位管理上存在过错的，也会相应减少劳动者的过错。用人单位对于涉及本单位重要业务及经济往来的职位，如高管、财务、法务等，应当加强管理。

（2）过错程度判断

在实践中，劳动者应当承担多少比例的赔偿责任也是常见的争议焦点。劳动者的过错程度通常难以通过客观的数据进行衡量，上述案例中，在双方均有过错的情况下，法院酌情判决劳动者按照损失金额20%的比例承担赔偿责任，大部分的损失仍然应当由用人单位承担。这一赔偿标准也是比较具有合理性的。

在司法实践中，如果因劳动者过错而给用人单位造成了损失，用人单位可以第一时间启动调查、分析过错，并且与劳动者进行协商，结合劳动者过错、损失金额等因素，与劳动者就损害赔偿达成一致，约定合理的赔偿比例，如果约定的赔偿比例比较合理且劳动者也认可的，法院也会酌情采纳。

此外，因被诈骗而造成用人单位损失的，诈骗款项仍然有可能被追回，假如未来相关款项被追回，那么用人单位的损失即得到了弥补，届时应当归还劳动者赔偿的相关款项。

第四节　劳动报酬相关合规问题

51. 公司生产经营不善，能否迟延支付工资

工资是劳动者为用人单位提供劳动应当获得的对价，支付工资是用人单位的法定义务。用人单位未及时足额支付劳动报酬的，劳动者有权解除劳动合同并且要求用人单位支付经济补偿金。所谓“及时足额支付劳动报酬”，即按照劳动合同约定的期限及数额向劳动者支付劳动报酬。根据《劳动合同法》第35条的规定，用人单位与劳动者协商一致的情况下可以变更劳动合同

约定的内容，变更劳动合同应当采用书面形式。因此，如果用人单位希望变更劳动者的薪资待遇，应当与劳动者协商一致并且签订书面的变更协议。

然而，用人单位从事生产经营活动必然要承担一定的商业风险，也就难免会遇到因生产经营不善而导致暂时无力支付劳动报酬的情况。尤其是受新冠疫情冲击，许多用人单位生产经营状况不稳定，但是尚未导致停工停产、破产等严重后果。这种情形下，公司阶段性的经营不善，能否迟延支付劳动报酬呢？

《上海市企业工资支付办法》第10条规定，企业确因生产经营困难，资金周转受到影响，暂时无法按时支付工资的，经与本企业工会或职工代表协商一致，可以延期在一个月内支付劳动者工资，延期支付工资的时间应告知全体劳动者。

根据上海地区的规定，企业遇到生产经营困难，暂时无法按时支付工资的，在一定条件下是可以延期支付的。

典型案例51①

案情简介

2010年9月7日，张某至A公司处工作，双方签订的最后一份劳动合同为自2018年9月7日起的无固定期限劳动合同，约定每月工资5500元。公司每月15日按6500元的标准通过银行转账形式支付给张某上月工资。

2021年5月26日，张某向A公司邮寄辞职报告，载明因A公司未及时足额支付劳动报酬等原因提出解除劳动合同。张某最后工作至2021年5月27日。2021年5月14日、6月15日，A公司先后支付张某2021年4月工资6477元、5月工资5902元。后张某以拖欠工资等原因将A公司诉至仲裁委员会，以及一审法院。

① （2021）沪0104民初27310号。

裁判意见

劳动关系存续期间，劳动者提供劳动，用人单位支付工资，系双方各自基本义务。除非特别约定，劳动者基于其劳动的付出即可享有对用人单位的工资支付请求权，而无须考量用人单位的经营情况。换言之，用人单位就经营情况应承担风险并自负盈亏，并不当然可以经营不善为由怠于向劳动者履行工资支付义务。《上海市企业工资支付办法》第 10 条规定，企业确因生产经营困难，资金周转受到影响，暂时无法按时支付工资的，经与本企业工会或职工代表协商一致，可以延期在一个月内支付劳动者工资，延期支付工资的时间应告知全体劳动者。

根据上述张某与杨某、黄某的谈话，A 公司确实在 2021 年 4 月通知张某再次降薪，且在 2021 年 5 月 14 日支付 2021 年 4 月工资时未发放现金部分 7500 元。杨某在 2021 年 4 月 27 日谈话中称“没有业务”，但即便公司经营发生困难，亦应采取积极措施，履行上述规定程序，与员工沟通协调，就特殊时期工资如何发放等事宜达成新的合意。否则，公司仍应按原工资标准按时足额向张某履行工资支付义务。2021 年 4 月至 5 月，双方就工资调整有所协商，但在张某多次表示不同意调薪的情况下，公司仍未采取积极措施予以改进，而是单方决定只发放 2021 年 4 月 15 日部分工资，且金额少于原工资的一半，于法有悖，应补足差额。张某据此提出解除劳动合同，符合支付经济补偿金的情形，其主张解除劳动合同经济补偿金，法院予以支持。经法院核算，A 公司应支付张某 2021 年 4 月 1 日至 5 月 27 日工资差额 14, 285. 72 元、解除劳动合同经济补偿金 153, 220 元。

案例分析

（1）用人单位并不当然可以经营不善为由怠于履行工资支付义务

本案中，用人单位从 2020 年开始多次未足额支付劳动者的工资，并且告知劳动者系因疫情原因，业务受到影响。该用人单位就降低薪资并未与劳动者协商一致，也没有按照《上海市企业工资支付办法》第 10 条的规定，与企业工会或职工代表协商一致。因此法院认为，该用人单位构成未及时足额支付劳动报酬，应当向劳动者支付经济补偿金。

由此可知，对于生产经营发生困难的用人单位，法律也是给予了一定的宽限，用人单位应当在法律允许的范围内，积极采取措施，充分保障劳动者的利益。如果因资金周转问题，暂时无法支付劳动报酬，应当与工会或职工代表协商一致，可以延迟一个月支付工资。但是，用人单位在没有采取任何积极措施的情况下，擅自减少或不发劳动报酬，则违反了双方劳动合同的约定，劳动者可以解除劳动合同并且要求用人单位支付经济补偿金。

（2）应对生产经营困难的其他合规措施

企业遇生产经营困难，暂时无法按时支付工资的，应当首先和员工进行协商，在达成一致的情况下可以采取降薪、缓发等措施。如果企业生产经营困难较大，遇到停工、停产的情况，根据《上海市企业工资支付办法》的规定，在一个工资支付周期内仍然应当按约定支付劳动者工资。超过一个工资支付周期的，企业可根据劳动者提供的劳动，按双方新的约定支付工资，但不得低于本市规定的最低工资标准。

52. 股权激励收入是否属于工资报酬

股权激励制度是一种现代化的公司治理制度，旨在建立一种员工激励机制。公司附条件地给予员工部分股东权益，让员工利益与公司效益相挂钩，组成利益共同体，从而提高员工工作积极性，为公司贡献个人最大价值。

股权激励收入具有较大的不确定性，并且与公司经营状况和股票价格息息相关，在股票未行权前，劳动者都无法真正获取股权激励的收益。在劳动法上，产生劳动争议需要计算经济补偿金、加班费、工资等金额时，时常需要对劳动者的工资总额进行确定。股权激励的未来收益虽然诱人，但是由于股权收入具有不确定性，并且股权未行权时，劳动者实际未产生收入，在劳动争议中并不会被计入工资性收入中。

典型案例52[①]

案情简介

被告于2019年6月12日进入原告处工作。原告向被告出具的《录用报到通知书》载明，被告月薪2万元，薪资月份为13薪，股权激励3万股，对应收益54万元，并注明每年获得的股票将以融资形式配置，被告岗位考评为年度考评，第13个月月薪是依据考评。双方签订期限自2019年6月12日起至2022年6月30日止的劳动合同，约定被告在市场部担任市场副总职务，每月岗位工资3600元、绩效工资2400元。另约定本合同及其附件或补充，构成各方就本文所述事宜所达成的最终和完整的协议，并取代先前所有的口头或书面的声明和协议。原告已按每月2万元标准发放被告在职期间工资。后双方之间解除劳动合同，就工资差额问题双方发生较大争议。

裁判意见

法院认为，对于原告同意支付被告2019年6月12日至2021年3月23日的工资差额35,616.44元、被告要求原告支付其2019年6月12日至2021年3月23日的工资差额1,001,489.54元的请求。被告主张的工资差额包括13薪和股权激励，对于13薪部分，仲裁裁决原告支付被告2019年6月12日至2021年3月23日的工资差额35,616.44元，原告同意按仲裁裁决履行，故法院予以确认；对于股权激励部分，被告并未行权，且不属于工资，故法院不予支持。因此，法院支持原告该项诉讼请求，仅支持被告该项诉讼请求中的合理部分。

① （2021）沪0112民初32474号。

典型案例53[①]

案情简介

2005年4月14日，杨某入职上海某公司的关联公司某（中国）保健品有限公司，工作地点为北京市朝阳区。2015年4月14日，上海某公司与杨某签订无固定期限劳动合同，约定工作地点为北京或公司不时指定的任何其他区域。自2016年3月起，杨某的月工资构成调整为月基本工资148,369元、固定津贴24,000元，自2017年3月起，杨某的月工资构成调整为月基本工资158,013元、固定津贴24,000元。上海某公司《2014年股权激励计划限制性现金奖励协议》第5条约定："雇佣关系终止的影响。除《计划》规定的情况外，在参与者因故终止与本公司的雇佣关系后，参与者应丧失该奖励的未行权部分，并将其注销并交还给本公司，而本公司无须向参与者支付任何额外报酬。"二审中，上海某公司主张支付限制性现金奖励的前提为劳动者在职，上海某公司为了激励员工而为其拟定股东身份，因此只有在职员工才符合奖励的条件。

杨某正常提供劳动至2017年5月23日。上海某公司向杨某出具《离职证明》，载明："杨某，2005年4月14日起进入我司就职，现于2017年5月23日与我司解除劳动关系，离职前职务为中国区外事部副总裁。"上海某公司为杨某缴纳社会保险费至2017年5月。双方因解除劳动合同发生劳动争议。

裁判意见

由于上海某公司认可限制性现金奖励系公司对于拟订"股东"的奖励，只有在职才符合奖励的身份，故此应系劳动报酬的一部分，属于劳动争议的

① （2019）京03民终8026号。

审理范畴。鉴于系上海某公司违法解除与杨某的劳动合同，而非《2014 年股权激励计划限制性现金奖励协议》第 5 条约定的因劳动者原因终止劳动关系的情形，上海某公司上诉主张不应支付限制性现金奖励，缺乏事实依据，二审法院不予支持。现双方均认可尚有行权日为 2018 年 3 月 1 日的 78,000 美元和行权日为 2018 年 5 月 8 日的 26,000 美元的限制性现金奖励未发放，一审法院依照仲裁裁决认定的汇率判决上海某公司支付杨某相应金额的限制性现金奖励，具有事实及法律依据，二审法院依法予以维持。

案例分析

案例一中，该劳动者主张股权激励部分的收入，法院认为股权激励不属于工资，不予支持。案例二中，由于该公司认可限制性现金奖励系公司对于拟定“股东”的奖励，只有在职才符合奖励的身份，故法院认为此应系劳动报酬的一部分，属于劳动争议的审理范畴。并且，该公司股权激励政策规定，因劳动者原因离职的，参与者应丧失该奖励的未行权部分。而本案是由于公司违法解除劳动合同，因此法院认为公司应当支付杨某相应金额的限制性现金奖励。

“工资”是指用人单位依据劳动合同的约定，以各种形式支付给劳动者的劳动报酬，一般包括计时工资、计件工资、奖金、津贴和补贴、加班加点的工资报酬以及特殊情况下支付的工资等。用人单位应当依法支付工资，未及时足额支付工资报酬的，劳动者有权要求用人单位支付并且承担相应的法律后果。

员工获取的股权激励财产性收益是否属于工资报酬存在较大争议，目前尚无明确规定。若属于工资报酬，那么相关争议应当适用劳动法律管辖，用人单位有义务支付相应金额。如果不属于工资报酬，则应当按照普通商事纠纷进行处理。

赞同股权激励涉及的财产性收益应当属于工资报酬的观点主要理由是，限制性股票从性质上看，是用人单位因劳动者的突出劳动贡献以及激励劳动者继续积极工作而向劳动者支付的，具有经济性福利的薪酬。劳动者被授予股权的价格往往大幅低于市场价格，劳动者行权时，必然会带来差价收益，这部分收益是可以通过法定货币形式实现的。我国劳动立法并未将该等收益排除在用人单位对劳动者的福利待遇之外，并且股权激励也是基于劳动关系而产生的，也与劳动者工作性质、业绩考核等因素息息相关，因此不应当将其排除在工资报酬之外。

否定股权激励涉及的财产性收益属于工资报酬的观点主要认为股权激励授予合同属于平等主体之间的普通商事合同，签约时双方法律地位是平等的，股权激励协议应当受我国《民法典》《公司法》等法律法规的约束，而非劳动法律。并且股权激励利益的实现途径主要是通过分红或股权转让，具有资本收益的特征，与劳动报酬按月固定发放的性质不符。

在实践中，相关问题的争议较大，各地裁判口径不一，尚未形成统一的裁判口径。如果股权激励纠纷被认定为劳动纠纷，则需要先经过仲裁程序，再向法院起诉，程序上与普通商事纠纷存在差异。此外，如果认为股权激励收益属于工资报酬，那么在计算前 12 个月平均工资时也需要将股权激励收益计算在内，将直接影响到用人单位需要支付的经济补偿金或赔偿金数额。

股权激励纠纷是否属于劳动纠纷，关键在于股权激励是否与劳动合同履行具有直接关联，如果根据双方的约定，股权激励明确属于劳动报酬的一部分，或者股权的授予与劳动者的绩效情况密切相关，则很大概率上会被认定为劳动纠纷。

第五章

劳动合同终止

第一节　劳动合同到期终止与无固定期限劳动合同

53. 连续两次固定期限劳动合同到期后能否终止劳动合同

我们首先来解析上海地区的相关司法实践相关口径：

无固定期限劳动合同是劳动者与用人单位签订的无确定终止日期的劳动合同。签订了无固定期限劳动合同的劳动者，用人单位不能以合同到期为由终止劳动合同，有利于维护劳动关系的稳定，保障劳动者的权益。

《劳动合同法》第 14 条第 2 款第 3 项规定，“有下列情形之一，劳动者提出或者同意续订、订立劳动合同的，除劳动者提出订立固定期限劳动合同外，应当订立无固定期限劳动合同：……（三）连续订立二次固定期限劳动合同，且劳动者没有本法第三十九条和第四十条第一项、第二项规定的情形，续订劳动合同的”。然而，实践中关于连续两次签订固定期限劳动合同后是否应当续订无固定期限劳动合同，存在不同观点。

一种观点认为，为了防止单位规避签订无固定期限劳动合同的义务，在第二次固定期限劳动合同到期后，单位就丧失了单方终止劳动合同的主动权，即只有在劳动者主动提出要求终止劳动合同或签订固定期限劳动合同时，单位才能终止劳动合同或续订固定期限劳动合同；否则，就应当和劳动者签订无固定期限劳动合同。目前很多地区的法院都是采取此种观点。

另一种观点认为，在连续两次签订固定期限劳动合同后，必须在双方都同意续订劳动合同的前提下，劳动者提出签订无固定期限劳动合同的，用人单位才应当签订，即如果用人单位没有续签的意向，那么可以主动单方终止劳动合同。上海地区的司法实践中普遍采取此种观点。

上海市高级人民法院更是将此观点明确落实于纸面，上海市高级人民法院《关于适用〈劳动合同法〉若干问题的意见》（沪高法〔2009〕73号）第4条指出，“《劳动合同法》第十四条第二款第（三）项的规定，应当是指劳动者已经与用人单位连续订立二次固定期限劳动合同后，与劳动者第三次续订合同时，劳动者提出签订无固定期限劳动合同的情形”。

典型案例54[①]

案情简介

原告于2013年1月30日进入被告处工作，双方签订过两份劳动合同，最后一份期限为2016年1月30日至2021年1月29日。被告人事于2020年11月10日将一份名为《上海景苑会务服务有限公司员工劳动合同签订、续签、终止、解除审批表》的表格交由原告填写。表中已填写内容为原告个人信息，包括个人基本信息、进单位时间（2013年1月30日）、已签订合同次数（2次）、现合同期限（2016年1月30日至2021年1月29日）、续签合同日期（2021年1月30日）、劳动合同情况（分为四种，分别为新签、续签、终止、解除，续签后的方框内未勾选，但填写了第3次）。原告在个人意见栏内填写内容为：愿意续签劳动合同；要求原岗位待遇不变；要求原岗位不变；要求无期限固定合同续签。落款日期为2020年11月12日。表格中的部门意见、办公室意见、副总经理意见、总经理意见栏均为空白。被告于2021年2月19日通过微信向原告发送终止劳动合同通知书，落款时间为2021年2月18日。双方发生劳动争议。

① （2022）沪02民终1110号。

裁判意见

法院认为，当事人的合法权益受法律保护。用人单位与劳动者协商一致，可以订立无固定期限劳动合同。当事人对自己提出的诉讼请求所依据的事实或者反驳对方诉讼请求所依据的事实有责任提供证据加以证明。没有证据或者证据不足以证明当事人的事实主张的，由负有举证责任的当事人承担不利后果。本案中，沈某上诉称用人单位系违法解除，用人单位已明确作出续签劳动合同的意思表示，双方应当订立无固定期限劳动合同，以及沈某也应享有增发工资等。但根据一审法院查明的事实，《上海景苑会务服务有限公司员工劳动合同签订、续签、终止、解除审批表》中用人单位审批意见栏均为空白，难以体现用人单位同意续签劳动合同。沈某未能提供充分的证据证明其主张，故对该上诉理由，法院不予采纳。鉴于沈某与用人单位的劳动合同到期后，未能与用人单位协商一致续签合同，故用人单位到期终止与沈某的劳动合同于法有据。

案例分析

本案中，劳动者与公司连续签订了两次固定期限劳动合同，最后一份劳动合同到期后，公司决定不续签，而员工认为其应当续签无固定期限劳动合同。员工认为公司提交的《上海景苑会务服务有限公司员工劳动合同签订、续签、终止、解除审批表》就表明了公司的续签意愿，法院则认为该表格中，公司意见栏并没有公司方面的签名盖章，不能表现出公司的续签意愿。因此，在公司一方没有表明愿意续签的情况下，劳动者要求续签无固定期限劳动合同是不被支持的。

由此可见，该案审理法院认为只有在双方，尤其是用人单位一方表达了续签意愿的情况下，劳动者提出续签无固定期限劳动合同，用人单位才必须续签无固定期限合同。目前上海地区相对普遍采取此种观点。

在实践中，用人单位应当注意，对于连续两次签订固定期限劳动合同的员工，如果公司不打算续签无固定期限劳动合同，那么应当提前准备劳动合同续签或终止方案，并且及时与劳动者就续签问题达成一致。

如果用人单位决定不续签，那么用人单位应当直接将不续签结果告知劳动者，不能向员工表达续签的意愿。如果用人单位希望续签固定期限劳动合同，那么建议在双方协商过程中不要给员工留下任何可能表达公司续签意向的证据，包括纸质文件、电子邮件、聊天记录、录音录像等。否则，员工一旦获取了这些证据，就可以说明用人单位有续签劳动合同的意向，可能以此为由要求与用人单位签订无固定期限劳动合同，届时用人单位就丧失了不续签无固定期限劳动合同的主动权。

我们再来看一看江苏地区裁判口径：

根据《劳动合同法》第 14 条第 2 款第 3 项的规定，连续订立两次固定期限劳动合同，且劳动者没有《劳动合同法》第 39 条和第 40 条第 1 项、第 2 项规定的情形，劳动者提出或者同意续订、订立劳动合同的，除劳动者提出订立固定期限劳动合同外，应当订立无固定期限劳动合同。无固定期限劳动合同的规定是为工龄更长的员工提供的特别保护，工龄越长，与用人单位的联系越紧密，被动失去工作给劳动者带来的伤害可能更大。

对于连续两次签订固定期限劳动合同后，劳动者提出续签无固定期限劳动合同，用人单位是否必须续签无固定期限劳动合同，上海地区的裁判口径比较灵活，用人单位在是否续签无固定期限劳动合同问题上有一定的自主选择权。而其他地区的裁判口径普遍认为，符合上述法律规定的情况下，用人单位应当续签无固定期限劳动合同。比如江苏地区就采取了比较严格的口径，并且《江苏省劳动合同条例》第 18 条还规定，在《劳动合同法》实施后，用人单位与劳动者连续订立了两次固定期限劳动合同，且劳动者没有《劳动合同法》第 39 条和第 40 条第 1 项、第 2 项规定情形的，用人单位应当在第二次劳动合同期满 30 日前，书面告知劳动者可以订立无固定期限劳动合同。

劳动者在用人单位连续工作满 10 年的，用人单位应当在劳动合同期满 30 日前，书面告知劳动者可以订立无固定期限劳动合同。

由上述规定可知，江苏地区用人单位必须在劳动者符合续签无固定期限劳动合同的条件时，提前30日书面告知其续签无固定期限劳动合同的权利。如果用人单位没有履行书面告知义务，导致双方没有续签无固定期限合同的，用人单位可能需要承担相应的不利后果。

《江苏省劳动合同条例》第19条还规定，劳动合同期满前，符合订立无固定期限劳动合同条件的劳动者未书面提出订立固定期限劳动合同，也未书面提出终止劳动合同，劳动合同期满后继续在用人单位工作的，视为劳动者同意与用人单位订立无固定期限劳动合同。

典型案例55[①]

案情简介

廖某于2013年3月进入C公司工作，双方签订了两次书面劳动合同，最近一次劳动合同的签订时间为2015年2月11日，合同期限为2015年1月1日至12月31日，职务为工程部副经理。2013年6月至2016年1月C公司为廖某缴纳了城镇职工社会保险。

2016年1月31日，C公司向廖某发出《终止劳动合同通知书》："经公司研究决定，在您与公司当前履行的劳动合同到期后，不再与您续签。由于您与公司当前履行的劳动合同有效期截至2015年12月31日，请您于2016年1月31日前将离职手续办理完毕，并到公司行政部结算工资……"2016年2月5日，C公司支付廖某10,000元。廖某将C公司诉至劳动争议仲裁委员会，后又经历一审、二审。

裁判意见

本案中，当事人双方已连续订立两次书面劳动合同，在第二次劳动合同

① （2017）苏05民终2474号、2475号。

到期前，C 公司未按照《江苏省劳动合同条例》第 18 条之规定，于合同期满 30 日前书面告知廖某可以订立无固定期限劳动合同；且合同期满后，廖某继续在该公司工作，也未书面提出终止劳动合同，故根据《江苏省劳动合同条例》第 19 条之规定，应视为廖某同意与 C 公司订立无固定期限劳动合同。因此，C 公司此时以第二次劳动合同期满为由与被上诉人解除劳动关系不符合法律规定，一审法院据此认定公司应支付违法解除赔偿金并无不当。

案例分析

（1）劳动合同到期后未续签新的劳动合同，视为订立无固定期限劳动合同

本案中，劳动者合同到期用人单位没有提前 30 日通知其可以续签无固定期限劳动合同，且到期后劳动者继续在该用人单位工作。法院认为，应当视为劳动者同意与用人单位订立无固定期限劳动合同，用人单位提出到期终止系违法解除。

由此可见，江苏地区对于续签无固定期限劳动合同的要求比较严格，用人单位应当做好员工合同续签的管理工作，在劳动合同到期前及时与劳动者商量续签事宜，对于可以续签无固定期限劳动合同的，还应当提前 30 日书面通知。

（2）符合签订无固定期限劳动合同的条件但是签订了固定期限劳动合同

假如劳动者符合签订无固定期限劳动合同的条件，但是与用人单位协商一致签订了固定期限劳动合同，只要签订该固定期限劳动合同系劳动者的真实意思表示，那么该固定期限劳动合同仍然是有效的，双方应当履行新的劳动合同。然而在该份固定期限劳动合同到期后，劳动者仍然可以向用人单位主张下一份劳动合同应当继续签订无固定期限劳动合同。

54. 员工在本单位工龄满 10 年用人单位能否终止劳动合同

根据《劳动合同法》第 14 条第 2 款第 1 项的规定，劳动者在用人单位连

续工作满10年的，劳动者提出续订无固定期限劳动合同的，用人单位应当续订无固定期限劳动合同。但如果双方协商一致，也可以终止劳动合同或续订固定期限劳动合同。

在实践中，劳动者在本单位工龄满10年之后，继续和用人单位签订了一份固定期限劳动合同，该固定期限劳动合同到期后，又主张用人单位应当续订无固定期限劳动合同。这种情况下能否获得支持，各地裁判口径不一。

上海市高级人民法院在《关于适用〈劳动合同法〉若干问题的意见》中明确："劳动者符合签订无固定期限劳动合同的条件，但与用人单位签订固定期限劳动合同的，根据《劳动合同法》第十四条及《实施条例》第十一条的规定，该固定期限劳动合同对双方当事人具有约束力。合同期满时，该合同自然终止。"

根据这一规定，在上海地区，如果劳动者在工龄满10年时没有要求签订无固定期限劳动合同，而是签订了固定期限劳动合同，那么在该固定期限劳动合同到期后，劳动者就不能再要求签订无固定期限劳动合同了。

典型案例56[①]

案情简介

原告孙某于2002年11月14日入职被告科技公司，双方先后签订多份劳动合同。2015年6月还签订了期限为2015年6月30日至2018年6月29日的劳动合同。2018年6月26日原告收到被告出具的"劳动合同到期通知书"，被告于2018年7月3日以银行转账方式支付原告终止劳动合同经济补偿金108,000元。原告认为其符合签订无固定期限劳动合同的条件，被告系违法终止劳动合同。原告遂提起仲裁，后因不服仲裁裁决，诉至一审法院。

① （2018）沪0115民初76005号。

裁判意见

法院认为，劳动者符合签订无固定期限劳动合同条件，但与用人单位签订固定期限劳动合同的，该固定期限劳动合同对双方当事人具有约束力，合同期满时，该合同自然终止。原告在被告处工作满 10 年后，双方续签了固定期限劳动合同，该固定期限劳动合同对双方均有约束力。原、被告签订的劳动合同于 2018 年 6 月 29 日期满，被告于该劳动合同期满时并未表示愿意与原告续签劳动合同，故原、被告劳动合同于 2018 年 6 月 29 日期满终止。因此，原告主张被告未应其要求签订无固定期限劳动合同属于违法终止劳动合同，缺乏法律依据。

案例分析

本案中，该劳动者在用人单位工作满 10 年之后，并未提出续签无固定期限劳动合同，而是继续签订固定期限劳动合同。在最后一份固定期限劳动合同到期后，用人单位终止了劳动关系，劳动者主张用人单位违法终止，法院不予支持。

从本案裁判意见可以看出，法院的裁判意见符合上海市高级人民法院《关于适用〈劳动合同法〉若干问题的意见》中的规定。也就是说，劳动者在其工龄满 10 年，符合应当签订无固定期限劳动合同的时候没有提出签订无固定期限劳动合同，而是继续签订了固定期限劳动合同，那么就视为他放弃了续签无固定期限劳动合同的权利，此后再要求续签无固定期限劳动合同，将不会获得支持。

55. 工会委员任期未满，能否到期终止劳动合同

工会是职工自发组成的工人阶级的群体组织，工会代表的是员工群体的共同利益，在用人单位中，工会组织是为员工发声、主张权利的重要组织，在制定公司规章制度、解除劳动合同、员工福利保障等方面起着重要的作用。工会成员通常是由本单位的职工担任的，工会组织的活动需要遵守相关法律

法规的规定。

工会的主席、副主席或者委员都需要经过选举产生，并且在任期内应当充分履行其职责。由于用人单位的工会主席、副主席、委员等人，均是由本单位职工担任的，其劳动合同期限和工会职务任期可能存在不一致，当未履行的劳动合同期限短于工会任期的，用人单位还能否到期终止劳动合同?

为了保障员工能够充分履行工会职责，《工会法》第 19 条规定，基层工会专职主席、副主席或者工会委员自任职之日起，其劳动合同期限自动延长，延长期限相当于其任职期间；非专职主席、副主席或者委员自任职之日起，其尚未履行的劳动合同期限短于任期的，劳动合同期限自动延长至任期期满。但是，任职期间个人严重过失或者达到法定退休年龄的除外。

最高人民法院《关于在民事审判工作中适用〈中华人民共和国工会法〉若干问题的解释》第 2 条规定，《工会法》第 18 条规定的“个人严重过失”，是指具有《劳动法》第 25 条[①]第 2 项、第 3 项或者第 4 项规定的情形。这些情形包括：严重违反劳动纪律或者用人单位规章制度的；严重失职，营私舞弊，对用人单位利益造成重大损害的；被依法追究刑事责任的。

典型案例 57[②]

案情简介

刘某系公司员工，双方签订的最后一份劳动合同期限为 2020 年 2 月 1 日至 2021 年 1 月 31 日，约定刘某担任厂长职务。2021 年 1 月 31 日，公司向刘某发出终止劳动合同通知书，内容为：刘某，你的劳动合同终止日期为 2021 年 1 月 31 日。由于市场大环境等原因，现经董事会决定，你的劳动合同到期

① 《劳动法》第 25 条规定，劳动者有下列情形之一的，用人单位可以解除劳动合同：(1) 在试用期间被证明不符合录用条件的；(2) 严重违反劳动纪律或者用人单位规章制度的；(3) 严重失职，营私舞弊，对用人单位利益造成重大损害的；(4) 被依法追究刑事责任的。

② (2021) 沪 02 民终 11847 号。

后，公司将不再与你续签，公司将按照劳动合同法规定支付你终止劳动合同的经济补偿金。

2010 年 5 月 18 日，公司向青浦区练塘镇总工会报送组建工会的请示，请求批准成立工会组织，工会委员会由刘某等三人组成，由刘某担任主席。青浦区练塘镇总工会于 2010 年 5 月 20 日作出批复，同意公司的上述请示，并载明该届工会委员会任期为三年。任期届满后，公司未选举新的工会委员会。

后刘某提起劳动仲裁，该案进入了一审、二审。

裁判意见

刘某主张其作为工会主席，劳动合同到期后应该自动顺延。根据法律规定，非专职工会主席自任职之日起，其尚未履行的劳动合同期限短于任期的，劳动合同期限自动延长至任期期满。刘某作为工会主席，任期为 2010 年至 2013 年，即便之后公司未选举产生新的工会委员会，刘某的任期亦已届满，不存在顺延的情况。故双方劳动合同于 2021 年 1 月 31 日到期时，刘某已不再作为公司工会主席，公司以合同到期为由终止劳动合同并无不当。综上，对刘某要求公司支付违法终止劳动合同赔偿金的诉讼请求，法院不予支持。

案例分析

（1）工会主席、副主席、委员任期内劳动合同自动延长

本案中，劳动者主张其为工会主席，用人单位到期终止劳动合同的行为系违法终止。然而其虽然曾经担任过工会主席，但是任期届满后，并未继续担任主席，公司虽然没有选任新的工会主席，但是并不意味着该劳动者仍然是工会主席，因此用人单位依法终止劳动合同并无不当。

本案劳动者的主张虽然没有得到支持，但法院不予支持的理由是其任期已经届满。换言之，如果劳动者担任工会主席，并且任期没有届满，而劳动合同期限届满了，用人单位到期终止劳动合同则是违法终止，届时可能需要承担违法终止的后果。

（2）员工参加工会活动的法律保护

劳动者参加工会活动的权利受到法律保护，最高人民法院《关于在民事审判工作中适用〈中华人民共和国工会法〉若干问题的解释》第6条规定，根据《工会法》第52条的规定，人民法院审理涉及职工和工会工作人员因参加工会活动或者履行《工会法》规定的职责而被解除劳动合同的劳动争议案件，可以根据当事人的请求裁判用人单位恢复其工作，并补发被解除劳动合同期间应得的报酬；或者根据当事人的请求裁判用人单位给予本人年收入二倍的赔偿，并根据《劳动合同法》第46条、第47条的规定给予解除劳动合同时的经济补偿。

由此可见，如果用人单位因劳动者参加工会活动或者履行《工会法》规定的职责解除劳动合同，当事人可以请求恢复劳动关系并且补发解除劳动合同期间的劳动报酬，或者可以要求按照本人年收入二倍的标准支付赔偿，并且要求支付解除劳动合同的经济补偿金。因此，用人单位应当充分保障劳动者参加工会活动的权利。

56. 劳动合同到期自动顺延条款的效力

根据《劳动合同法》① 的规定，用人单位必须与劳动者签订书面劳动合同，否则要承担相应的责任。部分用人单位为了减少流程和手续，也为了防止因疏忽没有及时续签劳动合同，而在劳动合同中约定自动顺延条款。比如，“本合同到期后，如双方均没有提出不续签的，则劳动合同自动顺延一年”。有的劳动者认为，用人单位该行为是规避其签订书面劳动合同的义务，应当支付未签书面劳动合同期间的二倍工资待遇。那么实践中，劳动合同自动顺延的条款是否有效呢？

---

① 《劳动合同法》第82条规定，用人单位自用工之日起超过一个月不满一年未与劳动者订立书面劳动合同的，应当向劳动者每月支付二倍的工资。用人单位违反本法规定不与劳动者订立无固定期限劳动合同的，自应当订立无固定期限劳动合同之日起向劳动者每月支付二倍的工资。

典型案例58[①]

案情简介

原、被告签订的劳动合同内载："……第一条甲（被告）、乙（原告）双方选择合同类型为固定期限合同。合同期自2019年4月1日起至2020年3月31日止，共12个月。第二条合同期满后，双方同意均继续履行的，合同自动顺延1年；达到无固定期限合同条件的，自动转为无固定期限合同。双方需重新签署劳动合同的，在合同到期前的三十天内订立……"后原告先行提起劳动仲裁，后又诉至一审法院。

裁判意见

法院认为，原、被告签订的期限至2020年3月31日之劳动合同中明确约定，该合同期限届满后，双方同意均继续履行的，合同自动顺延一年。该约定清晰明确，未违背法律强制性规定，原告亦未举证证明该合同系在受到欺诈、强迫等违背其个人真实意愿之情况下签订，故该约定对双方当事人具有约束力。在前述合同期限届满后，双方均继续按照合同履行，则按照约定合同自动顺延一年。原告该项诉请期间包含于合同顺延期间，故要求被告支付其未签劳动合同双倍工资差额无依据，法院对此不予支持。

案例分析

（1）劳动合同自动顺延条款具有法律效力

本案中，用人单位与劳动者在劳动合同中约定了劳动合同到期自动顺延一年的条款，法院认为该约定并不违背法律强制性规定，且是双方真实意愿下签订的，应当对双方具有约束力，因此劳动者要求用人单位支付其未签劳

---

① （2021）沪0112民初19159号。

动合同双倍工资差额没有法律依据。

由此可见，劳动合同自动顺延条款在司法实践中是有操作空间的，用人单位可以和劳动者约定自动顺延条款。

（2）自动顺延条款的风险

需要注意的是，自动顺延条款为用人单位提供方便的同时也带来了法律风险。假如用人单位不想与劳动者续签劳动合同，但是由于疏忽未能在劳动合同到期前通知劳动者不再续签，那么届时根据约定劳动合同已经自动顺延了一年，用人单位就不能再到期终止劳动合同了。此外，劳动合同文本如果长期没有更新，双方关于劳动合同约定的工资、工作岗位、工作时间等事项发生变更的，由于没有书面的文本予以确认，将来也可能会产生劳动争议，用人单位和劳动者在劳动合同中约定自动顺延条款时往往难以考虑到之后劳动合同条款变更的情况。

因此，用人单位在劳动合同中约定自动顺延条款的，仍然应当注意做好劳动合同续签管理，对于不需要续签的劳动合同，应当在到期前及时告知劳动者不再续签的决定。对于已经根据约定自动顺延的劳动合同，建议在下一次劳动合同到期后双方重新签订劳动合同文本，以避免因年限较长，劳动合同条款有较大变化时未及时变更。

第二节　达到法定退休年龄劳动合同终止

57. 达到法定退休年龄能否终止劳动合同

劳动者达到法定退休年龄与依法领取养老保险待遇并非同一时间，养老保险待遇的领取以依法缴纳养老保险且符合领取养老保险待遇为前提。实践中存在一部分劳动者未曾缴纳过养老保险或缴纳养老保险累计不满 15 年，不符合领取养老保险待遇的条件。此外，即使劳动者缴纳了养老保险并且符合领取养老保险的条件，由于领取养老保险有一定的手续要求，劳动者的法定退休年龄与领取养老保险待遇的时间仍然并不相同。

根据《劳动合同法》第 44 条[①]的规定，劳动者依法享受养老保险待遇的，劳动合同终止。根据《劳动合同法实施条例》第 21 条的规定，劳动者达到法定退休年龄的，劳动合同终止。

由此可知，劳动者达到法定退休年龄与依法领取养老保险待遇均可以作为劳动合同终止的事由。而实践中，达到法定退休年龄的时间往往早于依法领取养老保险待遇的时间，那么用人单位与劳动者终止劳动合同应当以法定退休年龄为准还是以依法领取养老保险待遇为准，实践中经常存在争议。

典型案例 59[②]

案情简介

周某于 2017 年 4 月 17 日入职 A 公司，双方签订期限为 2018 年 7 月 1 日至 2021 年 6 月 30 日的劳动合同。2020 年 9 月 21 日，A 公司向周某发出终止劳动合同通知，以周某于 2020 年 10 月 12 日达到法定退休年龄为由，于 2020 年 10 月 12 日终止与周某的劳动合同。2020 年 9 月 29 日，周某回复称，经向人社部门咨询退休事宜，人社部门告知其未到退休年龄无法办理。故周某不同意离职。2020 年 10 月 12 日，A 公司为周某办理社会保险关系转出手续。

裁判意见

根据《劳动合同法》的规定，劳动者开始依法享受基本养老保险待遇的，劳动合同终止。另根据《劳动合同法实施条例》的规定，劳动者达到法

① 《劳动合同法》第 44 条规定，有下列情形之一的，劳动合同终止：（1）劳动合同期满的；（2）劳动者开始依法享受基本养老保险待遇的；（3）劳动者死亡，或者被人民法院宣告死亡或者宣告失踪的；（4）用人单位被依法宣告破产的；（5）用人单位被吊销营业执照、责令关闭、撤销或者用人单位决定提前解散的；（6）法律、行政法规规定的其他情形。

② （2022）沪 02 民终 252 号。

定退休年龄的，劳动合同终止。达到法定退休年龄是否可以终止劳动合同，应当对相关情形作实质审查，对于达到法定退休年龄，但是非因用人单位原因不能享受基本养老保险待遇的，可以终止劳动关系。本案中，周某于1970年10月12日出生，于2020年10月12日达到法定退休年龄。A公司于2020年9月21日向周某出具终止劳动合同通知，以周某即将达到法定退休年龄为由，终止其与A公司的劳动合同。对此，周某表示其社会保险费未缴满15年，即使缴满15年，也无法办理退休手续，故不同意离职，经过与相关管理人员万某沟通，万某同意周某照常打卡工作，周某2020年10月12日之后也照常在原工作岗位、工作地点按照原工作模式上班。A公司虽未明确作出撤回终止劳动合同的意思表示，但以实际行为允许周某继续提供劳动，延续原考勤及排班方式对周某进行用工管理。根据有关规定，对于达到法定退休年龄，用人单位又未与其解除劳动合同继续留用，未办理退休手续的，按劳动关系处理。由此表明，双方劳动关系于2020年10月12日之后仍存续。2020年11月11日，A公司告知周某双方劳动合同因周某达到退休年龄终止，并关闭周某的打卡通道，表明A公司明确以周某已达到法定退休年龄为由与周某终止劳动合同，并拒绝周某提供劳动。解除权为形成权，解除的意思表示到达相对人即生效，故双方劳动合同于2020年11月11日终止。周某于2017年4月入职A公司，周某因其自身原因无法办理退休手续并享受养老保险待遇，故A公司可以周某达到法定退休年龄为由终止双方劳动合同，相关法律法规并未规定用人单位负有支付终止劳动合同经济补偿金的义务，A公司亦不存在违法终止劳动合同的情形。因此，A公司要求不予支付周某终止劳动合同经济补偿金的请求，于法有据，予以支持。周某要求A公司支付违法解除劳动合同赔偿金的请求，不予支持。

案例分析

（1）劳动者因个人原因无法领取养老保险待遇

本案中，该劳动者于2020年10月12日达到法定退休年龄，用人单位未立即与其解除劳动关系，而是仍然继续用工。2020 年 11 月 11 日，A 公司告知周某双方劳动合同因周某达到退休年龄而终止，周某因其自身原因无法办理退休手续并享受养老保险待遇。因此，法院认为 A 公司可以以周某达到法定退休年龄为由终止双方劳动合同。

根据本案法院裁判意见，达到法定退休年龄是否可以终止劳动合同，应当对相关情形作实质审查，对于达到法定退休年龄，但是非因用人单位原因不能享受基本养老保险待遇的，可以终止劳动关系。

（2）合规建议

本案中该劳动者属于因为个人原因无法领取养老保险待遇，因此其达到法定退休年龄后用人单位即可根据《劳动合同法实施条例》的规定终止劳动合同。然而，对于符合养老保险待遇领取条件的劳动者，用人单位是否应当等到其领取养老保险待遇之后再终止劳动合同呢？

实践中普遍认为，《劳动合同法》与《劳动合同法实施条例》的规定并不冲突，不存在优先适用的问题，依法领取养老保险待遇与达到法定退休年龄均可以作为终止劳动合同的理由，用人单位可以选择在劳动者达到法定退休年龄时终止劳动合同。一般而言，如果用人单位与劳动者依法缴纳了养老保险，劳动者也符合领取养老保险待遇的条件的，其法定退休年龄与依法领取养老保险待遇的期限不会相差太远，用人单位也可以酌情考虑等到该劳动者领取养老保险待遇之时再终止劳动关系。

58. 外籍员工达到中国的法定退休年龄，用人单位能否终止劳动合同

随着我国经济快速发展，越来越多的外籍人员进入我国劳动力市场，并且已有一部分外籍劳动者达到了我国的法定退休年龄。然而外籍员工与我国本国劳动者在适用法律与政策上存在诸多差异，关于外籍员工退休年龄的问题，我国劳动法没有明确规定。

《劳动合同法实施条例》第 21 条规定："劳动者达到法定退休年龄的，劳动合同终止。"由此可见，达到法定退休年龄是劳动合同合法终止的事由

之一。根据我国关于法定退休年龄的规定，男性退休年龄是60周岁，女职工退休年龄是50周岁，女干部退休年龄是55周岁。我国劳动者达到上述退休年龄的，用人单位可以合法终止劳动合同，并且不需要支付经济补偿金。然而，对于在我国就业的外国人，达到上述年龄的，用人单位能否以其达到法定退休年龄为由终止劳动合同呢？

典型案例60[①]

案情简介

2011年8月16日，胡某入职公司工作，岗位为数据管理总监，在职期间，双方签订过劳动合同书，并续订合同至2020年8月15日。2018年4月10日，公司通过电子邮件通知胡某退休并终止劳动关系。胡某为公司正常提供劳动至2018年4月16日，此后双方办理了工作交接手续。经核实，胡某于2018年4月16日年满60周岁；胡某在职期间，公司均为其办理了就业证，有效期至2018年5月11日。

2018年4月9日，胡某向北京市海淀区劳动人事争议仲裁委员会（以下简称仲裁委）申请劳动仲裁，要求公司撤回退休通知。后仲裁委出具了京海劳人仲审字［18］第323号不予受理案件通知书，决定不予受理，胡某对此不服，诉至法院。

裁判意见

法院认为，根据《劳动合同法实施条例》第21条的规定，劳动者达到法定退休年龄的，劳动合同终止。本案中，胡某于2018年4月16日年满60周岁，达到法定退休年龄，故公司主张该公司与胡某之间的劳动合同于2018年4月16日终止，具有法律依据。原《民法总则》第12条规定，中华人民

① （2018）京01民终6371号。

共和国领域内的民事活动，适用中华人民共和国法律。本案中，双方之间的劳动合同订立、履行及终止的民事活动，属于中华人民共和国领域内的民事活动，胡某主张以加拿大的法定退休年龄认定双方劳动合同终止时间，缺乏法律依据。综上，胡某主张双方劳动合同并未终止并据此要求撤回公司作出的退休通知的上诉请求，缺乏法律依据，法院不予支持。

案例分析

本案中该劳动者系外籍人士，用人单位在其年满60周岁时与其终止了劳动关系，该劳动者认为其系加拿大人，不应当适用中国的法定退休年龄，因此主张双方劳动合同并未终止。法院认为用人单位依据《劳动合同法实施条例》第21条的规定与该外籍劳动者终止劳动合同是具有法律依据的。也就是说，法院认可外籍劳动者应当适用我国的法定退休年龄。

目前，北京地区司法实践中比较倾向于采取上述观点。然而，由于我国目前关于外籍劳动者退休年龄问题尚无明确规定，不同地区之间的裁判观点可能存在较大差异，具体应当结合当地的裁判口径操作。外籍劳动者在中国就业需要办理就业证，就业证的有效期限也会影响司法机关的判断。在实践中，也有观点认为，如果用人单位在签订劳动合同及办理就业证时已经预见到该劳动者在劳动合同期限内可能达到法定退休年龄，那么就不应当随意以“达到法定退休年龄”为由终止劳动合同，完全可以在签订劳动合同时控制劳动合同期限。

59. 女职工法定退休年龄应当如何认定

1978年国务院《关于安置老弱病残干部的暂行办法》[①] 和国务院《关于

---

① 国务院《关于安置老弱病残干部的暂行办法》第4条规定，党政机关、群众团体、企业、事业单位的干部，符合下列条件之一的，都可以退休。(1) 男年满60周岁，女年满55周岁，参加革命工作年限满10年的；(2) 男年满50周岁，女年满45周岁，参加革命工作年限满10年，经过医院证明完全丧失工作能力的；(3) 因公致残，经过医院证明完全丧失工作能力的。

工人退休、退职的暂行办法》[①] 对企业职工退休年龄规定为“男年满60周岁，女工人年满50周岁，女干部年满55周岁”。

2001年《关于深化国有企业内部人事、劳动、分配制度改革的意见》明确指出，取消企业行政级别。企业不再套用政府机关的行政级别，管理人员不再享有国家机关公务员的行政级别待遇。打破传统的“干部”和“工人”之间的界限，变身份管理为岗位管理。在管理岗位工作的即为管理人员。岗位发生变动后，其收入和其他待遇要按照新的岗位相应调整。

1996年上海市社会保险管理局《关于审核上海市企业职工办理退休退职手续若干问题的规定》规定：（1）凡男职工年满60周岁、女职工年满50周岁（从事管理和技术岗位工作的年满55周岁），并已符合退休（职）条件的（下同），可按有关规定办理退休、退职手续。（2）女职工原从事管理和技术岗位工作，后因合同期满或其他工作需要又改为从事生产服务工作岗位的，经单位出具有关证明后，可按其实际从事的岗位核定退休、退职年龄。

由上述规定可知，女性退休年龄有50周岁与55周岁之分。根据上海市的规定，女职工的法定退休年龄为50周岁，从事管理和技术岗位工作的女职工退休年龄为55周岁。根据《劳动合同法实施条例》的规定，劳动者达到法定退休年龄的，用人单位可以终止劳动合同。因此，女职工的退休年龄与劳动合同的合法终止息息相关，应当55周岁退休的女职工，用人单位就不能在其50周岁时终止劳动合同，否则可能构成违法终止。在实践中，因女职工的退休年龄产生争议的案件层出不穷。而且目前退休年龄延后的制度也基本呼之欲出。

---

① 国务院《关于工人退休、退职的暂行办法》第1条规定，全民所有制企业、事业单位和党政机关、群众团体的工人，符合下列条件之一的，应该退休。（1）男年满60周岁，女年满50周岁，连续工龄满10年的。（2）从事井下、高空、高温、特别繁重体力劳动或者其他有害身体健康的工作，男年满55周岁、女年满45周岁，连续工龄满10年的。本项规定也适用于工作条件与工人相同的基层干部。（3）男年满50周岁，女年满45周岁，连续工龄满10年，由医院证明，并经劳动鉴定委员会确认，完全丧失劳动能力的。（4）因工致残，由医院证明，并经劳动鉴定委员会确认，完全丧失劳动能力的。

在上海地区的司法实践中，对于女职工的法定退休年龄引发的争议，一种裁判意见认为法定退休年龄的判断不属于劳动争议的受理范围，对于劳动者基于此主张用人单位违法终止劳动合同的，依法不予处理。而另一种裁判意见则认为应当对此进行实体审理，用人单位需要对系争岗位是否属于管理岗或技术岗承担举证责任。

典型案例61[①]

案情简介

2012年4月1日宋某由A公司派遣至B公司工作，2013年2月1日起宋某直接与B公司建立劳动关系，双方签订有多份劳动合同，最后一份为2017年2月1日起的无固定期限劳动合同，约定宋某为工程部经理。

2018年3月22日，B公司向宋某出具《退休通知书》，主要内容为："您于2012年4月1日入职B工业系统（中国）有限公司上海分公司（以下简称公司)。2018年3月23日，您将达到法定退休年龄50周岁。根据《劳动合同法实施条例》第二十一条劳动者达到法定退休年龄的，劳动合同终止及国家和上海市的其他相关规定，现通知，您与公司的劳动合同于2018年3月23日终止，2018年3月23日为您的最后工作日（'终止日'）。请于2018年3月23日至公司办理离职手续，公司将按照政策结算及发放您截止终止日的薪金，并按照中国法律要求代扣代缴个人所得税。"双方劳动合同于2018年3月23日解除。

宋某不同意B公司的前述通知书，提起仲裁，后又诉至法院。

裁判意见

鉴于现行政策及相关法律，女职工的退休年龄与其所从事的岗位及身份

① （2019）沪0104民初13692号。

密切相关，故本案实质争议系宋某之岗位是否为管理或者技术岗位，而该争议不属于劳动争议的受理范围，故宋某基于岗位及身份而要求B公司支付违法解除劳动合同的赔偿金的诉讼请求，法院依法不予处理。宋某要求B公司支付未报销的差旅费产生的利息损失，缺乏法律依据，法院不予支持。

典型案例62[①]

案情简介

顾某系外省市户籍来沪从业人员，在某学校任职教师，双方签订的最后一份合同系期限自2010年7月1日起的无固定期限聘用合同。

2020年9月8日，某学校出具顾某的员工退休通知书，内载“经您个人人事资料显示，现已达退休年龄（目前我国法律规定正常退休年龄为男年满60周岁、女年满50周岁）劳动合同有效期限您于2020年9月19日达到国家法定退休年龄，届时您与我单位的劳动合同将自行终止……”顾某最后工作至2020年9月30日，双方确认劳动关系于该日终结。

《某学校教职工退休管理条例》有如下规定：“退休年龄：根据法律规定，国家法定的企业职工退休年龄，是指国家法律规定的正常退休年龄，即：男年满60周岁，女工人年满50周岁，女干部年满55周岁。学校终止为其缴纳社保（具有小学高级职称及以上职称的女教师可视工作情况予以适当延长）。”

裁判意见

二审法院认为，关于争议焦点一，一审法院已就某学校不构成违法解除之缘由，做了详尽阐释。某学校作为民办非企业单位，与顾某之间系建立劳动关系。《劳动合同法实施条例》第21条有关劳动者达到法定退休年龄的，劳动合同终止之规定，可成为某学校与顾某终止劳动合同之依据。对于双方

① （2022）沪01民终5226号。

争议的顾某法定退休年龄，某学校提供的《某学校教职工退休管理条例》、顾某的聘任表可佐证某学校所持顾某法定退休年龄为50周岁之主张。顾某虽主张其应该55周岁退休，但所称的人社部相关文件内容，所持教师资格证书、荣誉证书，难以成为该主张成立的充足依据。顾某以其与某学校之间的无固定期限劳动合同签订于2010年，而《某学校教职工退休管理条例》方通过为由，要求实行老人老办法，55周岁退休，亦缺乏依据，法院实难采纳。

案例分析

案例一中，劳动争议仲裁委员会采取第一种裁判观点，认为女职工的退休年龄不属于劳动争议的受理范围，对此不予处理。即使用人单位与该劳动者最后一份劳动合同中约定宋某为工程部经理，按照规定应当适用55周岁的退休年龄，而用人单位在其50周岁时终止了其劳动合同。案例二中，法院则对劳动者的退休年龄进行了实体审理，依据用人单位制定的职工退休管理条例认定该劳动者属于50周岁退休的人员，用人单位终止劳动合同符合法律规定。

由此可知，在上海地区，对于女职工的退休年龄，倾向于尊重企业的自主管理权。用人单位应当完善内部退休制度，可以通过制定相关规则，明确哪些岗位属于普通岗位，哪些岗位属于管理岗位、技术岗位。合理的退休制度在产生争议时可以作为依据，以说明劳动者应当适用何种退休年龄。对于年龄较大的女职工，用人单位在与其签订劳动合同，尤其是最后一份劳动合同时，可以明确约定该岗位属于何种性质的岗位，应当适用哪种退休年龄。但是用人单位仍然要注意行使自主管理权应当遵循合理的原则，不能对明显应当属于管理、技术岗位的，强行认定为普通岗位，否则也会存在法律风险。

第三节　劳动合同终止的通知与费用

60. 劳动合同到期终止是否需要提前30日通知

《劳动合同法》第40条规定，依据本条的理由解除劳动合同的，用人单位应当提前30日通知，或者不提前30日通知但是额外支付劳动者一个月工资的代通知金。该规定的目的在于充分保障劳动者权利，给劳动者解除劳动合同预留一个缓冲期限，尽可能降低被解除劳动合同给劳动者带来的不利影响。然而，除依据《劳动合同法》第40条规定的事由解除劳动合同需要提前通知之外，《劳动合同法》并没有对其他情形下解除或终止劳动合同作出提前通知的要求。

劳动合同到期的，劳动者没有其他应当顺延劳动合同的法定情形或应当续签无固定期限劳动合同的情形的，用人单位可以单方通知劳动者到期不再续签劳动合同。在实践中，部分用人单位会在劳动合同到期前几天，甚至到期前最后一天突然告知劳动者不再续签劳动合同，要求立即终止劳动关系，劳动者对到期终止没有心理预期，也来不及寻找新的用人单位，用人单位这种做法无疑会直接影响到劳动者的利益。到期终止劳动合同是否需要提前30日通知，实践中存在两种不同的观点。

一种观点认为，《劳动合同法》并没有规定到期终止需要提前通知，因此用人单位在劳动合同到期前的任一时间告知劳动者不续签劳动合同的决定都是合法的。要求用人单位提前30日通知或者支付代通知金，是没有法律依据的。

另一种观点则认为，到期终止应当提前通知，并且部分地区还颁布了地方性法规，要求用人单位劳动合同到期应当提前30日通知，然而其中大多数地区没有对违反此规定制定相应的处罚规则。但是，北京地区对劳动合同到期用人单位决定不续签作出了提前30日通知的要求，并且还制定了明确的处罚规定。

《北京市劳动合同规定》第40条规定，劳动合同期限届满前，用人单位应当提前30日将终止或者续订劳动合同意向以书面形式通知劳动者，经协商办理终止或者续订劳动合同手续。《北京市劳动合同规定》第47条规定，用人单位违反本规定第四十条规定，终止劳动合同未提前30日通知劳动者的，以劳动者上月日平均工资为标准，每延迟1日支付劳动者1日工资的赔偿金。

典型案例63[①]

案情简介

2016年9月7日，原告与被告签订《劳动合同书》，约定原告在被告物业部门担任电工，合同为固定期限，自2016年8月29日起至2019年8月28日止。2019年8月27日，被告出具《终止劳动关系通知书》，通知原告合同到期终止劳动关系，并按法律规定给予相应的经济补偿金。原告于2019年8月28日签收。后劳动者提起劳动仲裁，此案又进入了一审。

裁判意见

法院认为，劳动合同期限届满前，用人单位应当提前30日将终止或者续订劳动合同意向以书面形式通知劳动者，经协商办理终止或者续订劳动合同手续。用人单位违反上述规定，终止劳动合同未提前30日通知劳动者的，以劳动者上月日平均工资为标准，每延迟1日支付劳动者1日工资的赔偿金。双方合同于2019年8月28日到期，被告于2019年8月28日向原告送达《终止劳动关系通知书》，未提前30日通知，故原告要求被告支付未提前30日通知解除劳动关系的一个月工资的请求于法有据，法院予以支持。

---

① （2020）京0105民初53123号。

案例分析

本案中，用人单位到期终止劳动合同没有提前30日书面告知，劳动者主张支付一个月工资的代通知金，法院予以支持。因此，北京地区的用人单位应当格外注意，到期终止劳动合同的，应当履行提前30日且书面通知的义务，否则将承担支付代通知金的责任。这里的代通知金是按日计算的，假如用人单位准备通知时已经距离劳动合同到期不足30日了，也应当尽快发送到期终止通知，以降低成本。

除北京地区之外，黑龙江、吉林、辽宁、浙江、广州、济南、西宁、湖北、宁夏、新疆等地也曾出台过规定，要求到期终止提前30日通知，有的规定年份较远或者没有罚则，实践中已经不再适用，但用人单位仍然要密切关注当地的规定、政策或裁判口径是否发生变化。如果当地有规定要求劳动合同终止需要提前30日通知，建议有条件的用人单位还是提前通知。如果当地没有相关要求，那么劳动合同到期不续签则无须提前30日通知。

61. 劳动合同到期终止是否需要支付经济补偿

根据《劳动合同法》第46条[①]的规定，劳动合同到期，用人单位决定不续签的，需要支付法定的经济补偿金，然而在用人单位提出维持或者提高劳动合同约定条件续订劳动合同，劳动者不同意续订的情形下，用人单位不需要支付经济补偿金。这里的“维持或者提高劳动合同约定条件”具体是指哪些条件，在实践中经常产生误解。

“维持或者提高劳动合同约定条件”不能仅仅理解为原劳动合同约定的

---

① 《劳动合同法》第46条规定，有下列情形之一的，用人单位应当向劳动者支付经济补偿：(1) 劳动者依照本法第38条规定解除劳动合同的；(2) 用人单位依照本法第36条规定向劳动者提出解除劳动合同并与劳动者协商一致解除劳动合同的；(3) 用人单位依照本法第40条规定解除劳动合同的；(4) 用人单位依照本法第41条第1款规定解除劳动合同的；(5) 除用人单位维持或者提高劳动合同约定条件续订劳动合同，劳动者不同意续订的情形外，依照本法第44条第1项规定终止固定期限劳动合同的；(6) 依照本法第44条第4项、第5项规定终止劳动合同的；(7) 法律、行政法规规定的其他情形。

工资待遇，还应当包括劳动合同期限、工作岗位、工作内容、工作地点、福利待遇等与劳动者利益息息相关的内容。在认定新劳动合同是否维持或提高了原劳动合同约定的条件时，需要从劳动者的角度去判断，新劳动合同的条件是否对其有利。比如新劳动合同的期限比原劳动合同的期限更长，劳动合同期限的延长是对劳动者权利的保护，这种变化就可以被认定为提高了原劳动合同约定的条件。

典型案例64[①]

案情简介

麻某于2015年3月至A公司处工作，任电焊工。双方签订过劳动合同，最后一份劳动合同期限为2018年6月1日至2019年5月31日，合同约定麻某的工资构成为：月基本工资（上海市最低工资标准）+技能工资+浮动工资+年度奖金，另有加班费。

2019年7月12日，A公司开会通知麻某，公司将于2019年8月底搬迁至江苏启东，麻某可以选择随迁至江苏启东，工资待遇不低于上海。若麻某不愿意随迁，可至奉贤区望园路办公楼工作，转岗为网络销售或售后服务。

2019年7月22日，A公司发出正式通知，内容为："公司与部分职工签订的劳动合同已到期，公司决定于2019年7月22日与相应职工续订劳动合同。如同意续订合同者，请于7月25日上午至下午4时前办理续订劳动合同手续……"麻某未办理续订劳动合同手续。麻某在A公司处最后工作至2019年7月26日。后麻某提起劳动仲裁，本案后续还进入一审、二审。

裁判意见

法院认为，当事人对自己提出的诉讼请求所依据的事实或者反驳对方诉

① （2021）沪01民终5888号。

讼请求所依据的事实，应当提供证据加以证明，当事人未能提供证据或者证据不足以证明其事实主张的，由负有举证证明责任的当事人承担不利后果。麻某与公司之间的劳动合同于2019年5月31日期满，公司于2019年7月12日通知麻某，公司将于8月底搬迁至江苏启东，公司要求麻某随迁至启东，虽然承诺工资待遇不低于上海，然异地工作确实会给麻某的生活带来不便，麻某拒绝随迁亦属合理。对于公司提出的另一方案，即至奉贤区望园路，转岗做网络销售或售后服务，虽然从地域上并无较大改变，但对于工资待遇等条件，公司并未与麻某进行协商，公司虽在2019年7月22日通知麻某续签劳动合同，但双方并未就随迁或转岗协商一致，且公司不能证明是在维持或提高劳动合同约定条件的情形下，向麻某提出了续订劳动合同的要求，更不能证明其是在维持或提高劳动合同约定条件时，麻某依然拒绝续签合同。依据《劳动合同法》第46条第5项“除用人单位维持或者提高劳动合同约定条件续订劳动合同，劳动者不同意续订的情形外，依照本法第四十四条第一项规定终止固定期限劳动合同的，用人单位应当向劳动者支付经济补偿”的规定，公司应向麻某支付经济补偿。

案例分析

（1）变更工作地点、工作岗位不属于维持原劳动合同约定条件

本案中，劳动者合同到期，用人单位提出了两种续订方案，第一种方案是将工作地点由上海变更为启东，第二种方案工作地点地域上没有较大变动，但是需要调整工作岗位。两种方案均对原劳动合同做了改变，并且用人单位也没有其他证据证明是提高了原劳动合同约定的待遇的。劳动者拒绝续签劳动合同的情况下，用人单位需要依法支付经济补偿金。

在合理范围内变更工作地点、工作岗位，并且薪资待遇不发生明显变化的，可以认为是维持了原劳动合同约定条件续签，比如工作地点在上海市区内发生变动，并且不会给劳动者上下班造成太大负担的，本案中的工作地点从上海变更至江苏，显然超出了合理范围。超出合理范围的变动则可能给劳

动者增加额外的负担，不属于维持原劳动合同约定的条件，劳动者有权拒绝续签，并且要求用人单位支付经济补偿金。

（2）增加劳动合同期限属于提高原劳动合同约定的条件

增加劳动合同期限，有利于维持长期、稳定的劳动关系，使劳动者的权利得到更好的保障，也符合我国劳动法律立法目的。劳动合同期内，用人单位无法以到期终止为由终止劳动合同，并且增加劳动合同期限也不会限制劳动者的自由择业权，劳动者仍然可以提前30日通知用人单位单方解除劳动合同。

因此，用人单位在续签时提出增加劳动合同期限的，通常是属于提高原劳动合同约定的条件，劳动者拒绝续签的，用人单位无须支付经济补偿金。

62. 医疗期满劳动合同到期终止的员工，是否需要支付医疗补助费

（1）劳动者医疗期满或医疗终结被鉴定为5～10级的，应当支付医疗补助费

《劳动部关于实行劳动合同制度若干问题的通知》（劳部发〔1996〕354号，以下简称354号文）第22条规定，“劳动者患病或者非因工负伤，合同期满终止劳动合同的，用人单位应当支付不低于六个月工资的医疗补助费；对患重病或绝症的，还应适当增加医疗补助费”。

原劳动部办公厅《关于对劳部发〔1996〕354号文件有关问题解释的通知》（劳办发〔1997〕18号）规定，“二、《通知》第22条‘劳动者患病或者非因工负伤，合同期满终止劳动合同的，用人单位应当支付不低于六个月工资的医疗补助费’是指合同期满的劳动者终止劳动合同时，医疗期满或者医疗终结被劳动鉴定委员会鉴定为5～10级的，用人单位应当支付不低于六个月工资的医疗补助费。鉴定为1～4级的，应当办理退休、退职手续，享受退休、退职待遇”。

由上述规定可知，目前劳动者医疗期满且劳动合同到期，用人单位终止劳动合同的，劳动者被鉴定为5～10级的，用人单位应当支付不低于6个月

工资的医疗补助费。

（2）劳动者患重病或绝症的，是否应当增加医疗补助费尚无明确规定

《违反和解除劳动合同的经济补偿办法》（以下简称481号文）第6条规定："劳动者患病或者非因工负伤，经劳动鉴定委员会确认不能从事原工作、也不能从事用人单位另行安排的工作而解除劳动合同的，用人单位应按其在本单位的工作年限，每满一年发给相当于一个月工资的经济补偿金，同时还应发给不低于六个月工资的医疗补助费。患重病和绝症的还应增加医疗补助费，患重病的增加部分不低于医疗补助费的百分之五十，患绝症的增加部分不低于医疗补助费的百分之百。"

根据354号文的规定，如果劳动者患重病或绝症，除依法应当支付的6个月工资的医疗补助费外，还需要适当增加医疗补助费。然而，增加医疗补助费的标准被规定在481号文中，随着该文的废止，目前并没有增加医疗补助费的标准，因此司法实践中关于是否应当增加以及增加多少，仍然存在争议。

典型案例65[①]

案情简介

2016年9月1日，周某直接与出租车公司签订期限自2016年9月1日起至2018年12月25日止的劳动合同，继续在出租车公司从事出租车驾驶员工作。双方另签订一份2014年6月26日至2018年12月25日的出租车承包经营合同。2018年12月12日，周某发生脑梗，2018年12月12日至2019年10月31日因病休假，出租车公司支付周某病假工资12,369元。出租车公司向周某出具退工证明，载明双方劳动合同于2019年10月31日到期终止。双方发生劳动争议，且本案在劳动仲裁后还经历一审、二审程序。

① （2021）沪02民终2140号。

一审审理过程中，在一审法院向周某释明后，周某仍未进行劳动能力鉴定。

裁判意见

关于周某主张的医疗补助费，根据规定，“劳动者患病或非因工负伤，合同期满终止劳动合同的，用人单位应支付不低于六个月工资的医疗补助费”，该医疗补助费“是指合同期满的劳动者终止劳动合同时，医疗期满或者医疗终结被劳动鉴定委员会鉴定为5~10级的，用人单位应当支付不低于六个月工资的医疗补助费”，现周某在一审法院释明后仍未进行劳动能力鉴定，故周某主张医疗补助费的支付条件尚未成就，故对周某该项诉求不予处理。

案例分析

本案中，周某2016年9月1日入职出租车公司，根据上海市医疗期计算标准，截至2019年10月31日，其医疗期应当在6个月，周某因病休假超10个月，显然医疗期已经届满，公司于2019年10月31日到期终止劳动合同，符合法律规定并且应当支付法定的经济补偿金。然而，周某主张的医疗补助费是否能够获得支持呢?

法院认为，医疗期满到期终止劳动合同的情况下，单位是否应当支付医疗补助费，应当根据劳动能力鉴定结果来判断，鉴定结果为5~10级的，用人单位才需要支付不低于劳动者6个月工资的医疗补助费。

本案中法院裁判结果也反映了另一方面裁判意见，即关于医疗期满到期终止劳动合同的情况下，是否需要用人单位主动为劳动者做劳动能力鉴定。根据本案的裁判意见，法院并没有将此作为用人单位的义务，而是要求劳动者自行提交劳动能力鉴定结果。

因此，对于医疗期满到期终止劳动合同的情况，用人单位也可以先不支付医疗补助费，等劳动者提供劳动能力鉴定结果，并且结果显示为5~10级的，再行支付医疗补助费。

63. 离职证明上离职理由如何写

劳动者从本单位离职的，用人单位应当依法出具离职证明。离职证明是用人单位与劳动者解除劳动关系的书面证明。根据《劳动合同法》第 50 条的规定，“用人单位应当在解除或者终止劳动合同时出具解除或者终止劳动合同的证明”。如果公司没有出具离职证明给员工造成了损失还可能需要承担相应的赔偿责任。

同时，法律对离职证明的内容也有一定的要求。《劳动合同法实施条例》第 24 条规定：“用人单位出具的解除、终止劳动合同的证明，应当写明劳动合同期限、解除或者终止劳动合同的日期、工作岗位、在本单位的工作年限。”

上述内容是离职证明的必备条款，如果离职证明中没有上述内容，劳动者有权要求用人单位重新开具符合要求的离职证明。然而除上述几项内容之外，很多用人单位还会在离职证明中写入劳动者离职的理由，司法实践中对于离职证明中能否写入离职理由尚存在一些争议。

一种观点认为，《劳动合同法实施条例》第 24 条列举了离职证明中应当包含的内容，除这些内容之外，不能写入其他的内容。

另一种观点则认为，《劳动合同法实施条例》第 24 条只是列举了一些应当写入离职证明的内容，但是没有禁止在上述内容之外增加其他的内容。只要用人单位写在离职证明中的内容属实，那么该离职证明就是有效的。这一观点的问题在于，假如单位记载的离职原因称劳动者因严重违纪被解除劳动合同，而之后劳动者被证实并没有严重违纪，那么即使仲裁或法院强制单位重新出具离职证明，也仍然会对劳动者造成时间、物质甚至名誉上的损失。因此，实践中对于该问题的争议较大。

典型案例66[①]

案情简介

原告于2008年7月14日至2016年3月30日与被告有劳动关系，被告于2016年3月30日向原告出具了《解除劳动合同通知书》，解除了与原告的劳动合同，并于2016年4月8日向原告出具了《解除（终止）劳动合同证明书》，其中第2条解除劳动合同的原因：（1）严重违反用人单位的规章制度；（2）劳动者不能胜任工作。原告于2018年1月19日提出劳动仲裁，要求被告删除《解除（终止）劳动合同证明书》第2条后重新出具解除劳动合同证明文件。广州市劳动人事争议仲裁委员会以穗劳人仲案［2018］901号仲裁裁决书作出裁决，驳回原告的全部仲裁请求。原告对此不服，提起本案诉讼。

裁判意见

法院认为，根据《劳动合同法实施条例》第24条的规定，“用人单位出具的解除、终止劳动合同的证明，应当写明劳动合同期限、解除或者终止劳动合同的日期、工作岗位、在本单位的工作年限”。上述规定明确了用人单位出具解除、终止劳动合同证明应当具备的内容，但并未禁止将解除劳动合同的原因记载在解除劳动合同证明书上。且公司出具的《解除（终止）劳动合同证明书》虽记载了解除劳动合同的原因，但也不构成违背《就业促进法》第3条“劳动者依法享有平等就业和自主择业的权利。劳动者就业，不因民族、种族、性别、宗教信仰等不同而受歧视”的规定。李某也未提供证据证明证明书记载的原因不实，故李某要求删除《解除（终止）劳动合同证明书》第2条后重新出具解除劳动合同证明文件依据不足，法

---

① （2019）粤民申3686号。

院不予支持。一审法院根据双方当事人的诉辩、提交的证据对本案事实进行了认定，并在此基础上依法作出一审判决，合法合理，且理由阐述充分，法院予以支持。

典型案例 67[①]

案情简介

2020 年 6 月 12 日，孟某与北京公司签订《劳务合同书》，期限自 2020 年 6 月 12 日至 2025 年 6 月 11 日，试用期限为 6 个月，任专业技术岗位，实际为销售经理资深一级，执行标准工时制，每月基本工资 18,000 元，工资支付周期为每月 15 日支付上个自然月工资，具体按照北京公司制度执行。

2020 年 9 月，北京公司向孟某出具《劳动合同解除通知书》以及《解除劳动合同证明》。其中《劳动合同解除通知书》载明："您的行为违反了公司规章制度。根据《员工考勤管理制度》第九条第一项规定，您旷工共 21 天……经公司研究决定，自 2020 年 9 月 21 日起解除双方劳动合同，不再存在劳动关系。"《解除劳动合同证明》中关于解除劳动合同原因处载明："严重违反公司规章制度，公司解除劳动合同。"孟某提起仲裁要求北京公司重新出具离职证明。

裁判意见

关于北京公司重新出具离职证明的问题。根据《劳动合同法实施条例》第 24 条之规定，"用人单位出具的解除、终止劳动合同的证明，应当写明劳动合同期限，解除或者终止劳动合同的日期、工作岗位、在本单位的工作年限"。北京公司为孟某出具的解除劳动合同证明中书写的离职原因，该内容不利于孟某再次就业，亦不符合相关法律规定，需重新向孟某出具符合《劳

---

① （2021）京 0115 民初 4303 号。

动合同法实施条例》第 24 条规定内容的解除劳动合同证明。

案例分析

（1）离职证明记载离职原因可能影响劳动者再就业

案例一中，用人单位在离职证明中记载了劳动者解除劳动合同的理由，解除理由为严重违纪及不能胜任工作，并且该解除理由属实。该案法院认为在离职证明中记载解除劳动合同的理由并不违反法律规定，只要记载的内容真实无误，该离职证明就是有效的。

案例二中，用人单位同样在离职证明中记载了解除劳动合同的理由系严重违纪。法院从用人单位记载该内容对劳动者的影响分析，认为记载该内容可能影响劳动者再次就业，要求用人单位重新开具符合要求的离职证明。

综上所述，目前实践中对离职证明记载的内容能否超出《劳动合同法实施条例》的规定，仍然存在较大争议。并且从不影响劳动者再次就业的角度看，记载离职理由是有可能导致劳动者失去部分就业机会的。因此，建议用人单位严格按照法条规定，仅在离职证明中写明法律要求的劳动合同期限、解除或者终止劳动合同的日期、工作岗位、在本单位的工作年限等基本信息。开具离职证明是单位的法定义务，离职证明对劳动者再就业或办理失业保险也有重要意义，单位不开或者开具的离职证明不符合法定要求，对单位和劳动者都将产生不利的影响，因此采取严格的做法更加保险。

（2）离职证明记载的内容应当属实

假设一定要在离职证明中写入离职理由，从司法实践中来看，也不是完全没有操作余地，但是存在一定的法律风险。首先，用人单位应当保证离职证明中记载的离职理由是完全真实、客观的，不能有任何夸大、虚假的因素存在。否则产生争议时，若用人单位无法证明所记载的离职理由是真实的，仍然可能被要求重开离职证明，甚至赔偿因此给劳动者造成的损失。建议在没有充分证据或必要的情况下用人单位无须在离职证明中记载对劳动者过于负面的评价。其次，即使用人单位在离职证明上记载的离职理由是客观真实的，也不排除仲裁或法院可能会认为离职证明上除法律规定的内容外不能随意增加其他内容，届时单位还是要承担相应的法律责任。

第六章

劳动合同解除

第一节　协商解除

64. 协商解除协议的效力

劳动者法定医疗期、女职工“三期”（孕期、产期、哺乳期）在劳动法上会受到特别的劳动保护，比如对于这两类员工，用人单位解除或终止劳动合同会受到一定程度的限制。根据《劳动合同法》第42条的规定，对于医疗期、“三期”的员工，用人单位不能用《劳动合同法》第40条、第41条的理由解除劳动合同，然而这其中并不包括协商解除的情形。

那么，假如用人单位和劳动者已经签订了协商解除协议，双方均签名或盖章之后，员工进入了医疗期或“三期”，这种情况下是否会影响协商解除协议的效力？用人单位是否需要顺延协商解除协议的期限？

典型案例68[①]

案情简介

原告于2010年7月进入被告处任销售助理，双方签订的最近一份劳动合同为期限自2019年5月1日起的无固定期限合同。2020年3月11日，原、

① （2020）沪0112民初18082号。

被告签订劳动合同解除协议，约定双方的劳动关系于同年3月31日解除。同年3月31日15时29分，原告向被告发送电子邮件，称解除协议并非其本人真实意思，解除协议中约定的经济补偿违反国家规定，且近日其经检查确认已怀孕，故被告的解除行为违法，要求继续履行双方的劳动合同。后双方发生劳动争议。

裁判意见

原、被告于2020年3月11日签署解除协议，明确双方劳动关系于当月底解除。原告称解除协议系其在受到被告逼迫的情况下签订，然而原告关于解除协议签订过程的自述显示，其系在向具备法律知识的朋友进行咨询，并综合考虑自身情况之后，方与被告签订了解除协议，故即使按照原告自述，亦未体现协议系其在受到被告胁迫等违背自身真实意思表示情况下而签订，法院对原告该主张无法采信。原告作为完全民事行为能力人，应当知晓解除协议之法律意义及签订后果，然原告仍选择签订该协议，属原告对自身民事权利之处分。劳动合同解除协议的内容未违反法律强制性规定，应属合法有效，对原、被告均具有法律效力。另外，本案原、被告劳动关系因双方协商一致终结，并不属于劳动法律规定的女职工处于孕期而用人单位不得解除劳动关系之情形，原告以其处于孕期、被告不得解除劳动关系而要求恢复劳动关系之主张，无事实及法律依据，法院对此无法支持。

案例分析

《劳动合同法》并没有将协商解除纳入特殊劳动保护的范围，劳动者与用人单位协商解除劳动合同是对自身权利的处分，只要双方的协商解除协议本身没有效力瑕疵，比如劳动者签订协商解除协议时行为能力存在瑕疵或存在被欺诈、胁迫等情形的，协商解除协议签订后，劳动者再发生患病、非因工负伤、怀孕等情形，往往不会影响协商解除协议的效力。

在司法实践中，法院通常也认可这一观点。如本案裁判意见所述，法院认为协商解除协议系双方协商一致订立，协议内容并未违反法律强制性规定，劳动者行为能力也没有瑕疵，该协议系属合法有效。至于劳动者提出的处于“三期”之内，法院认为双方协商解除劳动合同也不属于劳动法规定的应当对“三期”女职工特殊照顾的情形。因此，双方签订的协商解除协议有效，双方应当按照协议约定的期限解除劳动合同。

65. 协商一致文件中关于“再无争议”条款的效力

劳动法律关系的结束往往伴随着工资、加班费、年休假、奖金、经济补偿金等费用的结算，为了避免日后产生争议，在相关费用及权利义务关系结算清楚后，用人单位往往会和劳动者签订协议确认双方之间相关权利义务关系终结，再无其他争议，任何一方不得就相关费用再行提起仲裁或诉讼。这一条款签订后，常常有劳动者反悔，认为用人单位尚存其他费用没有结算清楚，为此又将用人单位作为被申请人提起仲裁，或进一步作为被告告上法庭。那么，在仲裁或诉讼过程中，用人单位能否依据双方之间签署的“再无争议”条款进行抗辩，认为劳动者已经不能再行提起相关主张是否会获得支持呢？

最高人民法院《关于审理劳动争议案件适用法律问题的解释（一）》第35条规定：“劳动者与用人单位就解除或者终止劳动合同办理相关手续、支付工资报酬、加班费、经济补偿或者赔偿金等达成的协议，不违反法律、行政法规的强制性规定，且不存在欺诈、胁迫或者乘人之危情形的，应当认定有效。前款协议存在重大误解或者显失公平情形，当事人请求撤销的，人民法院应予支持。”

根据上述规定，“再无争议”条款不存在违反法律、行政法规强制性规定，以及无效或可撤销等情形的，该条款应当有效。也就是说，劳动者签订“再无争议”条款后再反悔主张权利的，仲裁委员会或法院不予支持。

典型案例69[①]

案情简介

杨某于2019年5月13日入职甲公司，双方签订过两份劳动合同，最后一份劳动合同期限至2021年5月12日。2020年12月21日，杨某向甲公司提出离职申请，以公司内部岗位调整为由，申请离职，离职日期为2021年3月21日。2020年12月25日23：08，甲公司通过微信向杨某送达《解除劳动合同通知书》，因杨某2020年12月9日下午旷工，以及此前屡次迟到、早退，在签收警告信后经批评教育仍不改正，严重违反公司的规章制度，根据公司《考勤管理制度》第8条以及《劳动合同法》第39条第2项的规定，决定即日起解除双方的劳动关系。

2020年12月29日，杨某和甲公司双方签订《协助办理上海市落户事宜的协议书》，载明："甲、乙双方就以下事项经友好协商达成意见，现共同约定如下：第一条：甲、乙双方已于2020年12月25日解除甲乙双方之间的劳动合同，乙方于2020年12月29日办理完工作交接和离职手续，双方对于劳动关系解除没有争议。第二条：……在经乙方申请，甲方基于前员工的情谊下，甲方同意并与乙方达成一致，甲方暂不为乙方办理退工和退社会保险手续，继续为乙方在甲方缴纳社会保险、公积金和发放工资。但甲乙双方之间的劳动合同和劳动关系解除日不变，仍为2020年12月25日……第六条：一旦甲方确认乙方已办理完落户手续，甲方将立即办理乙方的退工和退社会保险手续，退工时间为2020年12月25日。第七条：本协议生效之日，甲、乙双方无任何经济和/或劳动关系的纠纷，双方在此承诺：1. 本协议生效之日起，双方不可撤销的放弃任何或者全部针对对方的权利主张，包括但不限于基于劳动关系、劳动关系的解除以及与此有关的事项在中华人民共和国或任

① （2022）沪02民终2317号。

何其他管辖区域对对方或对方的员工、关联公司提出任何劳动仲裁、民事、刑事、行政法或其他法律请求或主张；并且确认上述安排是对其全部及任何权利的全面和最终的清偿。2. 双方劳动关系期间的全部工资、佣金、奖金、津贴、年终奖、加班费、社会保险、公积金、未休年假补偿、费用报销以及经济补偿金等已全部结清……第九条：本协议一式两份，经双方签署盖章之日起生效……”

解除劳动合同后，杨某与甲公司发生劳动争议。在劳动仲裁后双方又继续发生一审、二审对簿公堂。

裁判意见

二审法院最终认定，劳动者与用人单位就解除或者终止劳动合同办理相关手续、支付工资报酬、加班费、经济补偿或者赔偿金等达成的协议，不违反法律、行政法规的强制性规定，且不存在欺诈、胁迫或者乘人之危情形的，应当认定有效。本案中，根据在案证据及查明事实，杨某曾提交了离职申请，公司亦出具了《解除劳动合同通知书》，可见双方对于劳动关系存续事宜确实发生了争议。在此之后，双方签订了《协助办理上海市落户事宜的协议书》，其中约定了劳动关系的解除日期，还约定了公司继续协助杨某办理落户事宜以及双方再无任何经济和/或劳动关系纠纷，包括但不限于基于劳动关系、劳动关系的解除等有关事项提出任何劳动仲裁或其他法律请求或主张等内容。故而，该协议书应视为双方就解除劳动关系事宜所达成的最终协议，双方通过此协议书对劳动关系及劳动权利义务进行了一并了结，杨某作为完全民事行为能力人，在协议上签字的行为应具有相应的法律效力。杨某主张公司在协议签订过程中以协助落户进行要挟，但并未提供充分证据予以证明。同时，公司依约协助杨某办理了落户事宜后，杨某再要求公司支付违法解除劳动合同赔偿金，有违双方约定，亦缺乏正当性与合理性。故法院对杨某的上诉请求不予支持。

案例分析

本案中，双方就劳动关系的解除及相关权利义务签订了协议书，并且在协议书中明确相关费用全部结清，相关权利义务全部清偿，双方再无任何经济或劳动关系纠纷。法院认为，该协议书应视为双方就解除劳动关系事宜所达成的最终协议，双方通过此协议书对劳动关系及劳动权利义务进行了一并了结，杨某作为完全民事行为能力人，在协议上签字的行为应具有相应的法律效力。

现实中，用人单位与劳动者协商解除劳动合同在解除协议中添加“再无争议”条款是必要的，用以明确双方之间劳动权利义务关系履行完毕以及相关结算终结，后续假如劳动者反悔，除非能够说明该条款存在违反法律、行政法规强制性规定或无效、可撤销的事由，否则仲裁及法院通常会认可“再无争议”条款的效力，劳动者不能再对明确“再无争议”的事项主张权利。

此外，即使用人单位与劳动者不是协商解除劳动合同的，如果经仲裁或法院审理后调解或和解的，也可以在相关权利义务结算完毕时签署“再无争议”协议，以此降低日后产生新的争议之风险。

66. 能否解除“三期”女职工的劳动合同

女职工“三期”，即孕期、产期、哺乳期，整个周期一般是从员工确认怀孕之日起到小孩出生满一周岁之日止。生育是全社会应当承担的责任，负责生育的女性职工，在其孕期、产期、哺乳期，工作必然会受到一定影响，因此法律做了一系列的规定保障“三期”女职工的权利，以减少因生理原因而造成的特殊困难。比如，对“三期”内女职工延长工作时间的限制、特殊工作岗位的限制、解除劳动合同的限制等。

然而，对“三期”女职工的保护并非毫无边界。《劳动合同法》第 42 条规定，“劳动者有下列情形之一的，用人单位不得依照本法四十条、第四十一条的规定解除劳动合同：……（四）女职工在孕期、产期、哺乳期的”，即用人单位不能以医疗期满、不能胜任工作、客观情况重大变化、经济性裁员等理由与“三期”女职工解除劳动合同。

《劳动合同法》第39条规定：“劳动者有下列情形之一的，用人单位可以解除劳动合同：（一）在试用期间被证明不符合录用条件的；（二）严重违反用人单位规章制度的；（三）严重失职，营私舞弊，给用人单位造成重大损害的；（四）劳动者同时与其他用人单位建立劳动关系，对完成本单位的工作任务造成严重影响，或者经用人单位提出，拒不改正的；（五）因本法第二十六条第一款第一项规定的情形致使劳动合同无效的；（六）被依法追究刑事责任的。”在前述这些情况发生时，即使是“三期”女职工，也不存在特殊待遇。

典型案例70[①]

案情简介

周某原系A公司员工，双方签订期限自2016年8月9日起至2017年8月8日止的劳动合同，约定试用期为2016年8月9日至2016年10月8日。2016年9月30日，A公司向周某作出《试用期解除劳动合同告知书》，周某于次日签收了该告知书。2016年10月20日，周某向上海市浦东新区劳动人事争议仲裁委员会申请仲裁，要求恢复双方劳动关系，该仲裁委员会对周某的请求裁决不予支持。周某不服裁决，乃诉至法院。

一审查明，《劳动合同》第22条约定：周某在试用期间被证明不符合录用条件的、提供虚假个人信息的，A公司可以随时以书面形式通知周某解除本合同。A公司《员工手册》规定：员工存在欺凌公司员工者、伪造个人身份或个人资料者之情形的，经查证确实者，处以100~500元的罚款，并可立

① （2019）沪民再9号。

即开除，劳动合同自行解除。

一审庭审中，双方确认公司解除劳动合同时周某某已怀孕，目前仍有孕在身。

本案历经劳动仲裁、一审、二审、再审等四个阶段。

裁判意见

关于公司是否违法解除劳动合同问题，法院认为，诚实信用原则不仅仅是一个公民的道德准则，更是作为员工的一项基本职业道德。本案中，周某填写了员工基本资料登记表并承诺所填各项资料内容真实，并允许A公司查证，如有虚假愿意承担由此产生的一切责任。经查，周某三段入职经历除最后一段属实外，其他两段经历均有不实。2009年2月至2013年5月周某称在C公司任总账会计。事实上，周某2011年10月27日与另一B公司签订了一份为期2年的劳动合同，并于2013年10月、11月、12月，周某向上海市闵行区人民法院分别起诉B公司，要求B公司赔偿其工资损失及生育津贴等。基于周某与B公司的诉讼事实，法院有理由相信周某故意隐瞒了该段时间内的入职经历，以免对其入职公司造成不良影响。直至2013年9月，周某才入职C公司工作。周某对此解释称系记忆偏差，实难令人信服，法院不予采信。至于公司解除劳动合同期间，周某已经怀孕，故公司不能解除合同。对此，法院认为，法律对怀孕女职工确有特殊保护，《劳动合同法》第42条规定，“用人单位不得依照本法第四十条、第四十一条的规定解除劳动合同：……（四）女职工在孕期、产期、哺乳期的”；但怀孕并非女职工的免责金牌。《劳动合同法》第39条规定，“劳动者有下列情形之一的，用人单位可以解除劳动合同：（一）在试用期间被证明不符合录用条件的；（二）严重违反用人单位规章制度的”。周某隐瞒入职经历并在个人履历表上记载不实用工信息，有违双方合同之约定，更有悖于劳动者最基本的职业道德，其应承担相应法律后果。同时，周某在劳动合同试用期间，工作中存在差错。公司根据上述情况，解除双方劳动合同，体现了企业自主经营之权利。

法律保护劳动者的合法权益，但对于劳动者欲利用法律以达其个人不法目的者，依法予以驳回。

案例分析

（1）“三期”女职工违反《劳动合同法》第 39 条规定的，用人单位可以单方解除劳动合同

本案中，周某在试用期内表现不佳，并且存在履历造假的情况，同时违反了公司《员工手册》的规定，用人单位决定不予录用，解除劳动合同时周某已经怀孕。法院认为，怀孕并非女职工的免责金牌，在违反用人单位规章制度及试用期不符合录用条件时仍然应当承担相应后果。周某不仅试用期考核未通过，同时还违反了《员工手册》的规定，存在履历不真实的情况，即使是“三期”女职工，也不再享有特殊保护。

综上所述，“三期”女职工并非绝对不可以解除劳动合同，在违反了《劳动合同法》第 39 条规定的情况下，用人单位仍然可以单方解除劳动合同。并且，在用人单位与劳动者协商一致的情况下，也可以解除劳动合同。

（2）违法解雇“三期”女职工的法律后果

根据《劳动合同法》第 48 条的规定，用人单位违反本法规定解除或者终止劳动合同，劳动者要求继续履行劳动合同的，用人单位应当继续履行；劳动者不要求继续履行劳动合同或者劳动合同已经不能继续履行的，用人单位应当依照本法第 87 条规定支付赔偿金（经济补偿金的二倍金额）。

因此，用人单位违法解雇“三期”女职工的，女职工具有选择权，可以主张用人单位恢复劳动关系。法院基于“三期”女职工的特殊情况，一般也倾向于支持女职工恢复劳动关系，那么用人单位在恢复劳动关系后还需要赔偿违法解除期间“三期”女职工的工资损失、承担社保补缴责任等。

第二节　严重违反用人单位规章制度

67. 用人单位《员工手册》的效力问题

《员工手册》是用人单位重要的规章制度，与员工的利益密切相关，也是用人单位管理员工的重要手段。《劳动合同法》第 39 条第 2 项规定，劳动者严重违反用人单位的规章制度的，用人单位可以解除劳动合同。这里的规章制度通常就被规定在《员工手册》中，因此《员工手册》也是用人单位解除劳动合同的重要依据。由于《员工手册》与劳动者切身利益息息相关，因此在制定《员工手册》时也应当遵循法定的流程，没有按照法定流程制定的《员工手册》是不具有劳动法上的效力的，用人单位以无效的规章制度作为解除劳动合同的依据，可能构成违法解除。

《劳动合同法》第 4 条第 2 款、第 3 款和第 4 款规定："用人单位在制定、修改或者决定有关劳动报酬、工作时间、休息休假、劳动安全卫生、保险福利、职工培训、劳动纪律以及劳动定额管理等直接涉及劳动者切身利益的规章制度或者重大事项时，应当经职工代表大会或者全体职工讨论，提出方案和意见，与工会或者职工代表平等协商确定。在规章制度和重大事项决定实施过程中，工会或者职工认为不适当的，有权向用人单位提出，通过协商予以修改完善。用人单位应当将直接涉及劳动者切身利益的规章制度和重大事项决定公示，或者告知劳动者。"

《员工手册》制定完成后，需要发给全体员工，确保员工收到且知悉《员工手册》的内容后，才能对员工发生效力。在实务操作中，一般需要让员工签署文件，确认阅读且知悉《员工手册》的内容。尤其是对于新入职的员工，用人单位应当及时将《员工手册》发给员工，并且让员工签名确认签收。

典型案例 71[①]

案情简介

2018 年 12 月 11 日，原、被告签订了一份劳动合同，约定合同期限自 2018 年 12 月 11 日起至 2021 年 12 月 10 日止，其中 2018 年 12 月 11 日至 2019 年 6 月 10 日为试用期，原告工作岗位为进口家居、上海总仓仓储经理……公司规章制度和劳动纪律是指公司依法制定并对公司全体或部分职员具有约束力的书面文件，包括但不限于劳动纪律、奖惩办法、安全和卫生要求、业务规程、操作规程、生产工艺、工作规范、公司《员工手册》等；“严重违反规章制度”“严重失职”等的具体规定，详见公司的《员工手册》。

2020 年 7 月 7 日，被告向原告发出《解除劳动关系通知书》，载明：“截至 2020 年 7 月 6 日，你已累计受到两次记大过处分，为了严肃公司劳动纪律，根据《员工奖惩及行政积分管理制度（修订）20190305》第 6.3.4 条应予以辞退处分。现我司决定依照《劳动合同》第九条第三款第二项规定与你解除劳动关系，你的最后工作日为 2020 年 7 月 7 日。”后员工不服用人单位单方解除行为，因而诉至劳动争议仲裁委员会，后本案又进入一审程序。

裁判意见

法院认为，本案的争议焦点主要为被告是否违法解除劳动合同。《劳动合同法》第 39 条第 2 项规定，劳动者严重违反用人单位规章制度的，用人单位可以解除劳动合同。用人单位在指定、修改或决定劳动纪律等直接涉及劳动者切身利益的规章制度时，应当经职工代表大会或者全体职工讨论，提出方案和意见，与工会或职工代表等协商确认。本案中，从规章制度依据看，

---

① （2021）沪 0120 民初 5300 号。

被告解除劳动关系的制度依据为《员工奖惩及行政积分管理制度（修订）20190305》第6.3.4条。原告主张该制度未经民主程序制定，不具有约束力。被告则予以否认并表示90%的员工已签名且公示，该制度已经通过。法院认为，从该制度的制定程序看，被告虽提供了员工签字确认单，但该制度上载明生效试行时间与员工签字时间相差超过1年，明显不符合常理，且被告也未提供经过与职工代表大会或全体职工讨论、提出意见和方案，形成意见并最终协商确定的依据，不足以证明经过民主程序。而原告未签字确认表示同意执行。从事实依据看，被告举证了2019年9月23日、2020年3月23日两次作出对原告的处罚，并认为原告均未提异议，已予以认可。但原告均予以否认。法院认为，原告对于2019年9月23日处罚表示“收到”，不代表认可，被告并未举证证明相关的事实依据。对于2020年3月23日处罚，被告前后处罚不一，随意性大，对于加重的处罚也未给出合理解释，况且事发时间原告处于工伤休假期间，原告之后虽予以签字，但仅表示知晓，并不代表认可，故被告给予其处罚的依据不足。对于2020年5月18日处罚，处罚时被告尚在盘点过程中，相关总盘点数据未形成，况且原告分管领导在与监察人员沟通中表示库存问题由来已久，并非原告个人原因。综上，法院认为，被告解除劳动关系的依据缺乏，系违法解除。

案例分析

本案中，根据公司的管理规定，员工两次被记大过，公司决定予以辞退。而本案的用人单位解除劳动合同所依据的管理制度，并没有经过民主程序讨论生效，因此法院认为，该规章制度不能作为解除劳动合同的依据。

实践中很多用人单位在制定规章制度时没有经过充分的民主讨论及公示程序，导致规章制度的效力存在瑕疵，或者因为规章制度制定的年代久远，无法拿出做过民主程序及公示的依据。比如本案中的用人单位，由于无法提交相关材料，法院则认为该规章制度没有经过民主程序讨论，不符合法律规定，最终导致违法解除。因此，用人单位还应当注意，及时检查与更新本单位的规章制度，确保规章制度合法有效。

68. 员工违反防疫政策，用人单位能否解除劳动合同

新冠疫情以来，我国采取严格的疫情防控措施，控制疫情传播，从国家层面到居民个人均形成了较强的防疫意识，用人单位也不例外。很多用人单位根据政府防疫规定制定了本单位的防疫政策，对办公场所的消杀、员工个人的核酸检测以及外出等行为均做了明确的规范要求，并且将遵守防疫政策写入企业规章制度，员工违反防疫政策规定的，将受到违纪处罚。由于违反防疫政策可能引起严重的不利后果，造成疫情的传播，用人单位对于劳动者违反防疫政策的行为通常倾向于严格处理，严重的情形下，甚至直接与劳动者解除劳动合同。

虽然疫情防控是企业的一项重要工作也是社会义务，但是规章制度的制定与执行仍然要遵循劳动法律的规定，否则用人单位可能要承担劳动法上的不利后果。

典型案例 72[①]

案情简介

陈某于2006年3月7日与公司建立劳动关系，工作岗位为保安队长，提供正常劳动至2021年2月26日。2021年3月2日，公司向陈某送达了辞退通知书，该通知书内容为："陈某（身份证号码：××××××），你好！你现就职于公司，担任保安队长职务。现正处于疫情防控特殊时期，因我公司受控于北京市顺义区人民政府国有资产监督管理委员会，根据疫情期间各项要求及北京市顺义区人民政府国有资产监督管理委员会于2021年1月1日发布的《关于加强疫情期间从业人员管理的通知》中第三条要求，再次强调离

① （2021）京03民终17725号。

京需按流程要求进行外出审批和报备。你于2021年2月26日未按通知要求隐瞒行程私自离京，其行为严重违反公司离京审批制度，给公司及上级相关部门疫情防控工作造成重大影响。未事先报备私自出京也可能带来巨大风险，你的行为不仅涉及你自身的健康，更关乎你工作社区、工作场所中所有接触人员的生命健康。我公司在疫情常态化的日常管理中，对于在工作过程中出现严重违反劳动纪律、规章制度，甚至违法犯罪行为的劳动者，有权选择坚守纪律底线。根据劳动法相关规定，经公司研究决定，给予你辞退处理，自2021年3月2日起解除你与公司的劳动关系，并请回京后办理相关离职手续。”陈某不服公司单方解除劳动合同的决定，因而提起仲裁，后本案进入一审、二审程序。

裁判意见

本案争议的焦点为公司与陈某解除劳动关系是否合法，因用人单位作出的解除劳动合同决定而发生的劳动争议，用人单位负举证责任，公司应就与陈某解除劳动合同的合法性承担举证责任。

根据双方提交的证据以及当庭陈述，一审法院认为，在劳动合同存续期间，用人单位及劳动者均应全面履行合同。劳动者有自觉维护用人单位劳动秩序，遵守用人单位规章制度的义务，用人单位依法享有用工管理自主权，但行使管理权的边界和行使方式应善意、宽容及合理。

第一，从陈某离京的理由来看，系亲属患脑梗死入院，其与妻子在接到通知后回家看望患者符合中华民族传统人伦道德和善良风俗。

第二，面对疫情防控，任何人都不能置身事外而独善其身，作为有理性的个体，理应遵守防疫规则，相向而行地为防控疫情作出自己的贡献，员工遵守用人单位的疫情防控措施亦是劳动者的责任，但结合陈某的离京时间以及当时的情况来看，其无法在较短时间内完成董事长审批离京的流程，同时在次日通过电话向公司告知，尽管公司表示陈某存在隐瞒的情形，但就此并未举证证明，且陈某在返京前进行了核酸检测，表明其主观上并无违反疫情防控措施的故意。

第三，公司虽享有对员工在疫情防控下出京审批权，但其亦应考虑员工离京背景缘由，以恰当、合理的方式行使。用人单位对劳动者违反规章制度和劳动纪律的行为有权进行惩戒，但解除劳动合同系最严厉的惩戒措施，用人单位应审慎为之。

综上，法院认为公司与陈某解除劳动合同系违法解除，公司应支付陈某违法解除劳动合同赔偿金。

案例分析

（1）规章制度与防疫政策的结合应当遵循合理性原则

本案中，劳动者违反了公司的防疫政策，未经公司审批程序擅自离开北京，用人单位据此单方解除了劳动合同。法院认为，用人单位有权行使用工自主管理权，然而自主管理权的行使也要有边界，应当充分考虑员工的个人情况，本案中的劳动者是因为其岳父突发重病，有生命危险，由于情况紧急，不允许其履行完毕公司的审批流程，并且该劳动者也在事后立即向公司电话告知相关情况，法院认为劳动者的行为具有合理性，用人单位单方解除劳动合同构成违法解除。

由此可知，用人单位在处罚违反防疫政策的员工时，仍然要注意遵循合理性原则，不能“一刀切”地对违反防疫政策的员工均执行解除劳动合同的处罚。员工违反防疫政策，但是情节较轻，且没有造成严重后果的，可以适当给予较轻的违纪处罚甚至不处罚。对于严重程度可能导致解除劳动合同的，用人单位也要详细调查事情的起因与经过，充分收集证据，以防证据不足导致违法解除。

（2）合规建议

在新冠疫情反复的大环境下，用人单位可以在规章制度中增加防疫条款，以备将来有其他高传染性疾病蔓延下不再无章可循，但是由于各类传染病情况复杂，各地政策变化比较频繁，用人单位的规章制度也需要结合当地实际情况，酌情处理。并且，在制定规章制度时，也不宜“一刀切”地将所有违反防疫政策的行为都列为严重违纪，应当根据情节轻重设置不同的处罚标准。

用人单位派遣员工前往外地出差甚至出国的，应当注意防范疫情风险，为员工提供防护措施，尽到风险提示及政策告知义务。如果员工在出差期间严格遵循当地防疫政策但是仍然被感染了新冠病毒，用人单位也应当给予相应的补偿。

69. 因员工发生虚假报销行为，用人单位能否单方解除劳动合同

诚实信用是用人单位与劳动者互相信任、互相合作的基础，用人单位对违背诚实信用原则的容忍度普遍较低。虚假报销是常见的不诚信行为之一。虚假报销常见的情形有两种：一种是实际发生了可以报销的费用，但是员工没有遵守报销制度的规定，比如用其他发票抵充可以报销的事项，或者报销了公司不允许的事项等；另一种是没有发生可以报销的费用，员工用类似的发票捏造报销事由进行报销。

发票报销涉及公司财务制度、国家税务制度，报销流程相对比较复杂，公司对发票报销也有一定的审查管理义务。在实践中，虚假报销行为并不必然是员工存在主观恶意，用人单位发现员工可能存在虚假报销行为后，应当立即收集相关证据，并且及时与员工沟通，要求员工作出合理解释，并且应当结合员工的工作岗位性质以及特定的情况具体分析员工报销行为是否不当、是否具有主观恶意。

现实中，一些企业也会允许或默认员工在报销时使用同等金额或相同类型的发票抵充实际产生的费用，不会对此做严格要求。如果企业内部已经形成了惯例，那么再因此处罚个别员工则会欠缺合理性。此外，对于一些轻微违反报销流程的行为，用人单位也不宜给予过于严格的处罚。

对于主观恶意较大的虚假报销行为，比如没有实际发生报销事项，员工用同类型的发票捏造报销事由，获取公司报销款的行为，用人单位通常可以根据规章制度的规定进行处罚。

典型案例73[①]

案情简介

陈某于2015年5月25日进入公司，双方签订了有效期自2015年5月25日起至2016年5月24日止的固定期限劳动合同，约定陈某的工作岗位为区域销售经理。2016年5月19日，双方续订劳动合同至2019年5月24日。2017年4月17日，公司以陈某虚假报销为由解除与陈某的劳动合同。陈某因而将公司诉至劳动争议仲裁委员会，后该案进入一审、二审。

裁判意见

法院认为，本案中公司认为陈某存在虚假报销的行为，且金额巨大，违反了公司的《员工手册》及报销制度，公司因此解除了与陈某的劳动合同关系，对此公司应提供证据予以证实。

首先，对于公司所称的陈某虚假报销42,500元费用的事实，因陈某签名提交的差旅费报销申请表中并未记载该笔费用，故公司主张陈某存在虚假报销该笔费用的事实并不成立。

其次，公司主张陈某要求报销的52,046元的费用中，存在虚假报销的事实。从陈某提交给公司的报销发票来看，其中确有部分发票存在日期冲突或有替代发票的情况，公司作为用人单位对陈某申请报销的费用进行审核，符合公司财务报销管理制度的要求，对于存有异议的费用，在要求陈某作出解释时，陈某未能及时作出明确回答，导致公司对该部分费用作出不予报销的处理，并不违反法律规定，法院予以支持。

但是从陈某作为销售人员的工作性质来看，其在开展业务过程中必然会产生一些业务接待费用或礼品费用，也可能存在客观上无法提供一一对应的

---

① （2018）沪01民终1121号。

票据的情况，陈某因此有可能会有提供票据予以抵充的情况，再结合陈某2016年的报销情况，陈某申请的5万余元报销费用，尚未超出合理范围。

因此，法院认为，即使陈某在申报相关报销费用时存有瑕疵，但陈某的行为尚未达到主观上恶意私吞、窃取公司财产的程度，实际上也未给公司造成重大损失，故陈某的行为尚不足以达到严重违反公司规章制度的程度，故公司的解除并无法律依据，应支付陈某违法解除劳动合同赔偿金54,227.44元。

典型案例74[①]

案情简介

张某于2005年7月4日进入上海某公司工作，从2015年7月4日起与上海某公司签订无固定期限劳动合同。2015年，张某劳动关系转入上海某公司的关联公司成都公司处，工龄自2005年7月4日起连续计算。成都公司每月以银行转账形式支付张某当月自然月工资。2020年10月30日，成都公司以严重违反规章制度为由解除劳动合同。张某最后工作至2020年10月30日，工资已结清。张某不服成都公司的解除理由，向劳动争议仲裁委员会提起申请，后本案又进入一审。

裁判意见

法院认为，从成都公司提供的并经法院确认的证据表明，张某在报销因工作支出的费用时存在以下几方面情况：一是报销餐饮费或活动费时，未如实描述共同参与人和实际发生情况，如2019年3月1日的海外差旅餐饮费，张某在报销时描述为“和ChrisDing共进午餐”，现表示报销费用低于餐费标准，故自己独自吃也可以报销，且事后回忆起系与半年前的培训情况记

① （2021）沪0104民初8360号。

混了……二是分不同批次提交的出租车费发票、餐饮费发票存在矛盾和冲突，如分别在2019年4月10日和5月14日两次提交的报销申请材料中，均有2019年3月17日的出租车费发票一张。对于第一次提交的发票（金额163元），张某描述为“从住所到浦东机场，再到海口”，时间为14：32至15：31。对于第二次提交的发票（金额81元），张某同样描述为“从住所到浦东机场，再到海口”，时间为14：56至15：42。两张发票显然不可能是同一人产生的交通费。三是张某确认的重复报销情况，即2019年4月19日和2019年5月14日提交的报销申请材料中均有同一笔2019年4月8日102元的餐饮费发票。

综上所述，张某在上述报销过程中，确实存在未如实描述因工作支出费用的真实情况，发票内容与报销时自行填写的描述、实际行程亦有矛盾和冲突之处，并在不同批次报销申请时重复报销同一笔费用，张某对此未能作出合理解释，仅将之归结为交由秘书处理等原因，法院难以采纳。成都公司于2020年10月14日就审核过程中发现的2019年至2020年报销中存在的各项疑问向张某进行询问，并在得到张某合理解释的情况下，据此认定张某存在虚假报销，构成严重违纪，并以此为由解除双方劳动合同关系，有事实和法律依据。至于张某辩称，自己的这些报销均经过成都公司审核通过并同意报销，但成都公司提供的证据表明，系争报销申请的不合理之处，确实需要一段期间、不同批次的发票综合比较才能发现，故张某的该项辩称理由，法院不予采纳。张某要求成都公司恢复劳动关系以及支付恢复期间工资的诉讼请求，法院不予支持。

案例分析

（1）发现员工虚假报销行为的，用人单位应当结合实际情况判断员工主观恶意

案例一中，劳动者提供给用人单位报销的发票中，有部分日期冲突或替代发票的情况，然而法院结合该劳动者的工作性质来看，作为销售人员，在

开展业务过程中确实可能产生一些业务接待、礼品费用，无法提供一一对应的票据，因此劳动者提供票据予以抵充也是可能发生的情形，并且结合往年的报销情况，该劳动者报销的费用也没有超出合理的范围。虽然报销行为存在瑕疵，但是劳动者主观上并没有利用虚假发票欺骗公司财产的恶意，用人单位因此解除劳动合同没有法律依据，构成违法解除。

案例二中，该劳动者提供的报销发票中，存在多笔互相矛盾的发票，比如同一时间段提供两张打车发票、餐饮发票没有如实描述共同参加人、重复报销同一笔发票等。该劳动者无法对发票的矛盾之处作出合理解释，具有明显的主观恶意，用人单位因此解除劳动合同，法院予以认可。

（2）合规建议

由上述两个案例可以看出，用人单位在处理员工虚假报销问题时：

第一，应当查明具体的问题，厘清存在矛盾的发票信息，并固定好相关证据。

第二，要求员工对矛盾发票提出合理的书面解释，结合员工的解释进一步调查。

第三，如果员工能够作出合理解释，用人单位不宜进行过重的处罚，如果员工手册有规定的，可以进行较轻的口头警告。如果员工不能作出合理解释，用人单位应当进一步判断员工的主观恶意，确认员工存在故意欺骗公司报销款的行为的，可以根据《员工手册》的规定进行相应的处罚。

此外，用人单位自身的报销管理制度也会影响对员工虚假报销过错的认定。如果用人单位自身的报销制度不严谨或实际操作中存在较大疏忽，对不符合要求的报销事项审核通过或长期没有发现员工虚假报销情况的，在产生争议时会成为对用人单位不利的因素，从而相应减少员工应承担的过错。

70. 员工涉嫌性骚扰，用人单位能否因此单方解除劳动合同

2022 年 9 月 2 日，山东省济南市中级人民法院二审宣判阿里员工张某猥亵女员工一案，二审维持原判，张某获刑一年六个月。该案在网络上引起了

极大的关注，也引发了公众对职场性骚扰事件的热烈讨论。

职场性骚扰是非常恶劣的不当行为，企业对性骚扰行为普遍采取“零容忍”的态度，并且一般均在规章制度中明确规定对实施性骚扰行为的员工，一经发现立即解除劳动合同。但是由于性骚扰行为私密性、主观性较强，通常发生在私下场合，不为公众所知，取证比较困难，并且目前对性骚扰行为的认定存在模糊、难以判断的边界，没有特别明确的客观标准。因此，用人单位处理实施性骚扰的员工时，在劳动法上存在一定风险。如果用人单位没有充分调查清楚真实情况就对相关员工以发生性骚扰行为为由进行处罚，乃至单方解除劳动合同，有可能会构成违法解除。

典型案例75[①]

案情简介

原告于2014年2月7日入职被告处，担任区域经理一职。原、被告双方曾签订两份劳动合同，第一份劳动合同于2014年2月25日签署，约定履行期限为2014年2月7日至2017年2月6日；第二份劳动合同于2017年2月7日签署，约定履行期限为2017年2月7日至2020年2月6日。2019年2月20日，被告向原告发出《解除劳动合同通知书》，载明：“公司在此通知你，由于你严重违反公司的内部规章制度，现公司依据你的劳动合同、公司的内部规章制度和《劳动合同法》第39条的规定，决定解除与你的劳动合同。你与公司的劳动关系于2019年2月20日（‘解除日’）解除。公司确认你的最后工作日为解除日……由于你被解除雇用是你的严重不当行为引起的，你没有权利获得解除劳动合同的经济补偿金”。劳动者不能认同因而提起劳动仲裁，后本案进入一审。

① （2019）沪0115民初62266号。

裁判意见

本案中，被告因认定原告对其下属进行了性骚扰行为，严重违反了被告公司的规章制度，进而单方解除了与原告的劳动合同。现原、被告双方对原告是否对下属进行性骚扰存有争议。

法院认为，通常而言，性骚扰是指除去强奸等性暴力犯罪，有性意涵的，不受欢迎的动作、手势、语言及图文展示等行为。但根据本案在案证据及双方当事人的陈述，难以确定原告曾对其女下属作出符合性骚扰定义的行为。故被告以原告对女下属进行性骚扰，进而解除与原告的劳动合同，缺乏事实依据，应认定为违法解除。原告要求被告支付违法解除劳动合同赔偿金的诉讼请求，法院予以支持，根据原告的工作年限和薪资水平，被告应支付原告违法解除劳动合同赔偿金289,245元。

案例分析

（1）用人单位需要证明其单方解除劳动合同的合法性

在有关解除劳动合同的劳动争议案件中，用人单位对其单方解除行为的合法性负有举证责任。本案中，原告涉嫌性骚扰女员工，用人单位根据规章制度与其解除了劳动合同。原告否认其存在性骚扰的行为，并且主张用人单位解除劳动合同构成违法解除。用人单位需要提供证据证明该劳动者性骚扰行为成立。

用人单位根据证人叶某（被骚扰女员工）的陈述和案外人刘某出具的情况说明，并结合证人叶某提供并由原告确认的微信聊天记录，加之本案原告曾赠与价值不菲的礼物给证人叶某的事实，认为原告对公司女员工实施了性骚扰行为。该事件发生在出差的酒店中，酒店的监控没有拍到能够证明本案原告实施性骚扰行为的画面，本案原告对其与叶某之间的聊天记录、赠送礼物行为均有不同的解释。法院认为，现有证据不足以证明本案原告存在性骚扰行为，用人单位因此解除劳动合同构成违法解除。

（2）职场性骚扰的合规处理建议

对于职场性骚扰行为，一方面，用人单位应当积极启动调查程序、安抚员工情绪、及时固定证据；另一方面，用人单位也不能急于作出处罚，如果没有获得客观的证据，如监控录像、录音、聊天记录等，用人单位应当谨慎处理涉事员工。必要的时候也可以建议受害员工报警处理。

在日常管理中，建议用人单位完善职场性骚扰事件应对体系。

首先，应当制定规章制度，明令禁止性骚扰行为。可以在规章制度中列举一些性骚扰行为的具体情形，并且设置明确的处罚措施。假如发生性骚扰行为，用人单位可以据此对涉事员工进行处罚，并且可以根据情节轻重设置不同等级的处罚。

其次，完善企业内部投诉与调查机制，加快对性骚扰行为的反应速度，在第一时间了解情况、固定证据，为日后的处罚奠定基础。

最后，还要关注受害员工的心理状况，为其提供心理疏导，必要时可以安排一定天数的休假，尊重受害员工的个人意志并配合其进行合理的维权，充分给予关怀与支持。

71. 员工违反薪资保密制度，用人单位能否单方解除劳动合同

薪资保密制度是指企业禁止员工之间讨论薪资、透露自己或他人薪资的管理制度。在薪资保密制度下，员工薪资不透明，有利于企业灵活安排员工薪资，降低用工成本，也有利于避免员工之间相互比较，影响用工稳定。企业为了督促员工履行薪资保密义务，还会规定相应的处罚措施，通常会在《员工手册》中规定，违反薪资保密规定的，用人单位有权解除劳动合同。然而这一规定的合理性一直备受争议。

一种观点认为，薪资保密制度本质上违反了我国劳动法律关于同工同酬的规定，在薪资保密制度之下，必然会出现同工不同酬的现象。这一制度违反法律规定，不能作为解除劳动合同的依据。

另一种观点则认为，法律并没有明确禁止制定薪酬保密制度，只要《员

工手册》中关于薪酬保密及违纪解除的条款是经过民主程序讨论并且向员工公示的，就应当尊重用人单位的自主管理权。

典型案例76[①]

案情简介

马某于2013年12月9日进入某公司工作，双方签有书面劳动合同，2017年2月27日，公司因马某违反请假规定出具书面警告。同日，公司向马某出具《劳动合同解除通知书》，载明：因马某严重违反某公司的规章制度，公司决定在2017年2月27日与马某解除劳动合同。

某公司《员工手册》第1.8条规定，公司实行严格的工资、奖金保密制度；员工有权向公司人力资源部询问和了解有关自己工资、福利的情况，但不得向他人透露自己和他人的工资、福利情况，不得询问、讨论自己和他人的工资、福利情况；员工违反工资保密制度，视为严重违反公司劳动纪律。上述《员工手册》曾报经工会并予公示，马某均予签收。

马某不服某公司单方面解除劳动合同的决定，因而提起劳动仲裁，后双方之间又就该争议进入一审、二审庭审。

裁判意见

法院认为：

首先，某公司《员工手册》规定，公司实行严格的工资、奖金保密制度，员工不得向他人透露自己和他人的工资、福利情况，不得询问、讨论自己和他人的工资、福利情况，违反工资保密制度视为严重违反公司劳动纪律，公司有权立即解除劳动合同。2016年11月16日，马某在向上级发出的电子邮件中列明了其他员工的薪资情况，并将自己的薪资情况与之作比较及讨论，

① （2017）沪02民终11485号。

违反了薪酬保密制度，公司依据《员工手册》相关规定与其解除合同并无不当。

其次，《员工手册》规定，故意不遵守上级指示予以解除劳动合同。马某与某公司先后签订过两份劳动合同，根据上述合同约定，马某入职后公司对其实行标准工时制，2017 年 1 月 1 日开始实行不定时工作制。2016 年 8 月 5 日，马某上班迟到，主管发短信对其进行教育管理，并言明其以后晚到公司需事先告知主管，但马某对此提出各种意见。2017 年 1 月 4 日、6 日马某病假却未提供医院出具的病假单，2017 年 1 月 10 日、11 日其申请在家办公并未获公司批准，期间主管多次催告，其亦不提供病假单。马某认为其岗位实行不定时工作制无须接受公司考勤管理、无须申请病假，对此法院认为，接受用人单位管理保障出勤是劳动者的基本劳动义务。不定时工作制是指企业因工作情况特殊，需要安排职工机动作业，无法实行标准工时制度，采用不确定工作时间的工时制度。2017 年 1 月起马某所在岗位实行不定时工作制，无须每天打卡考勤，但其仍应接受某公司对其进行的出勤管理并履行请假手续，其在当月称病有数日未上班，主管多次要求其办理请假手续并提供病假材料，但其仍不提供，且之前主管也向其重申过考勤管理制度，应视为拒不服从上级指示管理，故该项解除事由亦成立。据此，某公司在征询公司工会意见后，对马某作出解除劳动合同的决定，与法不悖，无须支付违法解除劳动合同赔偿金。

案例分析

（1）违反薪资保密义务解除劳动合同具有一定的可操作性，但并非毫无违法解除风险

本案中，劳动者违反了公司员工手册规定的薪资保密义务，打听、讨论他人薪资，并在给上级的邮件中列明了他人的薪资，与自己的薪资待遇做对比。法院认为，该行为违反了员工手册的规定，属于可以解除劳动合同的情形。一审法院还表示，用人单位采用薪酬保密制度，在保护员工隐私、防止

员工相互攀比、减少员工冲突流失、便利企业管理上确有优势，在合理范围内法律应予尊重，订约双方当受此约束。

由此可见，上海地区的司法实践中，是存在案例支持公司薪酬保密制度合法性的。然而，由于薪酬保密制度争议较大，目前也尚无统一口径，用人单位在使用薪酬保密制度违纪解除条款时应当更加慎重，对于轻微的违反薪酬保密制度的行为，直接以严重违纪解除劳动合同仍然风险较大。并且本案也存在一定的特殊情况，该劳动者除违反薪资保密制度外，还同时触犯了其他导致劳动合同解除的纪律条款，这一因素可能也会影响法官对劳动合同解除合法性的判断。如果仅仅只是违反了薪酬保密制度，法官在裁判时可能会更加慎重。

（2）合规建议

用人单位可以在规章制度中约定薪资保密义务，但是在处罚条款上建议根据情节轻重设置不同等级的处罚条款，员工违反保密制度的行为没有造成严重后果，主观恶意也较轻的，建议先给予较低级别的警告处罚，发生轻微违纪行为直接解除劳动合同存在一定的法律风险。此外，依据该条款解除劳动合同，还需要充分调查事情的经过，收集足够的证据，如果证据不足，也会导致违法解除。

72. 员工在朋友圈“吐槽”公司，用人单位能否因此单方解除劳动合同

企业作为对外生产经营的主体，其对外的声誉代表着企业的形象，因此企业往往会采取一定措施积极维护自身声誉，对于诋毁企业形象或损害品牌的行为无法容忍。为了避免内部员工对外诋毁企业形象，用人单位会在规章制度中规定相应的处罚条款，员工由于和公司之间产生矛盾，对外发表一些不当言论贬损公司形象的，可能涉及违反公司规章制度，从而受到违纪处罚，严重的会被解除劳动合同。

典型案例 77[①]

案情简介

2005 年 11 月 1 日，原告吴某与被告丙公司签订《劳动合同》，合同期限为 2005 年 11 月 1 日至 2006 年 10 月 31 日，从事工作内容为人事总务部相关岗位工作。

2020 年 3 月 10 日，被告为应对新冠疫情，考虑到复工的父母面临低龄孩子无法复学、需要在家中照顾的难题，决定实施“疫情期间女性员工关爱项目”，并通过电子邮件向在职员工告知项目申请对象、项目内容、申请流程、有效期等信息。

原告由于不符合享受该项目的条件，对此在微信朋友圈发布负面言论。2020 年 4 月 13 日，公司向原告吴某发出《解除劳动合同通知书》：……鉴于您在劳动合同履行期间，存在以下严重违反公司规定的行为：在微信朋友圈中发布、表达不正当言论，对同事及外部人士等不特定人群歪曲事实、散播“愚民政策”“歧视上海人”等攻击公司政策、挑动地域歧视等言论，故意严重损害公司声誉。以上行为严重违背公司价值观和劳动纪律，作为人力资源部门员工，该行为尤为不妥，并违反《就业规程》第 69 条、《处罚要领》第 4 条“公开拒绝服从公司决定、命令、通知或相关规章制度等的”“散布流言，故意严重损害公司或者员工名誉的”“其他类似上述行为的”，给予您“解雇”处分，自 2020 年 4 月 13 日起立即解除与您的劳动合同关系，并不支付任何补偿，薪酬福利结算至解除日，双方的劳动合同权利义务随之终止……同日，被告向原告送达了上海市单位退工证明，载明：2005 年 11 月 1 日进单位，2020 年 4 月 13 日劳动合同解除。后双方发生劳动争议。

---

① （2020）沪 0101 民初 21423 号。

裁判意见

法院认为，劳动关系的双方均有义务按照劳动合同，全面妥善地履行各自义务，充分合作，彼此信赖，以期劳动合同的目的最终实现。原告作为公司人力资源部门员工，长期从事与人事总务相关工作，相比于其他工作岗位的员工，更应善意理解公司政策，严格履行职务，自觉维护公司的劳动秩序，遵守用人单位的规章制度。而原告却因不满公司相关政策的落实，在微信朋友圈发布不满言论、转发不当信息，该行为是不恰当、不理性的，偏离了员工行为准则。“微信朋友圈”看似属于私人空间，其实却是个“公共场合”，它更多地具有公共空间的属性，朋友圈信息传播的广度与深度难以想象。原告将不当言论发表在朋友圈中，势必对公司管理秩序、被告业界声誉造成负面影响。

比照用人单位的规章制度和劳动纪律，被告对原告的处罚并无不当。原告自 2005 年 11 月入职，多次签署劳动合同和员工手册、参加公司纪律培训。作为公司老员工和高级主管，其长期在人事总务岗位工作，更应了解公司的各项制度，熟知公司的就业规程，自觉遵守相关规定更是其职责所在。而原告的不理性行为符合公司《行为准则》中“交流方式不得有损公司或其员工形象”和《某某公司就业规程》中“故意严重损害公司或者员工名誉的”的处罚标准，被告以此认定原告严重违纪，作出解除劳动关系的依据充分，原告要求被告支付违法解除劳动合同赔偿金，理由不当，法院不予支持。

案例分析

本案中，该劳动者由于不属于公司制定的福利政策的帮助范围，对此心生不满，认为公司制定的福利政策有歧视的意味，并且在朋友圈发文称公司的福利政策是“愚民政策”“歧视上海人”，并且使用了不礼貌、不恰当的用语。公司认为该行为违反了公司《就业规程》第 69 条、《处罚要领》第 4 条“公开拒绝服从公司决定、命令、通知或相关规章制度等的”“散布流言，故意严重损害公司或者员工名誉的”“其他类似上述行为的”，并且以此解除劳动合同。

法院认为“微信朋友圈”看似属于私人空间，其实却是个“公共场合”，它更多地具有公共空间的属性。该员工将不当言论发表在朋友圈中，势必对公司管理秩序、被告业界声誉造成负面影响。

随着社交媒体的发展，越来越多人喜欢在社交媒体上发表观点、宣泄情绪。然而，社交媒体并不是完全私密的，社交媒体上发布的内容极易造成广泛传播。在社交媒体上针对个人或企业发表不实信息会对个人或企业声誉造成极大影响。更何况，作为员工，其本身就具有一定的忠诚义务，应当维护企业声誉。本案中，该员工发布的言论具有诋毁性、歪曲事实等明显不当的特征，行为比较恶劣，因此用人单位依据规章制度进行处罚，具有合理性、合法性。然而，如果员工在微信朋友圈发布的内容符合事实，没有散播虚假消息，也没有使用不当的表达方式，此时公司如果要进行违纪处罚则应当审慎思考、谨慎操作，否则有可能会构成违法解除。

在实践中，用人单位一方面可以在规章制度中设置规则，对员工发表与公司有关言论的行为加以限制，并设置相应的处罚规则，另一方面也要及时处理员工对公司的意见与不满，做好沟通工作，提前化解矛盾。

73. 劳动者被行政拘留，用人单位能否单方解除劳动合同

《劳动合同法》第 39 条第 6 项规定，劳动者被依法追究刑事责任的，用人单位可以解除劳动合同。此处的刑事责任并不包括行政拘留，被追究刑事责任的情况下，劳动者会长期无法提供劳动，并且其行为的恶劣程度高，用人单位可以根据法律规定直接解除劳动合同。然而行政拘留一般是针对情节比较轻微的违法行为，拘留时间短，通常最长 15 天的时间就可以返回工作岗位。根据现有的法律规定，没有明确劳动者被行政拘留的劳动关系应当如何处理。

在实践中，有的员工因为赌博、嫖娼、打架斗殴等原因被行政拘留，虽然此类行为并没有造成严重的社会危害，但是其性质仍然还是较为恶劣的，

也会有对其他员工的不良示范作用，许多用人单位对此类行为无法容忍，希望与之解除劳动合同。并且行政拘留虽然时间较短，但是也会对用人单位工作安排造成一定的影响。

虽然法律没有直接规定可以与被行政拘留的劳动者解除劳动合同，但是实践中仍然有可操作的空间。比较常见的解除方法有：

（1）严重违纪解除。许多用人单位将劳动者被行政拘留的情况写入《员工手册》的严重违纪条款，规定员工被行政拘留的，用人单位可以以严重违纪解除劳动合同。并且该《员工手册》经过民主程序与公示程序生效，也事先让劳动者知悉。那么这种情况下，如果发生了劳动者被行政拘留的情形，用人单位就可以单方解除劳动合同。

（2）旷工解除。旷工解除最终也是属于严重违纪解除，因为用人单位通常会在《员工手册》中规定旷工解除的条款。由于员工被行政拘留，其无法及时向公司请假，超过一定的期限后，可能构成旷工。但是旷工解除的前提是劳动者没有履行规定的请假手续，有的劳动者虽然被行政拘留了，但是通过其家人代为请假，这种情况下，用人单位是否可以不接受代请假，按照旷工处理是否过于严格，在实践中仍然会存在一定的争议。实践中也有观点认为，员工被行政拘留导致无法履行请假手续，并非本人故意，而是人身自由受到了行政机关的限制，用人单位直接以旷工为由解除劳动合同，可能构成违法解除。

典型案例78[①]

案情简介

钱某与公司签订期限自2020年2月17日起至2023年2月16日止的劳动合同。《劳动合同》第12条“劳动合同的解除”第5项和第7项分别约定为“乙方（钱某）被依法追究刑事责任，劳动教养的”“如在职期间有违法犯罪

① （2022）沪01民终6393号。

行为，立即开除”等。2021 年 5 月 20 日 13 时左右，钱某因于 2021 年 5 月 19 日在地铁站与其他乘客打架斗殴被警察带走，5 月 20 日至 30 日被处以治安拘留 10 天的处罚。2021 年 5 月 25 日公司向钱某的居住地邮寄《解除劳动合同通知书》，以钱某被拘留 10 天、根据“双方签订的《劳动合同》第 12 条‘劳动合同的解除’第 7 项‘如在职期间有违法犯罪行为，立即开除’的约定，公司有权与你立即解除劳动合同，同时因你被拘留 10 天，在此期间没有按公司规定履行请假手续视为旷工，也同时违反了公司的相关制度及《员工手册》的规定”为由，决定从 2021 年 5 月 21 日起解除劳动合同。后钱某提起劳动仲裁，双方争议后还进入一审、二审阶段。

裁判意见

根据本案查明的事实，钱某于 2021 年 5 月 19 日在轨道交通地铁站与其他乘客互殴，被治安拘留 10 天。2021 年 5 月 25 日，公司向钱某出具《解除劳动合同通知书》，以钱某违反了公司的相关制度及《员工手册》中的规定，根据劳动合同中的约定以及钱某被拘留 10 天，没有按公司规定履行请假手续视为旷工为由，决定从 2021 年 5 月 21 日起解除双方的劳动合同。经审查，根据双方签订的《劳动合同》第 12 条“劳动合同的解除”第 7 项的约定，如在职期间有违法犯罪行为，立即开除。对此，二审法院认为，钱某因打架被公安机关拘留，系接受行政处罚，钱某的打架行为不属于双方签订的劳动合同中约定的“违法犯罪行为”，故公司以钱某违反劳动合同约定该项条款，解除与钱某的劳动合同欠妥。关于旷工，根据一审查明的事实，2021 年 5 月 21 日凌晨，钱某在派出所配合公安机关调查期间，曾通过微信向其直属主管张某发出“因打架被处罚拘留 10 天，这几天要和你请假”，该日上午 8 时许，张某通过微信告知钱某“好的”。但钱某被拘留后无法向公司提供劳动，系因客观原因所致，而非钱某主观上可以出勤工作而无正当理由不提供劳动，故钱某被拘留后未向公司提供劳动的情形，不能构成法律意义上“旷工”。因此，一审法院认定公司作出的解除劳动合同决定违法并无不当，公司应支付钱某违法解除劳动合同赔偿金42,324元。

案例分析

（1）被行政拘留期间未提供劳动不必然属于旷工

本案中，该劳动者因打架斗殴被拘留10天，在配合调查期间曾用微信向直属主管请假，用人单位认为其没有按公司规定履行请假手续，行政拘留期间视为旷工，根据《员工手册》的规定按照旷工解除劳动合同。法院认为，劳动者被拘留后无法向公司提供劳动，系因客观原因所致，而非主观上可以出勤工作而无正当理由不提供劳动的旷工行为。因此，用人单位以旷工为由解除劳动合同构成违法解除。

在实践中，也存在部分案例认为，被行政拘留期间没有履行请假手续的，可以构成旷工，对于这一问题仍然存在争议。因此，员工因被行政拘留无法提供劳动的情况下，以旷工为由解除劳动合同存在一定的法律风险。

（2）用人单位的规章制度中可以增加被行政拘留的处理条款

本案中，该用人单位和员工的劳动合同中还约定，“乙方（钱某）被依法追究刑事责任，劳动教养的”“如在职期间有违法犯罪行为，立即开除”。这一约定也不能作为解除劳动合同的理由。

首先，劳动合同解除应当符合法律规定，双方不能在劳动合同中另行约定法定理由之外的解除情形。上述约定如果被纳入用人单位规章制度并且经过民主程序和公示程序，那么可以作为解除劳动合同的依据；如果仅仅是双方劳动合同的约定，则很难作为解除依据。

其次，即使上述约定可以作为解除劳动合同的依据，该劳动者被行政拘留也不属于上述约定中所说的“被依法追究刑事责任”“在职期间有违法犯罪”的情形。

建议用人单位最好将员工被行政拘留的情形写入员工手册的严重违纪条款，那么假如发生了员工被行政拘留的情况，就可以直接依据这个条款，以严重违纪解除劳动合同，相对而言风险更低。

第三节　劳动合同订立时客观情况发生重大变化

74. 企业搬迁是否属于客观情况发生重大变化

《劳动合同法》第40条第3项规定，劳动合同订立时所依据的客观情况发生重大变化，致使劳动合同无法履行，经用人单位与劳动者协商，未能就变更劳动合同内容达成协议的，用人单位提前30日以书面形式通知劳动者本人或者额外支付劳动者一个月工资后，可以解除劳动合同。

近年来，由于经济形势发生巨大变化，很多企业经营规模、地点、业务模式均受到影响，从而产生了人员安置的问题。上述条款是许多企业生产经营发生变化时常用的解除劳动合同的理由。然而，用该条款解除劳动合同，实操中仍然产生了许多争议，其中最核心的问题是，何种情况属于“劳动合同订立时所依据的客观情况发生重大变化，致使劳动合同无法履行”。如果这一前提条件不能满足，那么依据这一条款解除劳动合同，自然就是违法解除了。对于客观情况重大变化的认定，没有统一的标准，各地的司法裁判口径也各不相同。相对而言，上海地区对于客观情况发生重大变化的认定比较灵活。企业搬迁的情况，在上海地区被认定为客观情况发生重大变化也是比较常见的。

典型案例79①

案情简介

原告于2007年6月1日入职被告处，双方签订的最后一份劳动合同为自

① （2021）沪0118民初7027号。

2016年1月1日起的无固定期限劳动合同。《劳动合同》第4条约定，原告的工作地点为青浦区徐泾镇盈港东路×××号。因政府统一规划，被告厂区被纳入征收范围，被告生产地址从青浦区盈港东路×××号搬迁至青浦区崧波路×××号，两地相距11公里左右。2020年8月21日，被告制订并向员工公示《公司迁移员工上下班安置方案》，主要内容为：公司搬迁至新地址后，统一安排班车，如果员工不愿意乘坐班车，要求自行上下班的，可申请，公司按8元/天标准给予补贴，按实际出勤天数计算；公司对员工上下班途中的误工进行补贴，标准为5000元/年（每天上下班以误工一小时计算），折合每月417元；公司在徐泾镇崧泽大道1758号设立上班上车点和下班下车点的班车点。2020年11月4日、11月13日，被告以快递形式通知原告到新厂址报到上班，薪资待遇不变，并执行2020年8月21日公布的《公司迁移员工上下班安置方案》。原告未前往新厂址工作。被告为原告缴纳社会保险费至2020年12月。后双方因而发生劳动争议。

裁判意见

综合本案情形及原告陈述，原告解除劳动合同并要求被告支付经济补偿金的理由为被告搬迁导致其不提供劳动条件。虽劳动合同约定了明确的工作地点，但被告厂区因政府规划需要而被纳入征收范围，被告因此搬迁至新址，属于双方订立合同时不能预见、不可避免的客观情况发生重大变化的情形，并非被告单方主动变更劳动合同，且新厂址距离原厂址仅11公里左右，并未对原告上下班造成难以克服的重大障碍，被告亦制订了提供班车或给予交通补贴方案供员工选择，并额外支付员工上下班务工补贴，实已采取合理措施降低搬迁对员工造成的不利影响，双方劳动合同不存在继续履行的障碍，亦不属于被告不提供劳动条件的情形。

法院认为，原告解除劳动合同并要求被告支付经济补偿金并无事实和法律依据，法院对此不予支持。原告申请法院责令被告提供其与政府签订的征收补偿协议，理由为征收补偿费用中包含员工遣散费补偿，但征收补偿协议系征收主体与被告就征收补偿达成的协议，即便补偿费用中包含员工遣散费补偿，亦与本案无关，故法院对其申请不予准许。

案例分析

本案中，企业因政府统一规划需搬迁生产地址，新地址距离原地址 11 公里左右的距离。考虑到员工出勤影响，企业为员工制订了上下班安置方案，提供了班车、车费补贴、误工补贴等方案以降低对员工出勤的影响。本案劳动者在收到公司的通知后没有按计划前往新地址上班，劳动者认为公司搬迁属于客观情况发生重大变化，导致劳动合同无法继续履行，公司应当支付经济补偿金。

（1）企业搬迁属于劳动合同订立时的客观情况发生重大变化，但不必然导致劳动合同无法履行

本案法院认为，虽然劳动合同约定了明确的工作地点，但被告厂区因政府规划需要而被纳入征收范围，被告因此搬迁至新址，属于双方订立合同时不能预见、不可避免的客观情况发生重大变化的情形，但是是否会导致劳动合同无法履行，还需要具体情况具体对待。本案中，企业搬迁的新地址距离原址只有 11 公里左右，并且公司为员工提供了合理的出勤补贴方案，将搬迁给员工带来的出勤影响降到最低。这种情况下，其不属于《劳动合同法》第 40 条第 3 项规定的可以解除劳动合同的情形，双方应当继续履行劳动合同。

由此可见，企业搬迁的确是导致客观情况发生重大变化的事由之一，但是之后能否用这一理由单方解除劳动合同，还需要分析实际情况。类似于本案中的市内搬迁，且距离不是非常遥远，公司也提供了相应的出勤补偿方案的情况，其实是不适用《劳动合同法》第 40 条第 3 项的解除事由的，双方应当继续履行劳动合同。但如果是企业搬迁至外地，那么通常情况下，仅凭交通补偿无法将劳动合同维系下去，这种情况更加符合《劳动合同法》第 40 条第 3 项规定的情形。

（2）依据《劳动合同法》第 40 条第 3 项规定解除劳动合同的程序要求

依据《劳动合同法》第40条第3项规定解除劳动合同，除了需要满足“劳动合同订立时所依据的客观情况发生重大变化，致使劳动合同无法履行”这一前提条件，还需要履行一定的协商义务。

用人单位需要首先确定变更劳动合同的方案，并且与劳动者积极协商，协商不成的，才能以《劳动合同法》第40条第3项的规定解除劳动合同。

这里还需要注意，用人单位提供的变更劳动合同的方案应当具有合理性，应当根据员工原来的岗位性质、工作能力、工资水平等因素合理安排新的工作岗位，并且应当与劳动者进行充分的协商，以此体现用人单位为劳动关系的维系作出了努力。如果用人单位没有协商的诚意，那么其也有可能被认为没有履行协商变更劳动合同的义务，从而导致构成违法解除。

75. 岗位裁撤是否属于客观情况发生重大变化

根据《劳动合同法》第40条第3项的规定，劳动合同订立时所依据的客观情况发生重大变化，致使劳动合同无法履行，经用人单位与劳动者协商，未能就变更劳动合同内容达成协议的，用人单位可以提前30日通知单方解除劳动合同。

根据原劳动部办公厅《关于〈劳动法〉若干条文的说明》，“客观情况指：发生不可抗力或出现致使劳动合同全部或部分条款无法履行的其他情况，如企业迁移、被兼并、企业资产转移等，并且排除本法第二十七条所列的客观情况”。

由于司法实践的复杂性，各地对上述条款的理解各不相同，司法实践中争议较大。有的观点认为，客观情况发生重大变化必须是由不可抗力，如政策原因、自然灾害等人力无法控制的因素导致的，生产经营过程中的一般商业风险，如经营计划调整、连续亏损等导致的岗位裁撤、部门裁撤均不属于客观情况发生重大变化。也有观点认为，除不可抗力因素外，一些企业的重大经营决策导致的岗位裁撤、部门裁撤也属于客观情况发生重大变化。

用人单位连续亏损，导致不得不调整业务布局，裁撤部分岗位，在上海地区是否构成“劳动合同订立时所依据的客观情况发生重大变化”呢？

典型案例 80[①]

案情简介

2006 年 4 月 13 日，臧某入职汽车公司处。2019 年 7 月 1 日，双方签订了自 2019 年 7 月 1 日起的无固定期限劳动合同，约定臧某担任职员，汽车公司可以根据企业生产经营需要、业务发展需要和臧某的工作能力、个性特征、身体状态等合理调整臧某的工作岗位、工作内容及工作地点，基于上述调整，汽车公司有权根据薪资福利政策调整臧某收入，另约定臧某采用不定时工作制。

2020 年 9 月 1 日，汽车公司作出关于网络部大区组织架构调整的决定，载明基于经销商网络相关业务现状和运作效率提升需要，为了更好支撑公司业务发展战略，经管理层专题研究，决定对相关部门及分公司进行组织架构调整。调整方向为：取消现有网络大区团队（华东 1、华东 2、东北、华北 3、华北 4、华北 5），新设立统一的网络区域管理团队，负责全国各区域网络发展及经销商设施跟踪审核。并明确涉及人员的薪资福利调整，因组织原因而导致员工从经理转专家的情形可进行薪酬保护 1 年：（1）保护期内，薪资不调整，福利按照专家标准享受，但保护期内绩效必须在 AC 及以上，且未受到警告及以上处分；（2）保护期结束后，根据专家任职资格评定结果确定岗位和薪资福利待遇。后汽车公司因组织架构调整而解除了和臧某的劳动合同，双方发生劳动争议。

裁判意见

法院认为，关于汽车公司解除臧某的劳动合同是否合法问题是本案争议

---

① （2021）沪 01 民终 15455 号。

焦点。首先，臧某主张汽车公司所称的经营亏损和组织架构调整，属于一般商业风险，不适用客观情况发生重大变化的情形。对此法院认为，《劳动合同法》第40条第3项中的“客观情况”不仅指自然条件、企业迁移、被兼并、企业资产转移等情形，上述情形应理解为仅是对“发生不可抗力或出现致使劳动合同全部或部分条款无法履行的其他情况”这一解释的说明性举例，不应据此理解为具有排他性。就本案而言，品牌在2018年至2020年上半年均处于亏损状态，如果不允许企业作出任何调整或改变，势必将对企业利益造成巨大损害，最终也会影响企业内部所有劳动者的利益。故对于用人单位确因市场条件、国际竞争、技术革新等方面的影响而造成需要对组织架构有所调整或改变的情况，亦应认定为符合客观情况发生重大变化的情形……关于汽车公司在协商变更劳动合同时是否已尽到了诚信磋商义务。汽车公司在臧某的岗位被取消后，向臧某提供了多项选择，包括应聘上海当地的多个空缺岗位，安排工作地点为重庆的网络相关岗位，同时如有薪资下调，下调幅度不超过20%亦在合理范围之内，应当说已尽到了诚信磋商义务。臧某认为汽车公司的调岗超出合理范围，具有惩罚性，法院亦难以采纳。综上，汽车公司因组织架构调整，臧某的原岗位被取消，向臧某提供多个空缺岗位供选择，新岗位与原岗位相较，职级及薪酬也未发生根本性改变，应认定汽车公司已就变更劳动合同事宜尽到了诚信磋商的义务，但因臧某不接受，双方最终未能达成一致，汽车公司依据《劳动合同法》第40条第3项之规定解除劳动合同，并无不当，不应认定为违法解除劳动合同。

案例分析

本案中，由于用人单位长期处于亏损状态，为了扭转亏损局面、提高工作效率，公司决定进行组织架构调整、精简岗位，该劳动者所在的岗位将被撤销。用人单位与劳动者就调岗协商不成，以客观情况重大变化解除劳动合同，劳动者对此提出异议。

（1）连续亏损裁撤岗位可以构成客观情况发生重大变化

法院认为，《劳动合同法》第 40 条第 3 项中的“客观情况”不仅指自然条件、企业迁移、被兼并、企业资产转移等情形，上述情形应理解为仅是对“发生不可抗力或出现致使劳动合同全部或部分条款无法履行的其他情况”这一解释的说明性举例，不应据此理解为具有排他性。本案中用人单位连续亏损，如果不进行调整或改变，必然对经济及社会造成更大的不利影响，最终必然也会影响劳动者，因此法院认为对于用人单位确因市场条件、国际竞争、技术革新等方面的影响而造成需要对组织架构有所调整或改变的情况，亦应认定为符合客观情况发生重大变化的情形。

由此可见，上海地区对于客观情况发生重大变化的理解比较宽松，法院通常会着重于审查是否发生了致使劳动合同全部或部分条款无法履行的情况，至于是何种原因造成的无法履行，通常不局限于不可抗力因素。

（2）合规建议

虽然从本案来看上海地区关于客观情况发生重大变化的裁判口径比较宽松，但是用人单位仍然要注意，并不是所有情况下的岗位裁撤都可以被认定为客观情况发生重大变化。客观情况发生重大变化导致劳动合同全部或部分条款无法履行的，通常是企业生产经营发生较大变化，导致一个或多个部门岗位被裁撤，而不是针对个别或部分劳动者。用人单位不能借组织架构调整、岗位裁撤等原因针对性地解除某一个劳动者的劳动合同，否则可能会构成违法解除。

76. 协商变更劳动合同的诚信磋商义务

《劳动合同法》第 40 条第 3 项规定，劳动合同订立时所依据的客观情况发生重大变化，致使劳动合同无法履行，经用人单位与劳动者协商，未能就变更劳动合同内容达成协议的，用人单位可以提前 30 日通知单方解除劳动合同。

在实践中，用人单位因未能正确履行协商变更劳动合同义务而被认定违法解除的情况不在少数。协商变更劳动合同的目的在于消除或减少客观情况变化对劳动关系的影响，尽可能地维持劳动关系的稳定性。从这一立法目的来看，用人单位不能仅仅象征性地完成协商步骤或者随意给劳动者安排一个新的工作岗位，而是要尽到诚信磋商义务，充分、合理地就劳动合同变更进行协商，尽可能促成劳动合同的继续履行。只有在单位尽到诚信磋商义务，劳动者仍然拒绝变更劳动合同的情况下，单位单方解除劳动合同才具有合理性。

然而"诚信磋商"更多的是一种主观认定，没有明确的判断标准。一般来说，法院会综合原岗位和新岗位的工作内容、工作地点、薪资、级别等因素判断单位调岗方案是否合理，单位应当在条件允许的范围内尽可能确保新岗位的工作内容、工作地点、薪资、级别等因素和原岗位保持一致。大幅度地降低岗位薪资、级别，或者侮辱性、歧视性的调岗方案都有可能被认定为没有尽到诚信磋商义务。

典型案例81[①]

案情简介

浦某于2012年6月1日入职管理公司；双方签有《劳动合同》，合同期限为2012年6月1日至2018年5月31日；浦某实际担任财务及行政经理一职，职责涉及财务、人事、物流、办公行政。

2017年1月25日，管理公司向浦某发出《劳动关系解除通知》，具明：鉴于经营和业务需要，管理公司对经营策略进行调整，经丹麦总部决定更改中国管理团队架构，浦某目前任职的财务及行政经理岗位将被撤销，因此原劳动合同依据的客观情况已发生重大变化，无法继续履行，之后管理公司于2017年1月25日表示愿向浦某提供行政主管这一新的职位，但浦某并未接受，据此管理公司通知于2017年1月26日解除与浦某的劳动合同，管理公

① （2018）沪02民终4568号。

司将支付浦某2017年1月工资和相关福利待遇，并愿意支付代通金和一次性经济补偿金。

2017年2月13日，浦某向劳动人事争议仲裁委员会申请仲裁，提出恢复劳动关系及继续支付2017年1月25日起劳动报酬的请求。后双方争议又进入一审、二审。

裁判意见

法院认为，劳动者的合法权益受法律保护。本案系因管理公司调整公司组织架构，撤销了浦某的岗位而引起，因岗位被撤销而导致原劳动合同无法履行，浦某对此并无过失，在此情形下管理公司作为用人单位应当尽到与浦某诚信协商、妥善安排浦某工作的义务，并且应以维持或基本维持原岗水平及待遇、没有不利变更为原则。管理公司在与浦某两次协商过程中，主要涉及解除劳动合同及赔偿事宜，虽然管理公司也曾提出安排行政主管一职，但未明确具体薪酬，现有事实表明，行政主管原系财务和行政经理下辖的职责之一，该岗位薪酬待遇明显低于浦某的原工资标准，不符合维持或基本维持原岗水平及待遇的原则，除此之外，管理公司未提供其他适合的岗位，因此，浦某在两次协商过程中拒绝管理公司的方案尚属合理。管理公司主张浦某无磋商的真实意愿，法院不予采纳。鉴于管理公司没有真正尽到诚实磋商的义务，该公司解除与浦某的劳动合同确有不当。

案例分析

（1）未尽到诚信磋商义务构成违法解除

本案中，公司由于组织架构调整，该员工所在的财务及行政经理岗位被撤销，因此原劳动合同依据的客观情况已发生重大变化，无法继续履行，之后公司为劳动者提供了行政主管这一新的职位，劳动者拒绝了公司提供的新岗位，用人单位随后解除劳动合同。

法院认为，因岗位被撤销而导致原劳动合同无法履行，员工对此并无过失，在此情形下公司应当尽到与员工诚信协商、妥善安排工作的义务，并且应以维持或基本维持原岗水平及待遇、没有不利变更为原则。然而公司提供的行政主管一职，岗位薪酬待遇明显低于员工原本的工资标准，不符合维持或基本维持原岗水平及待遇的原则，除此之外，公司也未提供其他适合的岗位，因此法院认为公司没有真正尽到诚实磋商义务，公司解除与员工的劳动合同违法。

综上所述，可以看到用人单位如果因为客观情况发生重大变化想要单方解除劳动合同，除了需要符合客观情况发生重大变化的情形，还必须和员工协商变更劳动合同，且协商过程应当充分、合理。象征性地为员工安排一个新的岗位，并不能体现公司尽到了合理磋商义务。

（2）合规建议

用人单位在准备变更劳动合同的协商方案时，应当注意调岗方案的合理性，原则上用人单位应作平级调岗，调岗前后的工作性质应相同或类似，确保劳动者的工作能力基本可以胜任新工作岗位的要求。调岗不能具有歧视性、侮辱性，不应造成劳动者收入、级别明显降低或无视劳动者本身专业知识。如果变更明显超过了合理的范围，不仅无法展现出企业的诚意，还影响了劳动者的切身利益，在司法实践中更难得到支持。

如果劳动者对用人单位提供的变更方案不能接受，用人单位还应当进行多次协商，根据实际情况另行提供其他合适的调岗方案，尽可能充分地履行诚信磋商义务，几次之后如果员工还是不能接受，至少用人单位已完全履行了磋商义务，此时再以客观情况发生重大变化为由单方解除劳动合同较为保险。

77. 因变更工作岗位而提供新岗位面试机会，用人单位是否充分履行了磋商义务

企业因劳动合同订立时的客观情况发生重大变化需要解除劳动合同的，除需要证明客观情况存在之外，还应当履行协商变更劳动合同的义务，并且

应当尽到充分的磋商义务。在实践中，有的用人单位在协商变更劳动合同时，并不直接提供明确的工作岗位，而是需要劳动者参加其他岗位的面试，面试通过后才能确定工作岗位。那么，这一操作能否视为用人单位尽到了合理的协商义务呢?

一种观点认为，仅提供面试机会并不意味着必然能够获得工作岗位，不能视为用人单位履行了协商义务。另一种观点则认为，提供面试机会也可以作为协商变更劳动合同的一种方式，如果用人单位的面试安排确实合理，也有可能获得法院的支持。

典型案例82[①]

案情简介

A公司成立于1992年8月14日，案外人研究所有限公司系A公司的股东。杨某于2008年10月6日至A公司工作，双方签订的最后一份劳动合同为2012年10月6日起的无固定期限劳动合同，约定杨某任物业保洁主管。自2017年1月起，杨某负责职工餐厅管理工作，工作内容为与外包的第三方餐饮公司进行对接，审核菜单，检查菜品及问题反馈。

2019年6月6日，A公司又向杨某送达通知，内容为“因原你所在物业部业务已于2018年12月29日整体外包，自2018年12月30日起公司的物业服务工作全部停止，其中餐厅管理工作也从2019年6月3日停止。根据法律规定，双方签订的劳动合同所依据的客观情况发生了重大的变化，根据你本人提交的《调岗面试申请表》，公司分别在2019年1月16日与1月18日安排两次调岗面试，但你都未能完成答题，没有达到岗位的最低要求。现公司再次提供你面试的机会，请你在2019年6月6日前填写《调岗面试申请表》并交至公司人力资源部……”杨某仍然勾选岗位“教务部教务管理”。后A

① （2020）沪01民终5366号。

公司解除双方劳动关系，遂发生劳动争议纠纷。

裁判意见

法院认为，A公司安排杨某填写《调岗面试申请表》选择新的岗位，并列明可由杨某自行填写岗位，可见A公司就变更劳动合同与杨某进行了协商，A公司解释每个岗位要求不同，不了解员工是否具备相应的工作能力，故而在协商调岗时安排面试的主张亦具有一定的合理性，予以采纳。杨某在申请表中首次勾选了教务管理岗位，A公司对其进行面试，杨某自认面试情况不佳，试题超出其能力范围，但在第二次填写申请表时仍然勾选了教务管理岗位，A公司再次面试时，杨某表示面试情况与前次相同，其做了但是完成不了，而A公司则表示杨某在面试中一言不发，不配合面试，其又给予多次面试机会，杨某此后不再参加面试。结合双方的陈述及A公司向杨某发出的通知，一审法院认为，A公司已经与杨某协商变更劳动合同，杨某明知自己不能达到教务管理岗位面试要求，而A公司给出的选择范围中明确还有第四项即自行填写其他岗位，在此情况下，杨某仍然坚持选择教务管理岗位，从而导致双方无法就变更劳动合同协商达成一致。杨某主张自己在勾选时A公司明确告知不能自行填写其他岗位，对此未提供证据证明，不予采纳。综上，A公司与杨某解除劳动合同并支付了经济补偿金、替代提前通知期工资，于法有据，并无不当，并非违法解除，杨某主张违法解除劳动合同赔偿金差额缺乏依据，不予支持。

案例分析

本案中，用人单位为劳动者提供多个岗位面试机会，并且面试安排也充分考虑到了不同员工的工作能力，劳动者参加了两次面试结果不理想之后，不再参加后续的面试。法院认为变更劳动合同，须双方当事人相互选择，达成合意，劳动者基于自身顾虑未完成上述考核，双方未能达成合意，公司由此解除双方劳动合同并无不当。

由此可见，用人单位为员工提供其他岗位面试机会的，在上海地区的司法实践中，有可能被认定为履行了充分磋商的义务。然而用人单位还需要注意，安排面试也需要结合员工原岗位工作情况，合理安排适当的工作机会，并且最好能够安排多个岗位供员工选择，在面试的过程中也应当以协商变更劳动合同为主，而不是以淘汰为目的。在实践中，也有用人单位采取安排员工面试其他岗位的方式协商变更工作岗位，但是由于操作过程中没有充分保障劳动者的选择权，没有考虑到劳动者个人工作能力与新岗位的适配性等，最终被法院认为没有充分履行磋商义务，从而构成违法解除。

78. 北京地区关于客观情况重大变化解除的裁判口径

《劳动合同法》第 40 条第 3 项规定，劳动合同订立时所依据的客观情况发生重大变化，致使劳动合同无法履行，经用人单位与劳动者协商，未能就变更劳动合同内容达成协议的，用人单位提前 30 日以书面形式通知劳动者本人或者额外支付劳动者一个月工资后，可以解除劳动合同。

用该条款解除劳动合同，首先应当证明何种情况属于“劳动合同订立时所依据的客观情况发生重大变化，致使劳动合同无法履行”。由于法律没有明确界定客观情况重大变化的概念，因此各地的裁判口径各有不同。上海地区关于客观情况的认定相对比较宽松，一般而言，企业搬迁、部门裁撤等生产经营变化都能够被法院支持。然而北京地区对客观情况的认定则更加严格。

北京市高级人民法院、北京市劳动人事争议仲裁委员会《关于审理劳动争议案件法律适用问题的解答》规定：“劳动合同订立时所依据的客观情况发生重大变化”是指劳动合同订立后发生了用人单位和劳动者订立合同时无法预见的变化，致使双方订立的劳动合同全部或者主要条款无法履行，或者若继续履行将出现成本过高等显失公平的状况，致使劳动合同目的难以实现。

下列情形一般属于“劳动合同订立时所依据的客观情况发生重大变化”：

（1）地震、火灾、水灾等自然灾害形成的不可抗力；

（2）受法律、法规、政策变化导致用人单位迁移、资产转移或者停产、转产、转（改）制等重大变化的；

（3）特许经营性质的用人单位经营范围等发生变化的。

典型案例 83[①]

案情简介

刘某原系某北京分公司员工，担任高级服务工程师职务，该公司认可自2008年12月1日起计算刘某的工作年限。刘某解除前12个月月平均工资为23,565元。双方均认可刘某直属部门能源业务被出售，刘某原岗位已不存在，某北京分公司与刘某协商，并征询刘某是否愿意到购买方工作，刘某不同意到购买方工作。后北京分公司提出将刘某由北京安排至上海工作，薪资调整至6000元/月，刘某表示不同意。2020年3月25日，北京分公司以“双方签订劳动合同时所依据的客观情况发生重大变化，劳动合同无法继续履行，双方未能就变更劳动合同达成一致意见”为由提出与刘某解除劳动关系。某北京分公司已向刘某支付解除劳动合同经济补偿及代通知金297,020.32元。刘某主张公司发生违法解除，因而发生劳动争议。该案历经劳动争议仲裁、法院一审和二审。

裁判意见

一审法院认为，依据《劳动合同法》第40条第3项规定，“劳动合同订立时所依据的客观情况发生重大变化，致使劳动合同无法履行，经用人单位与劳动者协商，未能就变更劳动合同内容达成协议的”，用人单位可与劳动者解除劳动合同。劳动合同订立时所依据的客观情况发生重大变化是指劳动合同订立后发生了用人单位和劳动者订立合同时无法预见的变化，致使双方订立的劳动合同全部或者主要条款无法履行……比如地震、火灾、水灾等自

① （2022）京03民终4635号。

然灾害形成的不可抗力，受法律、法规、政策变化导致用人单位迁移、资产转移或者停产、转产、转（改）制等重大变化的，特许经营性质的用人单位经营范围等发生变化的。

本案中，某北京分公司将其公司能源业务出售的行为，系为应对市场变化主动采取的经营策略调整，不属于法定的劳动合同订立时所依据的客观情况发生重大变化的情形；且某北京分公司在与刘某协商变更劳动合同内容的过程中，提出大幅降薪，缺乏合理性。综合双方提交的证据及本案庭审情况，某北京分公司的解除行为无事实及法律依据，系违法解除劳动关系，应支付刘某违法解除劳动关系赔偿金。经法院核算，仲裁裁决金额符合法律规定，一审法院对此予以确认。

案例分析

（1）北京地区对于劳动关系中的客观情况发生重大变化认定口径更为严格

本案中，该用人单位将其部分业务出售，导致该劳动者的工作岗位不存在，在上海地区，这种情况被认定为客观情况发生重大变化的可能性较大；然而北京地区的法院则采取比较严格的裁判口径，认为用人单位出售部分业务系主动的经营策略调整，不属于客观情况导致的变化。北京地区法院倾向于认为劳动合同订立时所依据的客观情况发生重大变化是指劳动合同订立后发生了用人单位和劳动者订立合同时无法预见的变化，致使双方订立的劳动合同全部或者主要条款无法履行，如自然灾害、政策原因等导致的。

由此可见，对于客观情况发生重大变化，各地的裁判口径各不相同，用人单位在不同地区，需要结合当地的裁判口径具体分析。在北京地区，用客观情况重大变化解除劳动合同的难度相对较大。

（2）北京地区用人单位发生组织架构调整、岗位裁撤、企业搬迁等的合规建议

由于北京地区对客观情况发生重大变化的认定比较严格，实践中常见的

组织架构调整、岗位裁撤、企业搬迁等理由，除非是自然灾害，受法律、法规、政策变化等原因导致的，否则很难被认定为属于客观情况发生重大变化，因此建议用人单位在发生相应情形时尽量与员工通过协商的方式变更劳动合同或解除劳动合同。贸然以客观情况发生重大变化为由单方解除劳动合同存在较大的违法风险。

第四节　医疗期满解除劳动合同

79. 医疗期满解除劳动合同的操作方法

根据《劳动合同法》第 40 条第 1 项的规定，“劳动者患病或者非因工负伤，在规定的医疗期满后不能从事原工作，也不能从事由用人单位另行安排的工作的”，用人单位提前 30 日以书面形式通知劳动者本人或者额外支付劳动者一个月工资后，可以解除劳动合同。在实践中，如果用人单位用这一理由解除劳动合同，需要分三步走：第一，确定劳动者医疗期已经届满；第二，劳动者不能从事原工作也不能从事用人单位另行安排的工作；第三，提前 30 日通知解除。

在实践中，如何证明员工医疗期满后不能从事原工作也不能从事单位另行安排的工作，各地可能存在不同的要求。

上海地区一般是员工医疗期满后，单位应当及时通知员工返岗工作，如果员工以身体原因拒绝返岗或者仍然继续请病假长期无法返岗，那么一般可以认为员工不能从事原工作。此时，用人单位应当根据员工的身体状况为员工调整工作岗位，并且通知员工到新工作岗位工作。如果员工仍然拒绝返岗或者继续提交病假单，那么一般可以认为员工也不能从事单位另行安排的工作。此时，用人单位可以进行下一步操作，提前 30 日通知员工解除劳动合同，并支付相应的经济补偿金及医疗补助费。

然而，在北京地区，仅有上述操作流程仍然不够，用人单位还需要通知员工进行劳动能力鉴定，如果用人单位没有通知劳动者做劳动能力鉴定，则有可能构成违法解除。

典型案例84[①]

案情简介

王某于2018年10月8日入职公司，双方签订了期限为2018年10月8日至2021年10月7日的劳动合同，约定王某担任前期部报建专员。

公司在2019年9月25日向王某发送《医疗期满通知书》，内容为：王某：自2019年6月26日起，你一直休病假至今，你的医疗期将于2019年9月26日届满。请你于2019年9月27日到单位报到出勤。如你不能在该日期来公司报到出勤，或者继续向单位请假，公司将按照相关规定对此事项进行处理，由此产生的后果请知悉。2019年11月4日，公司再次向王某发送《通知》，内容为：你于2019年6月26日开始休病假至2019年10月31日累计休病假已超过3个月。请你于2019年11月8日17：30之前到公司就下一步安排进行当面协商……如截至2019年11月8日17：30，你或被委托人仍未到公司来进行面谈，或者继续向单位请假，公司将按照相关制度进行下一步工作。

2019年11月27日，公司向王某发送《解除劳动合同通知书》，内容为："您于2019年6月26日第一次提交病假条开始一直在家休养，截至2019年11月26日已有5个月的时间，按照公司的制度，您可申请的医疗期已经期满，期满后您未能回公司上班，同时也未提交申请延长医疗期的书面申请，依据公司《员工考勤管理实施细则》规定，通知您：（1）双方的劳动合同于2019年11月30日解除；（2）您的工资支付截止日期为：2019年11月30

① （2022）京02民终438号。

日。”后王某向北京市西城区劳动人事争议仲裁委员会申请仲裁，请求：继续履行劳动合同。此后双方又继续就本案进入一审、二审。

裁判意见

法院认为，根据《劳动合同法》第 40 条第 1 项的规定，劳动者患病或者非因工负伤，在规定的医疗期满后不能从事原工作，也不能从事用人单位另行安排的工作的，用人单位提前 30 日以书面形式通知劳动者本人或者额外支付劳动者一个月工资后，可以解除劳动合同。

本案中，公司虽给王某发送了相关通知书，但并未与王某就医疗期满后的复工问题进行具体沟通，也未对王某能否从事原工作或能否从事另行安排的工作进行确认。另外，根据《企业职工患病或非因工负伤医疗期规定》第 7 条的规定，企业职工非因工致残和经医生或医疗机构认定患有难以治疗的疾病，医疗期满后，应当由劳动鉴定委员会参照工伤与职业病致残程度鉴定标准进行劳动能力鉴定。现公司亦未向法院提交其已通知王某进行劳动能力鉴定的材料，故法院认为公司径行以王某旷工为由解除劳动合同，缺乏法律依据，系违法解除劳动合同。用人单位违法解除劳动合同的，劳动者有权要求继续履行劳动合同。现王某要求继续与公司履行劳动合同，故双方的劳动合同应当继续履行。

案例分析

（1）北京地区医疗期满解除劳动合同需要进行劳动能力鉴定

本案中王某患病医疗期满后，单位多次通知王某返岗协商劳动合同事宜，王某一直没有返岗，单位直接通知王某解除劳动合同。用人单位的解除方式显然违反了《劳动合同法》第 40 条第 1 项的程序要求，在王某没有按时返岗工作之后，用人单位没有为其安排新的工作岗位就直接解除了劳动合同。此外，法院裁判意见中还提到，根据《企业职工患病或非因工负伤医疗期规定》第 7 条的规定，企业职工非因工致残和经医生或医疗机构认定患有难以治疗的疾病，医疗期满后，应当由劳动鉴定委员会参照工伤与职业病致残程度鉴定标准进行劳动能力鉴定。本案中用人单位也没有通知王某进行劳动能力鉴定，因此用人单位解除劳动合同的行为系违法解除。

由此可见，北京地区对于医疗期满解除劳动合同，除常规的流程之外，还要求用人单位通知劳动者做劳动能力鉴定，如果用人单位没有通知劳动者做劳动能力鉴定，直接依据《劳动合同法》第 40 条第 1 项的事由解除劳动合同，可能涉嫌违法解除。

（2）用人单位有通知劳动者进行劳动能力鉴定的义务

虽然北京地区实操中要求用人单位在用《劳动合同法》第 40 条第 1 项的事由解除劳动合同时需要进行劳动能力鉴定，但是这并不意味着用人单位需要确保劳动者完成了劳动能力鉴定，一般而言，用人单位只要履行了合理的通知义务即可。如果劳动者接到通知后不进行劳动能力鉴定，用人单位不会因此构成违法解除。

80. 医疗期满后解除劳动合同，用人单位是否需要支付员工医疗补助费

该问题原本被规定在原劳动部发布的 481 号文的第 6 条，“劳动者患病或者非因工负伤，经劳动鉴定委员会确认不能从事原工作、也不能从事用人单位另行安排的工作而解除劳动合同的，用人单位应按其在本单位的工作年限，每满一年发给相当于一个月工资的经济补偿金，同时还应发给不低于六个月工资的医疗补助费。患重病和绝症的还应增加医疗补助费，患重病的增加部分不低于医疗补助费的百分之五十，患绝症的增加部分不低于医疗补助费的百分之百”。根据这一规定，用人单位以医疗期满不能从事原工作也不能从事用人单位另行安排的工作为由解除劳动合同应当支付医疗补助费。

然而该文件于 2017 年 11 月 24 日被宣告废止，关于医疗期满不能胜任解除是否需要支付医疗补助费的问题就没有全国统一的规定了，各地对此问题的规定及裁判口径不一。

《上海市劳动合同条例》第 44 条规定，“用人单位根据本条例第三十二

条第一款第（一）项的规定解除劳动合同的，除按规定给予经济补偿外，还应当给予不低于劳动者本人六个月工资收入的医疗补助费”。因此，对于该问题，上海地区有明确的规定，481 号文的废止不会对上海地区的口径产生影响。

而其他地区则需要具体结合当地的规定及裁判案例分析是否应当支付医疗补助费。比如，北京地区在《北京市劳动合同规定》第 38 条中规定，“用人单位依据本规定第二十九条、第三十一条、第三十二条规定解除劳动合同的，应当依照国家及本市有关规定给予劳动者经济补偿；依据本规定第三十一条第（一）项①规定解除劳动合同的，还应当依照国家及本市有关规定支付医疗补助费”。虽然该条文要求应当依照国家及本市有关规定支付医疗补助费，但是481 号文被废止后，国家层面对该问题实际上已经没有相关法律依据了，北京地区对此也没有特殊规定。

典型案例 85②

案情简介

陆某于 2006 年 2 月 25 日进入某销售有限公司工作。2015 年 3 月 26 日，原、被告签订了期限自 2015 年 4 月 1 日起的无固定期限劳动合同，其中约定被告担任库工一职。上述合同履行期间，被告自 2019 年 3 月 3 日起向原告申请病休。

2020 年 3 月 10 日，某销售有限公司向被告出具《医疗期满通知书》，内容记载为：通知返岗工作。

2020 年 4 月 22 日，某销售有限公司向被告出具《解除劳动合同通知

① 《北京市劳动合同规定》第 31 条规定，有下列情形之一的，用人单位可以解除劳动合同，但应当提前30 日以书面形式通知劳动者本人：（1）劳动者患病或者非因工负伤，医疗期满后不能从事原工作，也不能从事由用人单位另行安排的工作或者不符合国家和本市从事有关行业、工种岗位规定，用人单位无法另行安排工作的……

② （2021）沪 02 民终 12003 号。

函》，内容记载为："员工陆某：因您医疗期于2020年4月3日已到期，鉴于您医疗期满后仍未返岗，也未与公司协商。公司已提前一个月告知，根据相关法律规定，现公司依法与您解除劳动合同。请您收到本通知后立即至公司人力资源部办理相关离职手续并在一周内领取劳动手册。"双方因而发生劳动争议，本案历经劳动仲裁、一审、二审。

裁判意见

二审法院认定，陆某的医疗期于2020年4月3日届满，此后其未按通知返岗或与公司就新岗位进行协商，某销售有限公司据此与陆某解除劳动合同符合《劳动合同法》关于劳动者患病或非因工负伤，在规定的医疗期满后不能从事原工作，也不能从事由用人单位另行安排的工作的，用人单位可解除劳动合同的情形，但用人单位应当向劳动者支付经济补偿金。一审法院判令公司支付陆某解除劳动合同的经济补偿金，于法有据，法院予以确认。公司主张陆某未进行劳动能力鉴定，不应支付其医疗补助费，但根据法律的相关规定，在用人单位以前述理由解除劳动合同的情形下，是否经过劳动能力鉴定，并非支付医疗补助费的必要条件。故公司除支付陆某经济补偿金外，还应依据《上海市劳动合同条例》的规定支付不低于陆某6个月工资收入的医疗补助金。公司的该项主张，于法无据，法院不予采纳。公司对经济补偿金及医疗补助金的具体金额未提出异议，法院予以维持。

典型案例86①

案情简介

原告张某自2016年7月1日至2019年8月30日与被告公司存在劳动关系。张某实际提供劳动至2019年3月30日。2019年3月31日至6月30日，

① （2020）京0113民初1343号。

张某休病假，公司按照不低于2019年度最低工资标准的80%支付其病假工资。公司称张某医疗期为3个月，医疗期满后要求张某回原岗位，张某不回原岗位，公司给其调岗，但张某没有上班，公司已按照法律规定支付其代通知金和解除劳动关系经济补偿金。张某认可自己医疗期3个月，没有经过劳动能力鉴定委员会鉴定确认。因就支付医疗补助费等事项发生争议，张某作为申请人将本案劳动争议申诉至北京市顺义区劳动人事争议仲裁委员会，要求：……2. 公司支付医疗补助费27,000元……后双方劳动争议进入一审流程。

裁判意见

原劳动部《关于贯彻执行〈中华人民共和国劳动法〉若干问题的意见》第35条规定：请长病假的职工在医疗期满后，能从事原工作的，可以继续履行劳动合同；医疗期满后仍不能从事原工作也不能从事由单位另行安排的工作的，由劳动鉴定委员会参照工伤与职业病致残程度鉴定标准进行劳动能力鉴定。被鉴定为一至四级的，应当退出劳动岗位，解除劳动关系，办理因病或非因工负伤退休退职手续，享受相应的退休退职待遇；被鉴定为五至十级的，用人单位可以解除劳动合同，并按规定支付经济补偿金和医疗补助费。上述规定仅规定了应当支付医疗补助费的情形，但并无明确的标准，需按照原劳动部1994年12月3日发布的《违反和解除劳动合同的经济补偿办法》（劳部发〔1994〕481号）第6条执行。但现481号文已废止，故上述规定也就无标准可执行。原劳动部《关于实行劳动合同制度若干问题的通知》（劳部发〔1996〕354号）第22条规定：劳动者患病或者非因工负伤，合同期满终止劳动合同的，用人单位应当支付不低于6个月工资的医疗补助费；对患重病或绝症的，还应适当增加医疗补助费。该条仅规定合同期满终止劳动合同的情形应当支付医疗补助费。故张某要求公司支付医疗补助费的诉讼请求，于法无据，法院不予支持。

案例分析

从上述两个案例可以看出，自481号文被废除后，关于医疗期满不能从事原工作，也不能从事单位另行安排的工作的劳动关系解除后，是否需要支付医疗补助费的问题，各地裁判口径不一。上海地区原本就在《上海市劳动合同条例》中明确规定，这种情况下，用人单位应当支付医疗补助费，481号文的废除，对上海地区的司法口径影响不大。并且，根据《上海市劳动合同条例》的规定，劳动者要求医疗补助费不需要进行劳动能力鉴定，用人单位不能因劳动者没有提供劳动能力鉴定报告而拒绝支付医疗补助费。

而北京地区并没有地方性规定，自481号文废止后，法院普遍不支持员工主张医疗补助费的要求。比如案例二中法院的裁判意见，法院认为随着481号文的废除，医疗期满不能胜任解除的医疗补助费没有法律依据，因此不予支持。

81. 用人单位已支付了违法解除劳动合同的赔偿金是否还应当支付员工医疗补助费

用人单位解除或终止长病假员工的劳动合同需要支付医疗补助费的情形主要有两种：一种是用人单位依据《劳动合同法》第40条第1项的规定，劳动者患病或者非因工负伤，在规定的医疗期满后不能从事原工作，也不能从事由用人单位另行安排的工作的，用人单位单方解除劳动合同。另一种是劳动者患病或非因工负伤的，劳动合同期满且医疗期满，用人单位依法终止劳动合同。

上述两种解除或终止劳动合同需要支付医疗补助费的情形，均是以合法解除或终止劳动合同为前提。法律没有对违法解除或终止长病假员工的劳动合同是否需要支付医疗补助费作出规定。

一种观点认为，合法解除或终止劳动合同的情形下尚且需要支付医疗补助费，违法解除本身就是用人单位的过错，则更加应当支付医疗补助费，否则不符合公平原则。

另一种观点则认为，法律没有规定违法解除劳动合同的情形下需要支付医疗补助费，用人单位就无须支付医疗补助费。然而这种观点存在的问题是，在劳动者工资较低或工龄较短的情况下，用人单位违法解除劳动合同支付赔偿金的成本可能比合法解除劳动合同需要付出的成本更低，显然不符合公平原则。

典型案例87[①]

案情简介

何某系本市外来从业人员。2017 年 6 月 19 日，何某进 A 公司工作，担任装配钳工，双方签订期限为 2017 年 6 月 19 日至 2019 年 12 月 31 日的劳动合同。2018 年 11 月 4 日起，何某因病休假。2019 年 3 月 20 日，公司向何某转账支付 5240 元，交易备注为“协商解除补偿”。2019 年 4 月 26 日，何某向上海市嘉定区劳动人事争议仲裁委员会申请仲裁，要求 A 公司支付违法解除劳动合同赔偿金差额 19,287.44 元、医疗补助费 36,791.16 元、延时及休息日加班工资差额 15,740.16 元、2018 年度剩余 50% 的年终奖励金 1750 元等。2019 年 7 月 9 日，该仲裁委员会作出裁决，双方均不服仲裁裁决，此案之后进入一审、二审。

裁判意见

法院认为，就公司违法解除劳动合同，是否需要支付医疗补助费一节，违法解除劳动合同赔偿金系对用人单位违法解除劳动合同的惩罚，医疗补助费系对被解除劳动合同的劳动者进行后续治疗的补偿，分属两种不同性质的补偿（赔偿），应当兼得。况且，根据“举轻以明重”的逻辑，合法解除劳

① （2020）沪 02 民终 5165 号之一。

动合同时，用人单位需支付医疗补助费，用人单位违法解除劳动合同时，更不应免除支付医疗补助费的义务。故何某要求公司支付 6 个月工资的医疗补助费的请求，于法有据，予以支持，公司要求不予支付何某医疗补助费的请求，不予支持。医疗补助费的金额根据何某离职前 12 个月平均工资予以计算确定。

案例分析

本案中，劳动者医疗期届满后，仍然在休病假，公司依据《劳动合同法》第 40 条第 1 项的规定解除劳动合同，需要举证该劳动者不能从事原岗位工作，也不能从事用人单位另行安排的工作。该公司未举证证实在劳动者医疗期届满后为其另行安排工作，且其仍无法从事公司另行安排的工作。公司在未另行安排劳动者工作的情况下，径行解除与该劳动者的劳动合同，属于违法解除。

根据《劳动合同法》① 及《上海市劳动合同条例》② 的规定，劳动者患病或非因工负伤，在规定的医疗期满后不能从事原工作，也不能从事由用人单位另行安排的工作的，用人单位提前 30 日以书面形式通知劳动者本人或者额外支付劳动者一个月工资后，可以解除劳动合同，用人单位应支付劳动者经济补偿金及不低于劳动者本人 6 个月工资收入的医疗补助费。本案的情形属于违法解除，相关规定并没有明确违法解除劳动合同是否应当支付医疗补助费。

法院认为，根据“举轻以明重”的逻辑，合法解除劳动合同时，用人单位需支付医疗补助费，用人单位违法解除劳动合同时，更不应免除支付医疗

① 《劳动合同法》第 40 条规定，有下列情形之一的，用人单位提前 30 日以书面形式通知劳动者本人或者额外支付劳动者一个月工资后，可以解除劳动合同：（1）劳动者患病或者非因工负伤，在规定的医疗期满后不能从事原工作，也不能从事由用人单位另行安排的工作的……

② 《上海市劳动合同条例》第 44 条规定，用人单位根据本条例第 32 条第 1 款第 1 项的规定解除劳动合同的，除按规定给予经济补偿外，还应当给予不低于劳动者本人 6 个月工资收入的医疗补助费。

补助费的义务，因此判决用人单位承担违法解除赔偿金的同时，也需要支付劳动者6个月工资的医疗补助费。

第五节　其他解除情形

82. 用人单位能否与外籍员工约定解除劳动合同的条件

外籍劳动者与我国本国劳动者在适用劳动法律上存在诸多不同之处，我国《劳动合同法》并没有明确外籍员工可以同等适用该法律。目前的法律、法规中，《外国人在中国就业管理规定》对外籍劳动者适用劳动法律问题做了较为明确的规定。其中第21条规定，用人单位支付所聘用外国人的工资不得低于当地最低工资标准；第22条规定，在中国就业的外国人的工作时间、休息休假、劳动安全卫生以及社会保险按国家有关规定执行。

根据上述规定，在最低工资、工作时间、休息休假、劳动安全卫生、社会保险这五项基本权利方面，外国人同我国公民享有同样的权利。但除此之外，其他的事项，如合同的解除、经济补偿金、赔偿金等问题应当如何适用法律，该文件并没有明确规定。

实践中，一种观点认为，用人单位可以与外籍员工就上述五项基本权利之外的事项自行约定，有约定的从约定，没有约定的事项，当事人主张权利的，则不予支持。另一种观点则认为，在中国就业的外籍人士应当适用中国的法律，用人单位可以就上述五项基本权利之外的事项自行约定，但是双方的约定也不能违反《劳动合同法》等法律法规的强制性规定，产生争议时仍然应当适用我国的劳动法律裁判。

在上海地区的司法实践中，上述两种观点均有法院采纳，目前对上述问题没有形成统一的裁判口径。

典型案例88[①]

案情简介

JZ于2016年1月15日入职上海分公司，担任广告技术总监，双方签订过一份劳动合同。上海市外事翻译工作者协会翻译的双方劳动合同载明："……职务：广告技术总监。生效日期：2016年1月15日……通知期限：鉴于您职位的重要性并且会接触到公司的保密资料，您和本公司均需提前三个月通知另一方以解除雇佣关系。通知期三个月内，您应服从公司安排继续为公司工作。如果本公司未经提前三个月通知解除雇佣合约，您仍有权获得自通知之日起三个月的基本薪酬和住房补贴作为补偿……"JZ月工资为62,606元，住房以及生活补贴为26,831元。

上海分公司为JZ办理了有效期分别为2016年1月27日至2018年1月21日、2018年1月22日至2021年1月20日的就业许可证，2020年3月11日，JZ的就业许可证被注销。

2020年5月28日，JZ向上海市静安区劳动人事争议仲裁委员会申请仲裁，要求：（1）上海分公司支付违法解除劳动合同赔偿金718,432.50元；（2）上海分公司支付未提前三个月通知解除劳动关系代通金239,477.50元；（3）上海分公司支付2018年度及2019年度年终奖共计160,000元……后本案又进入一审、二审。

裁判意见

二审法院认为，用人单位与获准聘雇的外籍人员之间有关聘雇期限、岗位、报酬、保险、工作时间、解除聘雇关系条件、违约责任等双方的权利义务，通过劳动合同约定。持有《外国人就业证》的外籍劳动者在经济实力、

① （2020）沪02民终11419号。

综合素质、信息获取能力等方面具备一定优势，与用人单位签约过程中占有一定谈判话语权和主动性，应认为其具备较强的预见能力和风险抵御力。故对于最低劳动报酬、工作时间、休息休假、劳动安全卫生条件及社会保险五方面基本权利之外的权利义务，应充分尊重双方意思自治，即除前述涉及劳动基准以外的其他劳动权利义务应按合同约定或实际履行的内容予以确定，双方未约定的不予支持，双方虽有约定但约定不明的应考察其条款所涉法条原意予以判断。

就JZ主张违法解除劳动合同赔偿金一节，双方于《劳动合同》中对于解除仅提及了通知期限，对于解除的后果未作约定。但因JZ作为外籍人士享有高薪，在与用人单位签订劳动合同过程中具有谈判地位的特殊性，双方更近于平等主体。对此，应充分尊重双方的意思自治，赋予当事人根据自我判断处置自身利益的相对自由，在双方无合同约定的情况下，JZ该主张法院难以支持。

案例分析

（1）外籍劳动者的劳动权利义务没有约定不予支持

本案中，该用人单位与外籍劳动者在劳动合同中约定了一方提前三个月通知对方即可解除劳动合同，并且没有约定解除劳动合同需要支付补偿金。这一约定显然不属于我国《劳动合同法》规定的可以解除劳动合同的法定事由。但是法院认为，外籍人士在我国就业的，通常是高收入人群，其谈判能力及地位相对较高，和用人单位之间的地位趋于平等，因此应当充分尊重双方的意思自治，除《外国人在中国就业管理规定》中规定的五项基本权利外，用人单位与外籍劳动者就其他事项有约定的，按照双方的约定处理。

（2）外籍劳动者在中国就业应当受到我国劳动法律保护

除本案中的裁判观点外，上海地区司法实践中还存在另一种观点，即在中国就业的外籍劳动者仍然适用我国劳动法律保护，不局限于《外国人在中国就业管理规定》中的五项基本权利。也就是说，用人单位在处理外籍劳动者的劳动关系时也应当遵守《劳动合同法》等法律法规的规定，解除或终止劳动合同应当有法定的理由，并且要依法支付经济补偿金。

上述两种观点在上海地区都比较常见，尚未形成统一口径。在司法实践中，用人单位可以结合所在辖区法院的裁判口径判断司法机关可能采取何种观点。然而，也不排除相同法院未来可能会作出不同的判决，较为通行的建议还是按照我国劳动法律的规定处理外籍劳动者的劳动关系。

83. 用人单位单方解除劳动合同是否可以不予通知工会

维护职工合法权益是工会的基本职责，工会应当密切联系职工、协调劳动关系、维护企业职工劳动权益。

《劳动合同法》第 43 条规定，用人单位单方解除劳动合同，应当事先将理由通知工会。用人单位违反法律、行政法规规定或者劳动合同约定的，工会有权要求用人单位纠正。用人单位应当研究工会的意见，并将处理结果书面通知工会。

最高人民法院《关于审理劳动争议案件适用法律问题的解释（一）》第 47 条规定，建立了工会组织的用人单位解除劳动合同符合《劳动合同法》第 39 条、第 40 条规定，但未按照《劳动合同法》第 43 条规定事先通知工会，劳动者以用人单位违法解除劳动合同为由请求用人单位支付赔偿金的，人民法院应予支持，但起诉前用人单位已经补正有关程序的除外。

由上述规定可知，用人单位依据《劳动合同法》第 39 条、第 40 条规定单方解除劳动合同的，须事先将解除理由通知工会，听取工会的意见。然而实践中并非所有用人单位都设立了工会，没有设立工会的用人单位依据上述规定解除劳动合同时应当如何通知工会，实践中存在不同的观点。

一种观点认为，通知工会的前提是用人单位已经设立了工会，如果用人单位没有设立工会则无从通知。并且最高人民法院的司法解释也将应当通知工会的主体限制为“建立了工会组织的用人单位”，也就是说建立了工会组织的用人单位依上述规定单方解除劳动合同时应当履行通知工会义务，而没有建立工会组织的用人单位则无须履行通知工会程序。

另一种观点则认为，《劳动合同法》第43条的规定之立法本意在于，让工会组织参与到劳动合同解除中，以防止用人单位滥用单方解除权，从而更好地保护劳动者权益。如果因为没有建立工会就可以免除通知工会的义务，显然不利于上述立法目的的实现。此外，即使用人单位没有建立工会，也可以向用人单位所在地的上级工会履行告知义务。

典型案例89[①]

案情简介

原告于1999年3月1日进入被告处工作，岗位为电焊工，双方签订劳动合同。

另查，2020年11月20日原告签收《员工手册》。《员工手册》规定累计旷工3次，或连续旷工7天（含）以上，或累计旷工30天，给予解除劳动合同处理。

2020年12月30日，被告张贴处通知，载明工厂放假时间为2021年2月5日，收假时间等通知。2021年1月26日，原告申请事假，时间为1月27日至2月5日。被告自2021年2月5日起开始春节放假，3月1日起原告返回被告处工作。

再查，2021年3月1日原告与被告公司胡厂长的谈话录音中，厂长提到初八上班为何现在才来，原告称也想早点来、没有请假等。次日，被告出具书面通知书解除与原告之间的劳动关系，解除理由为旷工。

2021年3月9日，原告向上海市松江区劳动人事争议仲裁委员会申请仲裁，要求被告支付违法解除劳动合同赔偿金211,728元。2021年4月20日，该仲裁委员会以松劳人仲（2020）办字第700号裁决书，裁决：对原告的仲

① （2021）沪0117民初7304号。

裁请求不予支持。裁决后，原告不服，起诉至法院。

裁判意见

法院认为，建立工会组织的用人单位解除劳动合同的，应当事先通知工会，未按规定通知的，劳动者以用人单位违法解除劳动合同为由请求用人单位支付赔偿金的，应予以支持。现被告确认其设有工会，但未履行通知工会义务，其解除行为在程序上违反了法律规定，原告据此主张赔偿金于法有据，法院予以支持。鉴于被告对赔偿金金额 211, 728 元无异议，故被告应支付原告违法解除劳动合同赔偿金 211, 728 元。

典型案例 90①

案情简介

郑某原系公司家居品商品副总监。双方签订了期限为 2015 年 6 月 18 日至 2020 年 6 月 17 日的劳动合同。2018 年 7 月，公司因组织架构调整，撤销三组，相关业务不再经营。此后，双方开始就岗位撤销后续事宜进行协商。

2018 年 8 月 21 日，公司向郑某送达《劳动合同解除通知书》，以“劳动合同订立时所依据的客观情况发生重大变化，致使原劳动合同无法履行，经双方协商不能就变更劳动合同达成协议”为由，通知双方于 2018 年 8 月 22 日解除劳动合同。一审中，双方确认，公司未设立工会组织。双方的争议焦点在于：公司解除劳动合同是否属违法解除。本案后来上诉到二审。

裁判意见

郑某以未依法通知工会为由主张公司违法解除与郑某的劳动合同，对此，公司在二审中提供公司发给工会的顺丰速运快递单号，旨在证明其将解除劳

① （2019）沪 01 民终 10533 号。

动合同备案书寄给上级工会，郑某则不予认可。根据最高人民法院《关于审理劳动争议案件适用法律若干问题的解释（四）》（已失效）第12条的规定，建立了工会组织的用人单位解除劳动合同符合《劳动合同法》第39条、第40条规定，但未按照《劳动合同法》第43条规定事先通知工会，劳动者以用人单位违法解除劳动合同为由请求用人单位支付赔偿金的，人民法院应予支持，但起诉前用人单位已经补正有关程序的除外。鉴于公司未建立工会，故不能以其解除劳动合同前未通知工会为由认定解除程序违法，对郑某的该项主张法院不予采纳。据此，公司提供的快递单号与本案诉争缺乏关联性，法院不作认定。

案例分析

（1）已经建立工会的用人单位应当在单方解除与员工劳动合同之前履行告知工会义务

案例一中，因劳动者旷工，用人单位依据《员工手册》规定单方解除了劳动合同。该用人单位已经建立了工会，法院认为其单方解除劳动合同应当履行通知工会程序，该用人单位解除劳动合同没有通知工会，也没有在起诉前予以补正，因此法院认定该用人单位单方解除劳动合同构成违法解除。

由此可见，通知工会程序关系到用人单位解除劳动合同的合法性认定，已经建立了工会组织的用人单位依据《劳动合同法》第39条、第40条规定单方解除劳动合同的，必须履行通知工会程序。根据《劳动合同法》第43条的规定，用人单位应当在向劳动者发出解除通知前完成通知工会程序，但最高人民法院的司法解释给予了用人单位补正的机会，如果用人单位没有按照《劳动合同法》第43条的规定通知工会，那么在劳动者起诉前的任意时间都可以进行补正。

在实践中，很多用人单位单方解除劳动合同会忽略通知工会的程序，虽然最高人民法院司法解释给了用人单位补正的机会，但是仍然有用人单位因法律意识薄弱，错过了最后的补正机会。那么，即使用人单位单方解除劳动合同的理由充分，也可能因通知工会程序问题而被认定为违法解除。

（2）本单位没有建立工会应当如何履行通知工会程序

案例二中，该用人单位以劳动合同订立时客观情况发生重大变化为由，依据《劳动合同法》第40条的规定单方解除劳动合同。劳动者认为用人单位没有履行通知工会程序，构成违法解除。本案中的用人单位没有建立工会，但是仍然向所在地的上级工会履行了告知程序。法院认为该公司未建立工会，故不能以其解除劳动合同前未通知工会为由认定解除程序违法。

在实践中，有很多用人单位本单位没有设立工会，在上海地区的司法实践中，倾向于认为用人单位在设立工会的前提下，应当履行通知工会程序，没有设立工会的用人单位，不履行通知工会程序则不会构成违法解除。但是许多用人单位为了防范风险，仍然会向用人单位所在地的上级工会履行通知程序，法院通常也不会对这一操作做不利于用人单位的评价。就上海地区目前的裁判口径而言，没有建立工会的用人单位不履行通知工会程序，法院一般不会支持劳动者的赔偿金主张，但是用人单位也可以向用人单位所在地的上级工会履行通知工会程序。

然而，不同地区对此问题可能存在不同的规定及裁判口径，如江苏省对此则有明确规定。《江苏省劳动合同条例》第31条第2款规定，用人单位单方解除劳动合同，应当事先将理由通知工会；用人单位尚未建立工会的，通知用人单位所在地工会。由此可见，江苏地区的用人单位依据《劳动合同法》第39条、第40条的规定单方解除劳动合同，无论本单位是否建立了工会，均需要履行告知工会程序。

84. 劳动者向用人单位发出辞职通知后能否撤回

根据《劳动合同法》的规定，劳动者解除劳动合同的，只需要提前30日书面通知用人单位即可。劳动者提前30日以单方通知形式解除劳动合同的权利属于形成权，无须用人单位同意，辞职通知一经到达用人单位就发生法律效力，在书面的辞职通知送达用人单位之日起满30日，劳动关系就可以解除。然而，现实中常有劳动者在发出辞职通知后由于种种原因反悔，希望撤回辞职通知。

辞职通知为劳动者的意思表示，劳动者要撤回意思表示的，撤回通知应当在辞职通知到达用人单位之前或同时到达。否则，辞职通知一旦到达用人单位，就发生了法律效力，劳动者想要反悔的，只能与用人单位协商一致。

典型案例91①

案情简介

原告于1985年8月10日入职被告处，双方于1997年10月22日签订无固定期限劳动合同。原告离职前的岗位为风控经理。

2020年10月16日，被告人事接到某小贷公司来电，内容为催促原告归还借款。被告遂要求原告配合调查，并要求原告提供近三年的银行流水记录。原告对此表示拒绝。

2020年10月17日晚，原告微信通知施某于次日上午地铁站碰面。10月18日上午，原告在地铁站向施某（科长）、沈某（副科长）递交“辞职信”，内载：本人由于个人原因，无法继续为营业部服务，现特提出离职……辞职信的落款日期为2020年10月12日。当日15时30分，原告向施某发送短信：“帮帮忙，尽量叫他们快速处理，我还有许多事需要应付和处理。”当晚，原告向施某表示不愿辞职了，要求不要将辞职信递交给单位。10月20日，原告向被告递交书面“撤销函”，载明：“10月18日因一时冲动提交了辞职信，现申请撤销辞职报告并收回。”10月21日，原告再次向被告递交“撤回函”，载明：“因一时冲动向施某、沈某递交了辞职书，现申请撤回辞职申请并收回辞职报告原件。”

原、被告于2020年10月20日办理了工作移交手续。11月16日，被告

① （2021）沪0101民初11747号。

为原告开具“退工证明”，载明：2020 年 11 月 16 日劳动合同解除。后劳动者和用人单位就解除劳动合同发生争议。

裁判意见

法院认为：首先，张某辞职的意思表示是否于2020 年 10 月 18 日到达营业部。判断该争议焦点的关键在于施某接收张某的辞职信的行为是仅作为代理人进行转交还是代表营业部进行代收。职务行为是与用人单位工作人员职责范围密切相关的，凡是法律规范明确规定和用人单位的章程、条例中明确设定的应当由用人单位行使的职权以及为了实现用人单位的生产经营活动的目的和维护用人单位自身管理及社会活动需要而实施的行为，都属于职务行为。施某作为张某的直属领导，在张某主动向其提交辞职信的前提下，施某出于维护营业部自身管理需要接受辞职信属于职务行为。代收的职务行为无须在工作日进行，亦无须具备人事管理职权。故张某辞职的意思表示已于其将辞职信交于施某时到达营业部。其次，关于张某是否可以撤回辞职意思表示。因其撤回的意思表示晚于作出意思表示到达营业部，故不可撤回。

案例分析

（1）撤回的意思表示晚于作出辞职的意思表示到达用人单位的时间节点，不可撤回

本案中，劳动者提交辞职信后反悔，主张撤回。双方的争议焦点在于辞职信到达用人单位的时间点，张某 2020 年 10 月 18 日上午将辞职信交给直属领导施某，当天晚上即反悔，希望撤回辞职申请。由于当天是休息日，张某认为该辞职信尚未送达用人单位，按照张某的主张，其撤回通知就可以早于辞职通知到达用人单位，从而实现撤回辞职信的目的。而法院认为，施某作为张某的直属领导，施某出于维护营业部自身管理需要接受辞职信属于职务行为，该职务行为并不必须在工作日进行，亦无须具备人事管理职权，故张某辞职的意思表示于其将辞职信交于施某时到达营业部，张某的辞职申请已

经生效，之后张某表示不愿辞职，并且发出撤回函，均无法撤回辞职申请。

（2）辞职管理建议

上述案例提示用人单位应当建立完善的辞职管理制度。涉及劳动合同解除的时间节点往往会成为劳动争议中的关键因素，用人单位在收到劳动者辞职申请后应当尽快处理。如果劳动者是口头告知辞职意愿的，并且用人单位也无意挽留该劳动者，那么应当要求其尽快提交书面辞职申请，以防出现劳动者反悔的情形。如果劳动者是书面提出辞职的，那么用人单位应当尽快对书面申请进行回复，确认同意辞职申请以及最后工作日，并着手安排离职交接。

如果用人单位收到劳动者的辞职申请后长期不回复，甚至超过了 30 日通知期，并且劳动者仍然在该单位继续工作的，可能导致该离职申请失效，届时用人单位再要求劳动者离职，需要重新取得劳动者的同意。此外，劳动者有辞职意向的，用人单位在收到劳动者书面提交的离职申请之前，最好不要急于解决与劳动者之间存在的纠纷，以免劳动者心理上无法接受，从而改变主意不再提交离职，届时用人单位再想与此前提出离职申请的员工解除劳动合同则难度较大。

85. 兼职是否会被认定为双重劳动关系

随着法律对劳动者休息权保护的日趋完善以及企业合规意识的提高，劳动者在约定的工作时间之外，有较多的时间可以自由支配。因此，许多劳动者会利用休息时间从事兼职活动，以获取更多的收入。对于用人单位来说，虽然劳动者是利用休息时间进行兼职活动，但是难免有时会影响到本职工作，比如在上班时间接打电话处理兼职事务，或者单位需要员工加班时员工却在处理兼职工作而无法加班。因此，用人单位普遍不希望劳动者在外从事兼职活动，有些单位甚至一旦发现员工在外兼职，就解除劳动合同。用人单位解除的理由通常是《劳动合同法》第 39 条规定的，“劳动者同时与其他用人单位建立劳动关系，对完成本单位的工作任务造成严重影响，或者经用人单位提出，拒不改正的”。

依据该条款解除劳动合同存在的问题是，用人单位首先需要证明劳动者同时与其他用人单位建立了劳动关系，其次需要证明双重劳动关系对完成本单位工作任务造成严重影响或者经用人单位提出，拒不改正的。只有上述两点证据充分了，用人单位依据此条规定解除劳动合同才是合法的。然而实践中，员工兼职的通常是不会与兼职单位建立劳动关系的，并且用人单位很难证明员工是否与其他单位建立劳动关系。另外，假如能够证明劳动者与其他用人单位存在劳动关系，也不能立即解除劳动合同，很多用人单位在这一步之后就立即解除了劳动合同，忽略了还需要进一步证明双重劳动关系影响到本职工作，或者证明经用人单位提出劳动者仍拒不改正。发生前述忽略情形的，用人单位直接解除劳动合同仍然是违法解除。

典型案例92①

案情简介

2008年8月18日至2016年12月31日，张某在上海某科技公司工作。2017年1月1日，张某进入商贸公司工作，双方签有自该日起的无固定期限劳动合同，其中第2条“合同期限”约定：“本合同为无固定期限合同。乙方（张某）在上海某科技公司的工作年限将被甲方（商贸公司）承认并计入乙方为甲方连续工作的工龄中。”2017年9月15日，商贸公司向张某出具合同解除通知，主要内容为：“经公司查证，由于你在我司，存在劳动合同关系期间担任销售代表同时与北京某有限公司上海分公司建立雇佣关系，并在该公司担任销售代理职务，更严重的是你利用在我公司工作时间及利用我公司的打印、复印设备及办公用品为该旅行社工作，因此你已严重违反你和公司所签订的劳动合同相关条款和劳动合同法的相关规定……”2017年10月

① （2018）沪01民终5726号。

24日，张某向上海市徐汇区劳动人事争议仲裁委员会申请仲裁，要求商贸公司支付解除劳动合同赔偿金262,473.60元。同年12月7日，该仲裁委员会作出裁决：对张某要求商贸公司支付解除劳动合同赔偿金的申诉请求不予支持。张某不服该裁决，遂向一审法院提起诉讼，后本案又进入二审终审。

裁判意见

终审法院认为，本案的争议焦点是张某是否存在违纪行为，商贸公司解除与张某的劳动合同是否合法以及应否支付张某赔偿金。根据我国《劳动合同法》的规定，劳动者同时与其他用人单位建立劳动关系，对完成本单位的工作任务造成严重影响，或者经用人单位提出，拒不改正的，用人单位可以解除劳动合同。本案中，商贸公司主张张某与案外人建立的代理关系应当认定为雇佣关系，张某在工作时间为推销其代理的旅游产品经常接打私人电话，并在工作场所利用商贸公司办公条件多次进行谋取个人私利的行为，显然已严重影响了商贸公司的工作秩序，并在原审中提供电子邮件等证据证明张某在外从事旅游代理的情形，但商贸公司未能充分举证证明张某该行为对完成商贸公司的工作任务造成严重影响，或张某经商贸公司提出，存在拒不改正的情形。另外，虽邮件附件显示张某为北京某有限公司上海分公司的销售代理，但商贸公司未提供其他证据进一步证明张某与北京某有限公司上海分公司建立了劳动关系。因此，商贸公司解除与张某的劳动合同，于法有悖，现商贸公司要求无须支付张某解除劳动合同的赔偿金262,473.60元的上诉请求，依据不足，法院不予支持。

案例分析

（1）员工兼职的并不必然认定存在双重劳动关系

本案中，用人单位认为劳动者在本单位工作期间与其他公司建立了雇佣关系，在工作时间为其他公司推销产品，利用本单位办公条件为其他公司工作，严重影响了本单位的工作。用人单位主张依据《劳动合同法》第 39 条[①]第 4 项规定，劳动者存在双重劳动关系解除劳动合同。法院则认为，该劳动者的情形不符合双重劳动关系解除的条件。首先，用人单位未能证明该劳动者与其他用人单位存在劳动关系；其次，用人单位也没有证明该兼职行为影响了本单位工作，劳动者也不存在经催告拒不改正的情形。因此，用人单位解除劳动合同属于违法解除。

由此可见，法院对于双重劳动关系的认定是比较谨慎的，用人单位主张劳动者存在双重劳动关系的，需要承担较大的证明责任，并且利用下班时间从事的兼职行为通常很难被认定为存在劳动关系。

（2）用人单位可以通过规章制度约束员工的兼职行为

如果用人单位希望限制员工的兼职行为，比较可行的方法是在《员工手册》等规章制度中对此加以限制或禁止，规章制度的制定用人单位拥有自主管理的权限，当然公司也要注意相关处罚条款的合理性，规章制度不能过度限制员工非工作时间的行为，否则也可能被认定为无效。针对员工兼职行为，可以在规章制度中列举一些用人单位禁止的具体情形，比如“禁止劳动者在工作时间从事任何形式的兼职行为，包括但不限于……”“禁止劳动者从事与用人单位利益相冲突的兼职行为，包括但不限于……”并且针对这些情形设置具体的处罚措施，如严重警告、解除劳动合同等。此外，制定上述规章制度也要履行《劳动合同法》第 4 条规定的民主讨论及公示的程序，否则该等规章制度对员工不发生效力。

86. 劳务派遣员工的退回

劳动合同用工是我国的企业基本用工形式，劳务派遣用工则是重要的补

---

① 《劳动合同法》第 39 条规定，劳动者有下列情形之一的，用人单位可以解除劳动合同：（1）在试用期间被证明不符合录用条件的；（2）严重违反用人单位的规章制度的；（3）严重失职，营私舞弊，给用人单位造成重大损害的；（4）劳动者同时与其他用人单位建立劳动关系，对完成本单位的工作任务造成严重影响，或者经用人单位提出，拒不改正的；（5）因本法第 26 条第 1 款第 1 项规定的情形致使劳动合同无效的；（6）被依法追究刑事责任的。

充形式。劳务派遣关系中存在三方主体，即劳务派遣单位、劳动者、用工单位。劳务派遣单位与劳动者签订劳动合同，建立劳动关系。用工单位如果需要劳务派遣用工，则与劳务派遣单位签订劳务派遣协议，由劳务派遣单位将劳动者派遣至用工单位提供劳动。

但是，劳务派遣用工只能在临时性、辅助性或者替代性的工作岗位上适用。临时性工作岗位是指存续时间不超过 6 个月的岗位；辅助性工作岗位是指为主营业务岗位提供服务的非主营业务岗位；替代性工作岗位是指用工单位的劳动者因脱产学习、休假等原因无法工作的一定期间内，可以由其他劳动者替代工作的岗位。用工单位应当严格控制劳务派遣用工数量，使用派遣用工的数量不得超过用工单位用工总量的 10%。前述用工总量是指用工单位订立劳动合同人数与使用的被派遣劳动者人数之和。

用工单位应当向被派遣劳动者提供与工作岗位相关的福利待遇，不得歧视被派遣劳动者。同时，虽然用工单位与被派遣劳动者之间不存在劳动关系，但是并不意味着用工单位可以随意将被派遣的劳动者退回劳务派遣单位，用工单位将派遣员工退回派遣单位仍然应当遵循法律的规定。

根据《劳动合同法》及《劳务派遣暂行规定》的规定，下列情况下，可以退回劳务派遣：（1）劳务派遣员工有《劳动合同法》第 39 条、第 40 条、第 41 条的情形的，用工单位可以依法退回。（2）劳务派遣协议到期的，用工单位可以依法退回。（3）用工单位被依法宣告破产、吊销营业执照、责令关闭、撤销、决定提前解散或者经营期限届满不再继续经营的，可以将劳务派遣员工依法退回。（4）被派遣劳动者有《劳动合同法》第 42 条规定情形的，在派遣期限届满前，用工单位不得依据《劳动合同法》第 40 条第 3 项、第 41 条规定退回劳务派遣员工。派遣期限届满的，应当延续至相应情形消失时方可退回。

典型案例93[①]

案情简介

2013 年 10 月 14 日，外企公司（甲方）与冯某（乙方）签订《劳动合同书》，约定："有效期自 2013 年 10 月 14 日起至 2016 年 10 月 13 日止，本合同如为有固定期限，合同到期后，双方均未提出终止并继续履行的，本合同期限自动延续贰年，依此类推。依照法律规定应当续签为无固定期限劳动合同的，本合同自动续签为无固定期限劳动合同。甲方将乙方派至某代表处（用工单位）的派遣期限自 2013 年 10 月 14 日至 2016 年 10 月 13 日。乙方同意，甲方有权根据实际需要变更乙方被派遣的用工单位。乙方与用工单位发生争议期间，乙方未提供劳动，且甲乙双方劳动合同尚未解除或终止，甲方按乙方工作地最低工资标准支付乙方工资。"

在劳务派遣期间，某代表处主张其客观情况发生重大变化，代表处进行了岗位重组，裁撤所有全职物流经理岗位，并与冯某就变更工作岗位进行了协商。

冯某在某代表处正常工作至 2017 年 6 月 30 日，代表处及外企公司正常支付工资至 2017 年 8 月 15 日，代表处将冯某退回外企公司。此后外企公司按照北京市最低工资向冯某发放工资并为冯某缴纳社会保险费，自 2017 年 8 月至 2019 年 8 月共计支付冯某 50, 642. 76 元，该期间养老保险个人承担合计 6295. 2 元，失业保险个人承担合计 157. 30 元，医疗保险个人承担合计 2438. 28 元，公积金个人承担为 0，该期间个人承担社保公积金总额 8890. 78 元。后冯某提起劳动争议仲裁，本案又进入一审、二审。

裁判意见

二审法院认为，关于某代表处的退回行为，代表处上诉主张系因客观情

---

① （2020）京 03 民终 5561 号。

况发生重大变化、被迫裁撤所有物流经理岗位，并非自主采取的经营行为。“劳动合同订立时所依据的客观情况发生重大变化”是指劳动合同订立后发生了用人单位和劳动者订立合同时无法预见的变化，致使双方订立的劳动合同全部或者主要条款无法履行，或者若继续履行将出现成本过高等显失公平的状况，致使劳动合同目的难以实现。故代表处为节省成本将冯某退回外企公司的行为，不属于法律规定的可以将劳动者退回劳务派遣单位的情形，某代表处应赔偿冯某自退回之日至2019年8月31日的工资损失，外企公司应对上述损失承担连带赔偿责任。

案例分析

用工单位应依法退回被派遣劳动者，否则属于违法退回。《劳务派遣暂行规定》第24条规定，用工单位违反本规定退回被派遣劳动者，给劳动者造成损害的，劳务派遣单位与用工单位承担连带赔偿责任。

本案中，用工单位以客观情况发生重大变化为由将劳动者退回派遣单位，法院认为用工单位客观情况发生重大变化的理由并不成立，其退回用工系违法退回。用工单位应当承担劳动者被违法退回期间的工资损失，劳务派遣单位应当承担连带责任。

劳务派遣用工虽然是比较灵活的用工方式，但是用工单位如需退回派遣员工，仍然应当谨慎审查，确保退回理由合法、充分。用工单位还应妥善保存派遣员工符合法定退回事由的相关证明材料，以便证明其退回行为的合法性、有效性。

第六节　经济补偿金相关重要合规问题

87. 前12个月平均工资是否需要剔除病假部分

根据《劳动合同法》第47条第3款的规定，计算经济补偿金的月工资是指解除或终止劳动合同前12个月平均工资。

《劳动合同法实施条例》第27条规定，《劳动合同法》第47条规定的经济补偿的月工资按照劳动者应得工资计算，包括计时工资或者计件工资以及奖金、津贴和补贴等货币性收入。劳动者在劳动合同解除或者终止前12个月的平均工资低于当地最低工资标准的，按照当地最低工资标准计算。劳动者工作不满12个月的，按照实际工作的月数计算平均工资。

在实践中，一些劳动者在解除或终止劳动关系前12个月会有较长时间的病假，病假工资标准明显低于本人工资，导致前12个月平均工资低于正常工资水平。对此，有观点认为，病假工资不能反映劳动者真实的工资水平，因此在计算前12个月平均工资时应当予以剔除。也有观点认为，劳动者病假并非用人单位的过错，不应当让用人单位来承担这个责任，因此在计算前12个月平均工资时应当直接用当月真实的工资来计算，不应当剔除病假工资的部分。

司法实践中对于上述两种观点都有支持，上海地区对于该问题目前尚无明确的规定，但是有法院认为在计算前12个月平均工资时不应当剔除病假工资。

典型案例94①

案情简介

陆某于2006年2月8日进入公司从事操作工，双方于2017年5月1日签订无固定期限劳动合同，约定每月工资为4000元。

2018年6月15日，公司向陆某发出《解除劳动合同通知书》，载明："……公司正式通知您，公司与您的劳动合同履行至2018年6月15日，自2018年6月16日起公司解除与您之间的劳动关系，公司也将依据法律规定支

① (2019) 沪01民终6125号。

付您经济补偿金和医疗补助费等相关费用，具体如下：代通知金，月数 1，基数 2539.5 元，金额为 2539.5 元。经济补偿金，月数 12，基数 2539.5 元，金额为 30,474 元。医疗补助费，月数 6，基数 2539.5 元，金额为 15,237.00 元。基数为 2017 年 6 月至 2018 年 5 月的平均工资……"

2018 年 8 月 6 日，陆某向劳动人事争议仲裁委员会提起劳动仲裁，要求公司支付解除劳动合同经济补偿金差额 19,526.01 元、未提前 30 日通知解除劳动合同的替代通知期工资差额 1460.5 元、医疗补助费差额 9853.4 元。该仲裁委员会裁决公司支付陆某解除劳动经济补偿金差额 1269.76 元、解除劳动合同替代通知期工资差额 1460.5 元。本案之后又进入一审、二审审理阶段。

裁判意见

法院认定，本案中，公司以陆某离职前 12 个月的实际应得月平均工资数额作为系争经济补偿金及医疗补助费计算基数，符合《劳动合同法》及《上海市劳动合同条例》之规定。在劳动者因个人原因非正常出勤的情况下，用人单位可依法对其月工资作相应扣减，并依此确定劳动者相关月应得工资。陆某有关《劳动合同法实施条例》第 27 条规定的经济补偿之月工资按照劳动者应得工资计算，公司所提供工资明细中病假扣款、缺勤扣款等扣款项目不应计入应发工资之上诉理由，不能成立。同时，陆某以其离职前 12 个月长期病假为由，要求按照其正常出勤月工资 4000 元标准作为系争经济补偿金及医疗补助费计算基数，亦缺乏依据，法院实难采纳。

案例分析

（1）病假并非用人单位过错，不应当在计算前 12 个月平均工资时予以剔除

本案中，陆某离职前长期处于病假状态，领取病假工资，在解除劳动合同计算前 12 个月平均工资时，用人单位并没有剔除陆某病假期间的月份，而

是直接按病假工资计算前12个月平均工资。陆某认为，病假工资不能反映其正常工资水平，要求按照正常出勤月工资作为计算基数。法院认为陆某的主张没有依据，陆某在劳动合同解除前长期处于休假状态，要求按照正常出勤工资计算经济补偿金和医疗补助费，不符合公平原则。

由此可见，法院倾向于认为，劳动者病假并非用人单位的过错，因此导致前12个月平均工资降低并不违反法律规定。然而，由于上海地区对上述问题没有明确的法律法规、司法解释，个案的裁判结果不能代表未来口径不会发生变化。

（2）前12个月平均工资应当体现正常工作情况下的工资标准

也有部分法院认为，前12个月平均工资应理解为劳动合同解除或者终止前劳动者正常工作状态下12个月的平均工资。按照这种理解方式，在计算前12个月平均工资时就应当将病假的部分剔除，按照正常出勤应得的待遇计算前12个月平均工资。

比如，浙江省高级人民法院民事审判第一庭、浙江省劳动人事争议仲裁院《关于审理劳动争议案件若干问题的解答（二）》中明确：劳动者解除或者终止劳动合同前十二个月包含医疗期等非正常工作期间，且在该期间内用人单位未支付正常工作工资的，经济补偿基数应如何确定？"答：《劳动合同法》第四十七条第三款规定的'本条所称月工资是指劳动者在劳动合同解除或者终止前十二个月的平均工资'，应理解为劳动合同解除或者终止前劳动者正常工作状态下十二个月的平均工资，不包括医疗期等非正常工作期间。"浙江地区的裁判案例也普遍应用了浙江省高级人民法院的相关意见。

因此，关于该问题，用人单位应当根据各地的规定及裁判口径谨慎操作。从目前来看，上海地区可以先依据病假工资计算前12个月平均工资，但是也不排除其他法院可能不支持这一做法。

88. 前12个月平均工资计算时是否应当包含加班费

用人单位解除或终止劳动合同需要根据《劳动合同法》的规定支付经济

补偿金。经济补偿金依据劳动者的月工资和本单位工作年限来计算，劳动者在用人单位工作每满1年支付1个月工资的经济补偿金。6个月以上不满1年的，按1年计算；不满6个月的，向劳动者支付半个月工资的经济补偿。劳动者月工资高于本地区上年度职工月平均工资三倍的，向其支付经济补偿的标准按职工月平均工资三倍的数额支付，向其支付经济补偿的年限最高不超过12年。

上述计算标准中所说的"月工资"是指劳动者解除或终止劳动合同前12个月的平均工资。由于前12个月平均工资的计算关系到劳动者的经济补偿金，因此在计算时，哪些项目应当计入前12个月平均工资，哪些项目应当剔除，往往会产生较多争议。

《劳动合同法实施条例》第27条规定，《劳动合同法》第47条规定的经济补偿的月工资按照劳动者应得工资计算，包括计时工资或者计件工资以及奖金、津贴和补贴等货币性收入。劳动者在劳动合同解除或者终止前12个月的平均工资低于当地最低工资标准的，按照当地最低工资标准计算。劳动者工作不满12个月的，按照实际工作的月数计算平均工资。

上述规定明确了在计算月工资时，应当按照劳动者的应得工资计算，并且包括计时工资或者计件工资以及奖金、津贴和补贴等货币性收入。但是其并没有明确加班费是否应当计入月工资。各地对于是否应当将加班费计入月工资存在不同的观点。

上海市高级人民法院《民事法律适用问答》（2013年第1期）第5条"关于劳动争议案件中确定经济补偿金计算基数时是否需要将加班工资包括在内的问题"：

有的法院反映，一些用人单位加班已成为常态，劳动者的劳动报酬一般由最低工资和加班费组成，如在确定经济补偿金计算基数时不将加班费计算在内，则可能导致用人单位支付的经济补偿金过低的问题。我们认为：第一，经济补偿从性质上看系用人单位与劳动者解除或终止劳动关系后，为弥补劳动者损失或基于用人单位所承担的社会责任而给予劳动者的补偿，故经济补偿金应以劳动者的正常工作时间工资为计算基数。第二，加班工资系劳动者提供额外劳动所获得的报酬，不属于正常工作时间内的劳动报酬。第三，从原劳动部《关于贯彻〈中华人民共和国劳动法〉若干问题的意见》第55条和《劳动合同法实施条例》第27条规定来看，也应认为经济补偿金不包含加班费。综上，我们认为在计算经济补偿金计算基数时不应将加班工资包括在内。

如有证据证明用人单位恶意将本应计入正常工作时间工资的项目计入加班工资，以达到减少正常工作时间工资和经济补偿金计算标准的，则应将该部分“加班工资”计入经济补偿金的计算基数。

典型案例95①

案情简介

王某于2002年7月26日入职A公司，任管理部门工务工作，双方签订有劳动合同，最后一份劳动合同为期限自2014年1月1日起的无固定期限劳动合同。劳动合同约定双方在已完成上一年度劳动合同，对薪资、加班费等均已认可结算完成的前提下，再续签此合同。《劳动合同》第6条第4款约定A公司为王某上班期间提供工作餐，由王某每餐承担1元。2016年4月18日，A公司与王某终止劳动合同。A公司按照王某剔除加班工资后的平均工资及工作年限，支付了王某终止劳动合同经济补偿金。王某认为计算前12个月平均工资应当加入加班工资，遂提起本案劳动争议，本案后进入一审、二审，并经二审终审。

裁判意见

终审法院认为，当事人应当对其主张的事实，或反驳对方的主张，提供证据予以证明，没有证据或提交的证据不足以证明其主张的，承担举证责任

① （2018）沪01民终860号。

的当事人应当承担不利后果。计算经济补偿金的基数不应包括加班工资在内。按照王某所述，每天固定加班，也属于加班工资，不应计算在内。A 公司以王某离职前 12 个月的常规工作时间工资收入作为经济补偿金的计算基数并无不当。王某未提供充分证据证明 A 公司发放其他现金工资金额，故其要求 A 公司在一审判决之外再支付其经济补偿金差额，缺乏事实与法律依据，法院难以支持。王某未提供证据证明 A 公司有义务免费提供工作餐，故双方劳动合同中约定每次工作餐扣费 1 元，不违反法律规定，法院对王某要求 A 公司返还餐费的诉讼请求不予支持。

案例分析

（1）上海地区认为加班费一般不应计入前 12 个月平均工资中

本案中，法院认为加班费不应当计入经济补偿金计算基数，应当以离职前 12 个月常规工作时间收入作为经济补偿金的计算基数。该劳动者主张将加班费计入前 12 个月平均工资，法院不予支持。

就目前来看，上海地区还是不支持将加班费计入前 12 个月平均工资中去的，因为加班费属于提供额外劳动所获得的报酬，不属于正常工作时间内的劳动报酬。但是上海市高级人民法院在《民事法律适用问答》（2013 年第 1 期）中也提到，如有证据证明用人单位恶意将本应计入正常工作时间工资的项目计入加班工资，以达到减少正常工作时间工资和经济补偿金计算标准的，则应将该部分“加班工资”计入经济补偿金的计算基数。由此可见，实践中司法机关会根据相关举证资料综合判断用人单位是否存在以加班费形式恶意降低劳动者基本工资的情况。

（2）其他地区裁判口径

除上海以外的其他地区，对此问题存在不同的裁判口径，用人单位在计算经济补偿金时应当充分了解当地的裁判口径，以此判断是否需要将加班费计入经济补偿金计算基数中去。

比如北京地区，北京市高级人民法院、北京市劳动人事争议仲裁委员会

《关于审理劳动争议案件法律适用问题的解答》第21条明确指出，“在计算劳动者解除劳动合同前十二个月平均工资时，应当包括计时工资或者计件工资以及奖金、津贴和补贴等货币性收入。其中包括正常工作时间的工资，还包括劳动者延长工作时间的加班费。劳动者应得的年终奖或年终双薪，计入工资基数时应按每年十二个月平均分摊。《劳动合同法》第四十七条规定的计算经济补偿的月工资标准应依照《劳动合同法实施条例》第二十七条规定予以确定；《劳动合同法实施条例》第二十七条中的‘应得工资’包含由个人缴纳的社会保险和住房公积金以及所得税”。

89. 离职前用人单位发生停工停产的，前12个月平均工资如何计算

用人单位与劳动者解除或终止劳动合同需要依法支付经济补偿金，经济补偿金应当根据劳动者的月工资及本单位工作年限来计算，在本单位每工作一年，需要支付一个月工资的经济补偿金，这里的月工资应当按照解除或终止劳动合同前12个月的平均工资来计算。

在核算劳动者解除或终止劳动合同前12个月平均工资时，实践中常常出现劳动者离职前12个月中存在较长时间的工资异常情况，比如因企业停工停产长期领取较低的工资。那么，在这些情况下，用人单位应当如何计算前12个月平均工资？

上海市高级人民法院《民事法律适用问答》（2013年第1期）中，对于经济补偿计算基数是否包括加班工资，上海市高级人民法院回答：“经济补偿从性质上看系用人单位与劳动者解除或终止劳动关系后，为弥补劳动者损失或基于用人单位所承担的社会责任而给予劳动者的补偿，故经济补偿金应以劳动者的正常工作时间工资为计算基数。”由此可见，原则上，经济补偿金应当以劳动者的正常工作时间工资为计算基数，停工停产期间，劳动者显然不处于正常工作时间，并且停工停产也不是劳动者的过错，如果将停工停产期间的月工资直接用于计算前12个月平均工资，会导致无法反映劳动者的真实工资水平，从而损害劳动者的利益。

典型案例96[①]

案情简介

李某在乙公司处从事缝纫工作，乙公司于每月25日左右通过银行转账发放上月工资。乙公司在2020年、2021年较长时间处于停工停产状态，李某最后工作至2021年1月5日，2021年1月6日乙公司开始放假。另查明，松江区某劳动人事争议调解中心于2021年4月19日出具调解不成通知书，内容为：李某与乙公司因解除劳动合同劳动争议于2021年4月16日申请调解，于2021年4月19日由泗泾劳动争议调解室主持调解，由于双方协商不成，2021年4月19日调解不成。特此证明。又查明，乙公司为李某缴纳了2011年7月至2013年1月的城镇职工基本养老保险。李某和乙公司发生关于离职劳动争议，并最终起诉到二审法院终审。

裁判意见

终审法院认为，关于经济补偿金的计算基数问题，根据相关法律规定，计算经济补偿金应当以劳动者在劳动合同解除或者终止前12个月的平均工资为基数。但本案的特殊性在于双方劳动合同终止前12个月中，绝大多数时间上诉人受疫情影响仅按照全市最低工资标准向被上诉人发放工资。也就是被上诉人收入在此期间大幅度降低并非因被上诉人原因，而是上诉人受疫情影响所致。如在计算经济补偿金时，仍以此为据，显然对被上诉人不公平。故一审法院按照被上诉人正常出勤期间的应发工资核算，并无不当。经审核，一审法院确定的月平均工资金额并无明显不妥，故法院予以确认。

案例分析

本案中，该用人单位与劳动者解除劳动合同前12个月中，由于受疫情影

---

① （2022）沪01民终3528号。

响，大部分时间仅按最低工资标准向劳动者发放工资，在核算经济补偿金时，如果按照最低工资标准计算该劳动者的前 12 个月平均工资，将会与该劳动者的真实工资水平有较大差异，对劳动者显然不公平。因此，法院按照该劳动者正常出勤情况下的工资标准，酌情确定了前 12 个月工资标准。

停工停产制度是为了帮助企业度过暂时性的生产经营困难，允许企业与劳动者在停工停产期间按照较低的标准支付工资。然而停工停产并不是劳动者的过错，用人单位与劳动者解除劳动合同的，在计算经济补偿金时，仍然应当按照劳动者正常出勤情况下的工资确定其前 12 个月平均工资。

除停工停产外，劳动者离职前长期请病假也会导致前 12 个月平均工资减少，无法反映正常工作期间的工资水平。然而，劳动者请病假并非用人单位的过错，系劳动者自身原因导致，如果让用人单位来承担不利的后果，可能丧失了公平。而停工停产则是用人单位经营管理不善导致的，劳动者对此并无过错。因此，与停工停产不同的是，在实践中，对于劳动者离职前 12 个月中有长病假的，法院倾向于支持按照劳动者病假工资来计算前 12 个月平均工资。

第七章

培训服务期协议与竞业限制

第一节 培训服务期协议

90. 培训服务期应当如何约定

用人单位为劳动者提供专业性较强、费用较高的专业技术培训，为了保障用人单位的投入可以获得回报，法律允许用人单位和劳动者签订培训服务期协议，协议可以约定违约金，要求劳动者在培训期结束后，履行一定的服务期限，保障用人单位的投入获得回报，劳动者如果在服务期内未经用人单位同意离职的，应当支付违约金。并且，在培训服务期届满之前，劳动合同提前到期的，应当顺延至服务期满。

与此同时，为了防止用人单位滥用培训服务期，妨碍劳动者自由择业，法律也对用人单位施加了一定的限制。首先，并不是只要接受了用人单位提供的任何培训都可以签订培训服务期协议，只有接受了费用较高的专业技术培训，用人单位才能够与劳动者约定培训服务期，普通的适岗培训并不能达到专业性较高的要求，不符合签订培训服务期协议的条件。其次，培训服务期协议的违约金一般不能超过用人单位提供的培训费用，用人单位要求劳动者支付的违约金不能超过服务期尚未履行部分所应分摊的费用。同时，用人单位与劳动者约定服务期的，仍然应当按照劳动合同约定支付劳动报酬，并且不影响按照正常的工资调整机制提高劳动者在服务期期间的劳动报酬。

典型案例97①

案情简介

原、被告签订有期限自2019年3月25日起至2022年3月24日止的劳动合同，约定原告从事创意总监工作，月工资为66,000元。

2019年4月10日，被告作为甲方与作为乙方的原告签订培训协议，约定："……1. 为了提升乙方的专业知识和能力，以便于乙方更好地完成工作，甲方提供乙方以下培训：集团总部纽约入职培训，地点在美国纽约，培训时间为2019年4月12日至2019年7月11日。2. 乙方承认并同意：上述培训项目的资助需以甲方根据培训服务期政策对乙方规定的某些条件和义务为前提。3. 甲方根据适用教育与培训资助政策规定，同意承担乙方所参加的培训项目的相关费用（培训费用），人民币245,960元，具体如下：上海到纽约的往返飞机票（由甲方安排）；培训期的住宿费（经甲方同意）；合理的出租车/公共交通补贴；培训期内与培训项目有关的其他费用（事先经甲、乙双方协商同意）。培训项目结束之后，由甲方计算具体的培训费用总额，在经乙方签字确认后将构成本培训协议之附件一'培训费用清单'……6. 作为甲方为乙方提供教育与培训的机会并承担培训费用的回报，乙方同意：在培训项目结束后，自培训项目结束之日起，乙方仍将在甲方工作至少3年（'服务期'），而不论甲、乙双方之间的劳动合同中规定的劳动合同期限如何……7. 在服务期内出现以下情形，乙方赔偿甲方培训费用的义务应适用：……(b) 乙方提出辞职的……如果出现上述第7条约定的情形，乙方应按平均分摊原则，按照未履行的服务期占服务期的比例，赔偿甲方所承担的有关乙方培训项目的培训费用。"培训协议的附件为培训费用明细表，原告于某签名。原、被告双方劳动关系因原告提出辞职而于2021年2月8日终结。后双方发

① （2021）沪0112民初25858号。

生劳动争议。本案经历劳动仲裁和一审流程。

裁判意见

法院认为，《劳动合同法》规定，用人单位为劳动者提供专项培训费用，对其进行专业技术培训的，可以与该劳动者订立协议，约定服务期。劳动者违反服务期约定的，应当按照约定向用人单位支付违约金。违约金的数额不得超过用人单位提供的培训费用。用人单位要求劳动者支付的违约金不得超过服务期尚未履行部分所应分摊的培训费用。本案中，原、被告双方于2019年4月10日签订有培训协议，约定由被告向原告提供集团总部纽约入职培训，原告同意在培训项目结束后，仍在被告处工作至少3年，双方并就培训项目的相关费用明细进行了确认。该培训协议系原、被告双方的真实意思表示，与法不悖，双方均应恪守履行。

现双方培训协议签订后，原告根据被告的安排，实际于培训协议约定的时间至美国纽约参加了协议约定的项目，故原告有关其该次至美国并非参加入职培训，而是异地工作的主张，法院难以采纳。现培训协议约定的培训费用均为原告前往美国参加培训的合理且必需的费用，且被告提供的机票行程单、增值税发票等证据亦可证明培训费用实际发生，且高于双方约定的培训费用。原告虽对被告提供的为证明海外培训费用实际支出的证据均未予认可，但原告并未提供足具证明力的反驳证据。且原告于庭审中自述由被告为其购买上海至美国的往返机票，其在美国期间的住宿由美国总部安排，美国总部另每月向其支付1400美元的津贴，足以说明原告在美国期间确实产生了相应费用。

综上所述，被告根据培训协议之约定，主张原告按平均分摊原则，按照未履行的服务期占服务期的比例支付被告违约金116,147.78元，符合法律规定。因此，被告主张原告支付违约金116,147.78元之请求，法院予以支持；原告主张无须支付被告违约金116,147.78元之请求，法院不予支持。

案例分析

（1）劳动者违反培训服务期协议约定的，应当向用人单位支付违约金

本案中，用人单位为劳动者提供了赴美培训的安排，并且期间的机票、住宿等均由用人单位安排，用人单位为此付出了较高的费用。在培训结束后，劳动者没有按约定履行三年服务期，法院认为双方的培训服务期协议符合法律规定，双方应当共同遵守，因此法院判决劳动者按照未履行的服务期按比例支付违约金。

本案中，用人单位为劳动者提供培训的相关费用比较明确，用人单位也能够拿出相应的单据证明所支出的费用，法院对此予以认可。根据《劳动合同法实施条例》第 16 条的规定，《劳动合同法》第 22 条第 2 款规定的培训费用，包括用人单位为了对劳动者进行专业技术培训而支付的有凭证的培训费用、培训期间的差旅费用以及因培训产生的用于该劳动者的其他直接费用。上述费用都是可以作为计算违约金的依据的，因此用人单位要注意在培训过程中保存好相关费用凭证，假如产生争议，可以作为违约金主张的重要依据。

（2）合规建议

在实践中，培训服务期协议的争议焦点主要在于用人单位为劳动者提供的是否专业技术培训以及违约金的金额问题。

我国劳动法律并没有明确规定专业技术培训的范围，因此实践中对专业技术培训的范围存在诸多争议。一般而言，可以根据该项培训的专业性、培训周期长短、是否脱产、培训费用等因素综合判断，专业性强、培训周期长、费用高、长期脱产的培训更有可能被认定为专业技术培训。用人单位针对普通员工提供的岗前培训、一般职业技能培训等通常难以被认定为专业技术培训。因此，对于普通的培训则没有必要签订培训服务期协议，即使签订了也有可能被认定为无效。

根据《劳动合同法》的规定，培训服务期协议的违约金数额不得超过用人单位提供的培训费用。因此，用人单位可以在培训服务期协议中，将培训

可能产生的成本费用约定清楚，尤其是一些无法提供具体凭证的费用，可以在合同中明确相应的计算方法，并且要求员工对费用的计算表示知悉且认可。相关费用在产生争议时，法院会根据费用的合理性、必要性、用人单位提供的凭证、合同的约定等因素酌情认定。

91. 特殊服务期协议——基于落户约定的服务期

在劳动关系中，劳动者相对而言一般处于弱势地位，为了平衡劳动关系双方的地位，防止用人单位利用优势地位损害劳动者权益，劳动立法上更加倾向于保护劳动者的利益。比如，《劳动合同法》对于用人单位可以向劳动者主张违约金的情形做了严格的限制，用人单位只有在培训服务期协议以及竞业限制协议中可以约定违约金条款，其他情形下约定违约金条款往往会被认定为无效。

《劳动合同法》第 22 条规定，用人单位为劳动者提供专业技术培训的，可以与劳动者订立协议约定服务期，劳动者违反服务期约定的，要向用人单位支付违约金。根据上述规定，用人单位只有在为劳动者提供专业技术培训时可以订立服务期协议。

然而，随着社会实践的发展，用人单位吸引人才的方式越来越多样，许多用人单位会通过提供住房、专车、落户等福利吸引劳动者在本单位就业，这些福利措施虽然不属于专项技术培训，但是往往也需要花费较大成本。用人单位提供了上述福利，自然希望劳动者在本单位长期服务，为此，用人单位往往会与劳动者签订服务期协议，要求劳动者接受上述福利的，需要在本单位服务满一定期限，否则需要支付违约金。

以帮助落户为例，北京、上海等城市落户问题始终是外来就业人员最关注的问题，许多用人单位以帮助劳动者办理落户为条件，要求劳动者签订服务期协议。然而帮助落户并不属于《劳动合同法》第 22 条规定的提供了专项技术培训，也就不属于可以约定服务期的情形，产生争议时能否根据双方签订的协议主张违约金，在实践中产生了一定的争议。

典型案例98[①]

案情简介

2020年7月20日，杨某（乙方）与A公司（甲方）签订《户籍办理协议书》，载明：甲方有为本公司员工办理北京市户籍的指标，但数量有限，办理难度很大，办理过程中需要投入大量人力物力。乙方向甲方申请为其办理北京市户籍，乙方知晓指标限制及办理难度、成本。因此，经双方协商在平等自愿的基础上，就户籍办理事宜达成如下一致意见："在乙方配合提供真实有效材料的前提下，甲方依据北京现行落户政策及落户审批手续为其办理北京市户籍。乙方已经知悉甲方的进京落户指标为稀缺资源，该指标给乙方的目的是实现人才引进与发展，以达到公司长期持续发展。如乙方在约定的服务期限内辞职、自动离职或因个人原因而导致被公司解除劳动合同等情况，使得公司上述目的不能实现，乙方自愿向甲方支付赔偿费用10万元（包括进京落户指标占用费用、甲方人才招聘及引进费用、办理进京落户手续及各项人工成本费用等），并在赔偿费用缴纳完毕后2个月内办理北京市户口迁出手续。在乙方未支付赔偿费用前，甲方有权拒绝转出乙方档案等手续。服务期限五年，自乙方到甲方办理完入职手续之日起算。如因北京市户籍政策或其他原因而导致甲方无法为乙方办理北京户籍，甲方不承担责任，本协议约定的乙方服务期作废。"后甲方为乙方办理了北京户籍落户，但乙方很快申请离职，双方因而发生劳动争议。

裁判意见

法院认为，《劳动合同法》第22条规定，用人单位为劳动者提供专项培训费用，对其进行专业技术培训的，可以与该劳动者订立协议，约定服务期。

① （2022）京02民终6836号。

该条法律规定授予用人单位可以自行选择是否通过对劳动者进行专业技术培训的方式约定服务期的权利。在用人单位为劳动者提供足以与专业技术培训相对等的特殊待遇时，如用人单位通过提供住房、汽车、现金补贴、落户等特殊待遇的方式与劳动者约定服务期的，应当参考适用《劳动合同法》第22条之规定，以避免造成用人单位和劳动者之间的劳动关系不稳定，以及因相关约定无效而导致劳动者需要承担全额返还特殊待遇的后果。

北京市户口属于稀缺资源，本案中A公司根据北京市人才引进政策，为杨某解决了北京市户口的行为属于用人单位为劳动者提供特殊待遇的范畴，杨某与A公司签订《户籍办理协议书》的行为，亦能表明杨某接受了A公司为其提供的特殊待遇。双方基于上述事实，经过协商一致签订了上述《户籍办理协议书》，双方均应当诚信守约。杨某在知晓北京市户口落户指标为重要的稀缺资源，亦知晓其服务期未满的情况下，在户籍进京手续办理完成后，入职未满一年即提出辞职，该行为违反了诚实信用原则，给A公司在人才引进及招录同岗位人员等方面带来一定损失。关于杨某应当支付的赔偿金数额，法院依据双方劳动关系的履行情况酌情认定应为80,000元。

综上所述，依照《劳动合同法》第3条、第22条之规定，判决：杨某于判决生效后7日内向A公司支付赔偿金80,000元；驳回A公司的其他诉讼请求。如果未能按判决指定的期间履行给付金钱义务，应当依照《民事诉讼法》第260条之规定，加倍支付迟延履行期间的债务利息。

典型案例99[①]

案情简介

2019年7月22日，林某、上海某公司签订劳动合同，约定：劳动合同履行期限为2019年7月22日至2022年7月21日；岗位为投资助理；试用期

① （2021）沪01民终2227号。

为 6 个月。

2019 年 8 月 26 日，林某、上海某公司签订《落户协议书》，约定："乙方（林某，下同）因个人需要，委托甲方（上海某公司，下同）通过人才引进方式为乙方申请及办理落户手续。经甲乙双方协商约定，就落户相关事宜，本着合法、公平、平等自愿、互惠互利的原则，达成以下协议：一、甲方根据乙方需求，通过甲方单位系统账户提交落户申请，并由甲方向相关部门提交落户材料。二、乙方协助提供甲方办理落户手续相关材料，并确保提供的落户材料真实可靠。三、乙方落户申报成功的，自材料上报之日，即 2019 年 7 月 22 日起叁年内不主动与甲方解除劳动关系。四、甲方如不履行申请即办理落户手续义务或落户审批未通过，乙方将不再履行本协议。乙方如违反本协议，需向甲方支付违约金，违约金为人民币 30, 000 元……"

林某为某大学应届毕业硕士研究生。林某由于自身职业发展于 2019 年 12 月 2 日以书面方式在试用期内向上海某公司申请辞职，并于 2019 年 12 月 5 日正式离职。双方因而发生劳动争议，本案历经劳动仲裁、一审、二审。

裁判意见

二审法院认为，根据规定，劳动合同及附随协议的订立与履行，用人单位与劳动者均应秉持诚实信用原则。本案中，林某主张其离职行为合乎法定程序，并未给上海某公司造成任何损失，故无须向该公司进行赔偿。经查，为员工办理落户申请虽非上海某公司作为用人单位的劳动合同义务，但上海某公司基于入职信任投入额外成本为林某办理了相关手续，并成功使林某获得上海户籍。然林某落户后迅速离职的行为，确实对公司后续招聘、人事安排管理及落户申请资质造成一定的不利影响，故林某理应赔偿上海某公司相应的损失。鉴于林某的行为给该公司所造成的损害后果难以具体数字来衡量，一审法院综合本案在案证据、双方当事人的陈述、当事人的违约情节、损害后果等因素酌定由林某赔偿上海某公司损失金额 12, 000 元，尚属合理，法院予以认同。

案例分析

(1) 基于落户的服务期协议可以参照《劳动合同法》第 22 条的规定

案例一中，北京法院认为用人单位通过提供住房、汽车、现金补贴、落户等特殊待遇的方式与劳动者约定服务期的，应当参考适用《劳动合同法》第 22 条之规定，以避免造成用人单位和劳动者之间的劳动关系不稳定，以及因相关约定无效而导致劳动者需要承担全额返还特殊待遇的后果。并且法院认可了北京户口的稀缺性，劳动者在用人单位为其办理落户后违反服务期限的约定，会给用人单位带来一定的损失。法院根据双方的约定及服务期的履行情况，最终确定劳动者需要支付的赔偿金额为 8 万元。

(2) 基于落户的服务期协议不属于《劳动合同法》中可以适用违约金的情形

案例二中，上海地区一审法院在裁判意见中对林某是否应当支付违约金做了判断。一审法院认为，用人单位仅能以劳动者违反服务期约定和竞业限制约定为由向劳动者主张违约金，故本案林某虽显系违约，但不符合适用违约金的法定情形，故林某不应支付公司违约金。但是一审法院同样认为，林某因公司为其办理落户手续成功取得上海户籍而获益，公司为林某办理落户手续额外支出了各项成本。同时，林某取得上海户籍后迅速离职的行为，亦给公司后续招聘和人事管理造成不利影响，故林某理应赔偿公司相应的损失。法院在综合当事人的违约情节、损害后果等各种因素后，酌定由林某赔偿公司损失金额 12, 000 元。二审法院也认可了一审法院的意见。

(3) 合规建议

由上述案例可以看出，在实践中，对于能否基于落户约定服务期及违约金尚存在争议，仍有法院认为基于落户约定的服务期不属于《劳动合同法》第 22 条规定可以约定服务期的情形，并且不支持违约金的主张。但是法院普遍认为，北京、上海之类的城市户口是比较稀缺的资源，用人单位如果在为劳动者办理落户过程中付出了一定的成本，劳动者应当秉持诚实信用原则，遵循双方关于服务期限的约定，劳动者违约的，用人单位可以主张赔偿损失，法院会根据双方约定、违约情节、损害后果等因素综合判断劳动者应当支付的赔偿金额。

因此，用人单位在帮助劳动者落户过程中，可以和劳动者协商约定一定的服务期限及违约金，虽然该违约金的主张不一定能够获得认可，但是法院通常会认可用人单位在帮助落户过程中付出的成本，并且结合劳动者的违约行为综合确定赔偿金额。用人单位需要注意，对于应当由用人单位协助办理的落户事项，比如上海地区的用人单位协助劳动者办理居住证积分登记、居转户手续等，上述事项本身就是用人单位应尽的义务，不能以此为由与劳动者约定服务期。

第二节　竞业限制

92. 签订竞业限制协议的主体

竞业限制协议是用人单位和负有保密义务的劳动者之间约定的，在劳动者离职后一段时间内不得自己开展相关业务或者到与本单位生产或者经营同类产品、从事同类业务的有竞争关系的其他用人单位工作的协议。

竞业限制协议对劳动者离职后一段时间的就业自由加以约束，而用人单位则需要为此支付一定的经济补偿。然而并非所有的劳动者均需要签订竞业限制协议，不符合竞业限制主体要求的劳动者，如日常工作中不会接触到重要商业秘密的普通职工、后勤、行政人员等，即使签订了竞业限制协议，该协议也可能被认定为无效。

典型案例100①

案情简介

龚某于2017年8月23日入职用人单位处，从事电梯内物联网系统销售工作，同日，双方签署《劳动合同》及《员工保密协议》。《员工保密协议》除约定离职后两年内龚某应履行竞业限制义务、每月工资已含竞业工资等内容之外，还明确了保密内容与范围。2020年1月2日，用人单位解除双方的劳动关系，出具的《解除劳动合同通知书》中未言及竞业限制事宜。2020年6月12日，用人单位向龚某户籍地邮寄《解除竞业限制协议通知书》，邮寄凭证显示“2020年6月13日他人代收”，龚某称从未收到通知，用人单位称未曾核实代收人身份。龚某履行了竞业限制义务并要求：（1）用人单位支付2020年1月3日至2021年2月19日的竞业限制补偿金33,836.32元；（2）用人单位支付提前解除竞业限制协议的补偿金7440元。用人单位要求确认其无须支付竞业限制补偿金33,836.32元，并认为龚某担任销售一职，不属于高级技术人员，不适用竞业限制，无须履行相应义务。后双方发生劳动争议，本案经历劳动人事仲裁和一审程序。

裁判意见

法院认为，龚某系竞业限制协议适格主体。龚某担任销售，掌握的产品价格、客户信息、商品信息等技术、交易、经营秘密，属于用人单位要求龚某签署的《员工保密协议》中明确的保密范围，故龚某属于“其他负有保密义务的人员”，是竞业限制的适格主体。

双方存在有效的竞业限制约定。《劳动合同》言明，离职后两年内龚某不得自营、协助他人经营与用人单位同类行业及产品的各项业务，即龚某负

① （2021）沪0110民初9313号。

有竞业限制义务、期限是离职后两年，龚某、用人单位并另行签署《员工保密协议》，重申上述内容，又进一步约定涉密范围。上述约定清晰、明确，系双方真实意思表示，龚某、用人单位之间存在有效的竞业限制约定。

劳动合同法限定竞业限制主体的目的在于防止用人单位滥用该制度，而非给予用人单位逃避责任的借口。龚某、用人单位签订的竞业限制条款明确了龚某的竞业义务及违约责任，在龚某以实际履行为由要求用人单位为对应给付时，用人单位又以协议系通常版本、未作修改、龚某并非适格主体、没有履行的必要为由抗辩，显然有违诚信，亦违背竞业限制制度的立法目的。并且，解除合同的前提是存在成立并生效的合同，用人单位一方面称龚某不适用竞业限制，一方面又向龚某发出《解除竞业限制协议通知书》，辩称与行为相矛盾，法院故不采纳。综上，龚某适用竞业限制约定。

案例分析

本案中，用人单位与劳动者在劳动合同中约定了竞业限制业务，并且还另行签订了保密协议，重申了竞业限制义务。在用人单位与劳动者解除劳动合同前，用人单位没有提出解除竞业限制协议，劳动合同解除后，竞业限制协议即发生效力，劳动者按照约定履行了竞业限制义务，有权要求用人单位支付竞业限制补偿金。用人单位试图以劳动者不是高级技术人员、高级管理人员为理由，主张竞业限制协议无效，然而竞业限制协议的签订主体除高级技术人员、高级管理人员之外，还包括其他负有保密义务的人员。本案中，法院认为，该劳动者虽然不属于高级技术人员、高级管理人员，但是其工作性质使得其能够接触到商业秘密，属于负有保密义务的人员，其作为竞业限制的主体是适格的，该竞业限制约定合法有效。用人单位应当承担支付竞业限制补偿金的义务。

（1）可以签订竞业限制协议的主体

根据《劳动合同法》第 24 条的规定，需要签订竞业限制协议的一般是高级管理人员、高级技术人员和其他负有保密义务的人员。因此，并不是每一个员工都需要签订竞业限制协议。然而实操中，有的用人单位为了图方便，在劳动者入职时“一刀切”地让所有劳动者都签订了竞业限制协议。这一做法在法律上虽然不违法，但可能给用人单位增加额外的管理负担，并且可能因此导致后续的协议效力及协议履行的争议。

签订竞业限制协议虽然是为了保护公司的商业秘密及竞争优势，但是用人单位不能滥用这一权利，还是应当根据岗位特性及需要来确定签订竞业限制协议的对象。“一刀切”地和所有劳动者签订竞业限制协议，则可能出现本没有必要履行竞业限制义务的劳动者履行了竞业限制义务后向单位主张竞业限制补偿的情况。

（2）竞业限制协议的管理

在实务工作中，用人单位一般在劳动者入职时签订竞业限制协议，劳动者为了获取就业机会，此时签订竞业限制协议的配合度最高，劳动者入职后或离职前相对较难同意签订竞业限制协议。然而入职时签订的竞业限制协议，到劳动者离职时是否还需要继续履行，是用人单位在日常管理中需要进行判断的。如果该劳动者离职时，用人单位认为其无须继续履行竞业限制协议，应当在其离职前书面通知其解除竞业限制协议。此时解除竞业限制协议无须劳动者同意，且无须额外支付补偿。但是，用人单位要注意通知发出后要保留劳动者签字确认知悉的书面材料，以防后续因竞业限制协议履行问题而产生争议时无法拿出证据证明已经解除了竞业限制协议。

93. 竞业限制协议的解除

履行竞业限制义务主要是为了保护用人单位的商业秘密和竞争优势，承担义务的一方主要是劳动者，因此用人单位如果希望解除竞业限制协议，是可以随时通知劳动者无须履行竞业限制义务的。用人单位虽然可以随时解除协议，但同时也需要承担一定的补偿责任。

最高人民法院《关于审理劳动争议案件适用法律问题的解释（一）》第39条规定，在竞业限制期限内，用人单位请求解除竞业限制协议的，人民法院应予支持。在解除竞业限制协议时，劳动者请求用人单位额外支付劳动者三个月的竞业限制经济补偿的，人民法院应予支持。

如上所述，用人单位在竞业限制协议期限内可以解除协议，但同时，劳动者也有权主张额外支付三个月的竞业限制补偿。用人单位只有在竞业限制协议生效前，也就是双方解除劳动关系之前解除协议的，才不需要支付额外的竞业限制补偿。

典型案例101[①]

案情简介

原告于2016年10月17日入职被告处，双方签订有一份期限为2016年10月17日至2019年10月16日的劳动合同；双方于2016年10月17日签订《保密及竞业禁止协议》，原告在被告处担任运营经理，离职前12个月平均工资为27,880.2元；2018年10月12日，原告因个人原因辞职，双方劳动关系解除。2018年10月12日，在被告《员工离职清单》中各部门负责人均进行了签名，在“本部门交接事项”一栏中打印有“保密及竞业禁止协议NON－COMPETE：□放弃□执行”内容，但均未勾选。原告在下方离职人处签名。

同日，被告向原告发送《离开亚马逊后需遵守的保密及竞业禁止义务》通知，其中第2条“禁止招徕”约定“雇佣关系终止之日后的十二（12）月内，您不得以招聘为目的联系或聘用任何亚马逊雇佣的员工”。第3条“竞业禁止”约定“我们特此放弃要求执行保密及竞业禁止协议第5.1条项下约定的竞业禁止义务的权利且不会向您支付任何竞业禁止补偿”，原告在下方“本人，理解并知晓上述义务”处签名。

2020年1月14日，劳动者向上海市长宁区劳动人事争议仲裁委员会申

① （2020）沪0105民初11955号。

请仲裁，要求裁决公司支付竞业限制补偿金 227,131.2 元。2020 年 4 月 29 日，该仲裁委员会裁决：对申请人（原告）的请求事项不予支持。原告不服裁决，于法定期限内将本案诉诸法院。

裁判意见

法院认为，首先，《劳动合同法》第 23 条规定，对负有保密义务的劳动者，用人单位可以在劳动合同或者保密协议中与劳动者约定竞业限制条款，并约定在解除或者终止劳动合同后，在竞业限制期限内按月给予劳动者经济补偿。从上述法律规定来看，竞业限制是法律为保护用人单位的商业秘密而赋予用人单位的一项权利。换言之，从竞业限制的签订来看，只有用人单位有权决定是否和劳动者签订该协议，而劳动者并没有对等的权利，能够主动发起与用人单位签订该协议，劳动者仅享有对其遵守竞业限制义务而遭受经济损失请求补偿的权利。因此，从竞业限制协议的解除来看，也应当允许用人单位主动放弃对劳动者竞业限制的要求，即享有的发起解除竞业限制协议的权利。本案中，原告虽主张被告在《员工离职清单》中未勾选是否放弃或执行竞业限制协议，应视为被告需要原告继续履行竞业限制义务，但被告在原告离职当日向原告发送《离开亚马逊后需遵守的保密及竞业禁止义务》通知中，已明确告知原告放弃要求其执行保密及竞业禁止协议第 5.1 条项下约定的竞业限制义务，故被告的行为并无不当，其无须向原告支付竞业限制的补偿金。其次，2018 年 10 月 12 日原告收到被告发出的上述《离开亚马逊后需遵守的保密及竞业禁止义务》通知时，双方的竞业限制协议已经解除，故原告此后并未实际履行竞业限制义务，其再要求被告支付竞业限制补偿金，缺乏事实根据和法律依据，法院不予支持。

案例分析

（1）用人单位可以单方解除竞业限制协议

本案中，用人单位和劳动者签订了竞业限制协议，劳动者离职后，用人单位通过书面通知的形式告知劳动者无须继续履行竞业限制义务，并且劳动者也已经收到该通知。

法院认为，竞业限制是法律为保护用人单位的商业秘密而赋予用人单位的一项权利，用人单位有权决定解除协议。该用人单位在劳动者离职前就书面通知其无须履行竞业限制义务，因此双方的竞业限制协议在生效前就解除了，用人单位无须为此支付竞业限制补偿金。

由此可见，用人单位可以随时单方解除竞业限制协议，但是在劳动者离职前解除竞业限制协议是最佳时机，此时用人单位解除竞业限制协议无须额外支付竞业限制补偿金。然而，用人单位要注意确保劳动者对解除竞业限制协议的决定明确知悉，最好通过书面的方式将解除决定送达给劳动者，并且让其签字确认收到。以防后期产生争议时，用人单位无法举证已经提前解除了竞业限制协议。

竞业限制协议生效后，用人单位反悔不需要劳动者履行协议的，同样可以随时解除协议，只要通知劳动者即可，然而此时解除竞业限制协议需要额外支付劳动者三个月的竞业限制补偿。

（2）劳动者解除竞业限制协议

劳动者一方希望解除竞业限制协议，通常情况下需要和用人单位协商一致，劳动者没有特定理由不能单方解除竞业限制协议。如果劳动者擅自不履行竞业限制义务，用人单位可以根据协议约定向劳动者主张违约金，并且要求劳动者继续履行竞业限制义务。但是如果因为用人单位的原因，三个月未支付竞业限制补偿金，而劳动者履行了竞业限制义务，此时劳动者可以要求解除竞业限制协议，并且有权要求用人单位支付欠付的竞业限制补偿金。

94. 履行竞业限制义务的报告义务

竞业限制是用人单位保护商业秘密、维持竞争优势的重要方式，用人单位和劳动者双方均应当充分履行竞业限制协议的约定，违反约定需要承担相应的违约责任。竞业限制协议要求劳动者离职后一段时间内不能从事特定的工作，然而竞业限制协议的生效是以劳动者离职为前提的，当劳动者离职之后，脱离了用人单位的管理，用人单位很难掌握劳动者的真实动态。因此，用人单位往往会和劳动者在竞业限制协议中约定履行竞业限制义务的报告义务，要求劳动者在竞业限制期限内，定期向用人单位汇报其工作状况。目前，我国的法律法规没有对报告义务作出明确规定。本书结合上海地区的司法实践，对报告义务的效力及违反报告义务的后果进行分析。

典型案例102[①]

案情简介

2017年7月7日，高某到上海A公司处社交与效果广告部工作，双方签有合同期限为2017年7月7日至2020年9月30日的劳动合同。

2018年7月18日，高某与上海A公司签订《竞业限制协议》，第4条约定，竞业限制期限内，高某满足竞业限制各项约定且按时告知其就业及任职情况的前提下……第5条约定，高某承诺每月15日之前以电子邮件方式向上海A公司人力资源部告知就业及任职情况，若未告知，则上海A公司有权不予支付当月竞业限制补偿费……2019年4月25日，高某提出辞职。双方劳动合同于2019年5月17日解除。后双方发生劳动争议。

上海A公司认为，高某未通过任何方式告知其就业及任职情况，并拒接公司的电话。据了解，高某离职后即进入B公司工作，该公司与上海A公司有竞争关系，也是《竞业限制协议》明确约定不得去的公司。高某违反竞业限制义务，应返还竞业限制补偿金，并支付违约金。另外，高某在竞业限制期内不按约定汇报就业及任职信息的行为，即构成了违约，应承担相应的违约责任，公司无须就高某在竞业限制期内的工作情况承担举证责任。

---

① （2020）沪0104民初14108号。

裁判意见

法院认为，当事人对自己的主张有责任提供证据。上海 A 公司主张高某违反竞业限制义务，但其提供的公证书显示的系订单号为×××××的订单信息，该订单的收货地址、收货人及联系电话均为他人填写，不能证明该订单实际确由高某本人签收或授权他人签收，故无法证明高某实际在其订单中记载的收货地址，即 B 公司工作。高某与上海 A 公司签订的《竞业限制协议》约定高某承诺在竞业限制期内告知上海 A 公司其就业等情况，高某实际未履行该告知义务，但上海 A 公司主张未按约告知即构成违反竞业限制义务，缺乏法律依据，法院不予采信。

案例分析

（1）违反报告义务并不必然需要承担支付违反竞业限制的违约金

本案中，高某与用人单位之间签订的竞业限制协议约定，高某每月 15 日之前以电子邮件方式向公司人力资源部告知就业及任职情况，然而高某离职后并未遵守这一约定。公司认为其存在违反竞业限制义务及报告义务的情形。法院认为用人单位主张高某在竞争单位任职的情况证据不足，用人单位主张高某未履行报告义务，虽然高某确实没有履行相关义务，但是法院认为用人单位仅因此主张高某构成违反竞业限制义务，缺乏法律依据。

由此可见，在上海地区的司法实践中，法院一般认可双方关于报告义务的约定。然而，如果劳动者仅违反了报告义务，没有实际违反竞业限制义务的行为，是不能构成违约的，用人单位以劳动者违反报告义务为由主张违约金，通常很难获得支持。

（2）报告义务系有效约定，劳动者应当遵守

在上海地区司法实践中，法院一般认为双方在竞业限制协议中约定的报告义务不违反法律法规效力性强制规定，倾向于认可竞业限制报告义务的有效性，并且认为劳动者应当按照约定履行报告义务。虽然用人单位仅以劳动

者违反报告义务为由直接主张违约责任通常难以被认可，但是在协议中约定报告义务仍然是有必要的。一方面，其可以对劳动者起到警示作用；另一方面，假如劳动者开始拒绝履行报告义务了，也间接提醒用人单位该劳动者可能存在违反竞业限制约定的行为，用人单位则可以尽快着手进行调查取证。

95. 竞业限制补偿金能否低于最低工资标准

用人单位与劳动者签订竞业限制协议，应当约定并且支付竞业限制补偿金，最高人民法院《关于审理劳动争议案件适用法律问题的解释（一）》第36条对未约定竞业限制补偿金情况下，法院应当按什么标准确定竞业限制补偿金进行了明确规定，但是对于用人单位与劳动者约定的竞业限制补偿金标准，目前没有设定明确的上限、下限，一般由双方自行约定。在实践中，有的用人单位和劳动者约定的竞业限制补偿金过低，甚至低于当地最低工资标准，最低工资标准是保证劳动者正常生活水平的最低标准，低于最低工资标准的竞业限制补偿金违反了相关司法解释。

典型案例103①

案情简介

原告于2012年3月1日进入被告处工作，从事销售工作，工资为6750元/月。2018年7月23日，原、被告签订一份为期2年的竞业限制协议书，约定竞业限制补偿金2025元/月。2019年6月30日，原告辞职，被告自2019年7月1日起按2025元/月的标准支付原告竞业限制补偿金至2019年11月30日。2019年4月1日起，上海市最低工资标准调整为2480元/月。

裁判意见

法院认为，竞业限制经济补偿金是对竞业限制条款限制劳动者的劳动自

① （2020）沪0113民初1515号。

由权、生存权的一种补偿。而最低工资标准制度具有强烈的保障劳动者的基本生存权利的目的，应为竞业限制补偿金的强制性最低标准，否则无法保障劳动者的基本生存，也不利于劳动者和用人单位平等协商、准确合理地确定竞业限制义务的范围和经济补偿金的数额。本案中，原、被告虽约定了竞业限制经济补偿金，但约定的标准 2025 元/月低于上海市最低工资标准，低于最低工资标准的部分无效，应适用最低工资标准确定本案的经济补偿金数额。综上，现原告主张按照 2480 元/月补足 2019 年 7 月 1 日至 11 月 30 日的差额 2275 元符合法律规定，法院予以支持。

案例分析

（1）竞业限制补偿金依法不能低于最低工资标准

本案中，用人单位支付给劳动者的竞业限制补偿金低于上海市最低工资标准，劳动者要求补足差额，法院予以支持。法院认为最低工资标准具有保障劳动者基本生存权的目的，竞业限制补偿金也不能低于最低工资标准。由于双方约定的竞业限制补偿金低于最低工资标准，因此法院认定该约定无效，将补偿金金额酌情调整为最低工资标准。

虽然我国现有法律法规没有明确规定竞业限制补偿金的上下限，但是竞业限制补偿金本身就是为了给劳动者待业期间的生活提供保障，从保障劳动者基本生活的角度来看，低于最低工资标准的竞业限制补偿金确实不够妥当，产生争议时可能会被法院酌情调整。

（2）竞业限制补偿金的确定标准

签订竞业限制协议，主要目的是保护公司商业秘密、维持公司竞争优势，为了确保劳动者全面、充分地履行竞业限制协议，用人单位应当约定合理的竞业限制补偿金标准，明显不合理的竞业限制补偿金标准，容易让劳动者产生不满，也不利于用人单位实现竞业限制的目的。

竞业限制补偿金的约定不宜过高，也不宜过低，过高会给用人单位带来较大负担，过低则会让劳动者权利无法得到保障。一般而言，可以参考劳动者在职期间的工资水平、当地社会平均工资水平等标准酌情确定，可以适当地在其原工资水平基础上下降一定幅度，但是要注意最好不要低于最低工资标准。也可以参照最高人民法院《关于审理劳动争议案件适用法律问题的解释（一）》第36条的规定，“当事人在劳动合同或者保密协议中约定了竞业限制，但未约定解除或者终止劳动合同后给予劳动者经济补偿，劳动者履行了竞业限制义务，要求用人单位按照劳动者在劳动合同解除或者终止前十二个月平均工资的30%按月支付经济补偿的，人民法院应予支持”，在这一标准上下确定合适的补偿金标准。

除此之外，用人单位还应当进一步关注劳动合同履行地的特别规定。例如，《深圳经济特区企业技术秘密保护条例》第24条规定，竞业限制协议约定的补偿费，按月计算不得少于该员工离开企业前最后12个月月平均工资的1/2。约定补偿费少于上述标准或者没有约定补偿费的，补偿费按照该员工离开企业前最后12个月月平均工资的二分之一计算。因此，建议用人单位对于竞业限制补偿标准进行明确约定，且符合员工离职时工作所在地的相关明确补偿标准之规定。

96. 竞业限制补偿金能否在职时随工资一同支付

竞业限制补偿金通常是在劳动者离职后按月发放，实践中也有用人单位和劳动者在协议中约定其他支付方式，比如在协议中约定：“竞业限制补偿金在职的时候随工资一同发放。”对于这一操作，实践中存在不同的观点。

一种观点认为，竞业限制补偿金是对劳动者离职后就业自由的补偿，《劳动合同法》第23条规定，“对负有保密义务的劳动者，用人单位可以在劳动合同或者保密协议中与劳动者约定竞业限制条款，并约定在解除或者终止劳动合同后，在竞业限制期限内按月给予劳动者经济补偿”。这一条款表明，竞业限制补偿金应当在解除或终止劳动合同之后支付，并且应当按月支付。另一种观点则认为，法律没有明确禁止双方约定在职期间以其他形式支付经济补偿金，因此双方约定在职期间支付经济补偿金是不违反法律规定的。

对于这一问题目前尚无统一规定，各地的司法口径不一。

典型案例104[①]

案情简介

2013年2月18日，电气公司（甲方）与王某（乙方）签订《劳动合同书》一份，约定：王某从事生产工作，劳动合同期限自2013年2月18日起至2015年2月17日止，每月工资为1820元；因乙方工作涉及甲方商业秘密和与知识产权相关的保密事项，甲方可以事前与乙方依法协商约定保守商业秘密或竞业限制的事项，并签订保守商业秘密协议或竞业限制协议，作为本合同的附件。入职时，王某（乙方）还与电气公司、机械公司（甲方）签署《竞业限制合同》《保密协议》，其中，《竞业限制合同》约定：……甲、乙双方一致同意：1. 为切实履行本合同，甲方自本合同签字生效的次月起，可以在有关月份工资发放时，向乙方预先支付竞业限制补偿费，其费用的明确数额，以工资单中明确载明的项目、数额为准（该数额为员工工资收入的三分之一）……

在职期间，电气公司、机械公司每月向王某提供薪资单，薪资单显示“应发工资”项目中包含“竞业补偿”一项，并载明“如对工资有异议，请在发薪日起十天内向公司人力资源部书面提出，过期无异议表示认可”。王某在职期间并未对薪资单提出过异议。

裁判意见

用人单位与劳动者可以在劳动合同中约定保守用人单位的商业秘密和与知识产权相关的保密事项。对负有保密义务的劳动者，用人单位可以在劳动合同或者保密协议中与劳动者约定竞业限制条款。用人单位与负有保密义务

---

① （2021）苏05民终2127号。

的劳动者约定了竞业限制条款，并在劳动关系存续期间先行给付了合同约定且不低于法定标准的经济补偿，劳动合同解除或终止后，劳动者请求确认该竞业限制条款无效的，不予支持。劳动者违反竞业限制约定的，用人单位有权按照约定要求劳动者承担违约金并继续履行竞业限制义务。本案中，电气公司及其下属子公司在王某在职期间向其先行给付竞业限制补偿费的做法不违反法律规定，王某应当履行竞业限制义务。

典型案例105[①]

案情简介

龚某于2017年8月23日入职某信息科技公司处工作，从事电梯内物联网系统销售工作，同日，双方签署《劳动合同》及《员工保密协议》。《劳动合同》约定：期限为2017年8月23日至2020年9月30日；龚某试用期工资为4800元/月、转正后为6000元/月，其中含竞业限制补偿款1200元/月；合同终止或解除后两年内，龚某不得自营或协助他人经营与某信息科技公司同类行业及产品的各项业务；龚某违反本合同保密与竞业禁止条款的，除赔偿某信息科技公司所有损失外，还应按照在某信息科技公司处领取的竞业限制补偿款总和的5倍承担违约责任。后双方因竞业限制补偿费用是否应当在龚某离职后支付以及支付金额发生争议。

裁判意见

法院认为，在职期间已发工资中未含竞业限制补偿金。法律确有明文规定用人单位应在劳动者离职后按月给付竞业限制补偿金，但没有排除双方约定在职期间发放等其他给付形式，前提是，在职期间给付竞业限制补偿金的，应与劳动者其他待遇显著区分。本案系争《劳动合同》虽有约定在职月工资

① （2021）沪0110民初9313号。

包含竞业限制补偿金，但合同没有特别明示，实际履行过程中亦未作出名目与数额的明确划分，导致现无法将补偿金与工资作出区分，故不能认定某信息科技公司已尽竞业限制补偿金支付义务，2020 年 1 月 3 日至 2021 年 2 月 19 日的竞业限制补偿金，某信息科技公司当予补付。

案例分析

（1）竞业限制补偿金可以和工资相区分的情况

该情况下，视为已发放了竞业限制补偿金。

上述两个案例中，用人单位均与劳动者约定了在职期间随工资一同发放竞业限制补偿金。案例一中，用人单位和劳动者在竞业限制协议中明确约定了竞业限制补偿金随工资一同发放，并且在发放工资时，用人单位通过工资单再次和劳动者确认了当月工资中属于竞业限制补偿金的部分，且支付竞业限制补偿金的金额也比较恰当。据此，法院认可了双方的约定，并且认为用人单位在劳动关系存续期间先行给付了合同约定且不低于法定标准的经济补偿，劳动者应当履行竞业限制协议。

（2）竞业限制补偿金无法和工资相区分的情况

该情况下，用人单位应当在要求劳动者承担竞业限制义务的情况下补足发放竞业限制补偿金。

案例二中，法院认为，法律确有明文规定用人单位应在劳动者离职后按月给付竞业限制补偿金，但没有排除双方约定在职期间发放等其他给付形式，前提是，在职期间给付竞业限制补偿金的，应与劳动者其他待遇显著区分。而本案中该用人单位虽然约定了劳动者工资中包含竞业限制补偿金，但是在实际发放工资时，并没有将竞业限制补偿金与其他待遇显著区分，所以不能认定用人单位已经尽到了竞业限制补偿金的完全支付义务，仍然应当补足。

（3）合规建议

由此可见，虽然上述两个法院均认可随工资一同支付竞业限制补偿金的约定，但是对于竞业限制补偿金实际支付形式仍然有较高的要求。如果用人单位支付的竞业限制补偿金不能与工资相区分，还是会存在被认定为没有支付竞业限制补偿金的法律风险。因此，将竞业限制补偿金事先约定在工资中一同支付的做法并不可取。

虽然有部分法院认为随工资一同支付竞业限制补偿金的约定不违反法律规定，但是为稳妥起见，还是建议用人单位在劳动者离职后再按月支付竞业限制补偿金，避免产生争议。首先，在职期间支付竞业限制补偿金，容易和劳动者的工资相混淆，若无法和工资明确区分开，很容易被认为没有支付竞业限制补偿金，公司之后仍然要承担补足义务。其次，若在职期间支付了竞业限制补偿金，之后公司认为不需要该员工承担竞业限制义务了，届时再让员工将已支付的竞业限制补偿金退回，难度较大，员工很有可能不愿退回，届时双方又会产生新的争议。

97. 用人单位能否要求违约劳动者返还已经支付的竞业限制补偿金

劳动者违反竞业限制义务，但是用人单位已经按照约定支付了一部分竞业限制补偿金的，是否可以要求劳动者返还已经支付的竞业限制补偿金呢？根据相关法律规定，劳动者违反竞业限制义务需要承担的责任包括赔偿损失、支付违约金及继续履行竞业限制协议。法律并没有明确规定用人单位能否要求违反竞业限制协议的劳动者返还竞业限制补偿金。在实操中，双方竞业限制协议中明确约定了劳动者违约时需要返还已支付的竞业限制补偿金的，法院通常认可这一约定。然而对于没有事先约定的，要求返还竞业限制补偿金则难以获得支持。

典型案例106[①]

案情简介

任某于2003年4月1日入职某制造公司，双方签订劳动合同。劳动合同

① （2020）沪01民终1055号。

第9条约定发明创造所有权归属、机密信息保护及其他义务，其中第9.2款载明："为保护甲方商业秘密，保障甲乙双方的利益，乙方同意并承诺严格遵守《机密信息保护及其他义务遵守同意书》（附件三）"。2018年8月31日，双方劳动合同因任某辞职解除。同日，该制造公司向任某发送名为《履行竞业限制义务通知书》的电子邮件，内载：根据您与公司签订的《劳动合同》附件三的相关约定，公司现正式通知您在离职之后开始履行竞业限制义务，具体如下：……"如您违反竞业限制规定，您应当赔偿公司违约金，违约金金额包括返还公司已实际支付的竞业限制补偿金和约定违约金……"后任某发生了违反竞业限制义务的情况，双方因而发生争议。

裁判意见

根据双方关于竞业限制的约定，任某若违反竞业限制义务，应当返还制造公司已支付的竞业限制补偿金。如前所述，任某已经违反了竞业限制义务，应当返还相应的补偿金。鉴于劳动合同附件三中已约定补偿金金额比例为离职时月基本工资的50%～100%，具体比例由公司根据职级自行决定。在《履行竞业限制义务通知书》中已明确具体金额为8810元（税前），任某现主张该金额应为税后金额，难以采纳。现任某对在2019年2月实际总扣缴税款的金额无异议，故其应返还52,860元，对其要求不返还竞业限制补偿金的诉讼请求，一审法院不予支持。

典型案例107[①]

案情简介

2019年4月1日，游某与某信息技术公司签订劳动合同，岗位为客户总监。该合同第42条约定，游某的竞业限制期限自解除或者终止劳动合同后

① （2021）沪0117民初4884号。

24个月期间。另查明，2020年7月31日，游某向某信息技术公司提出离职。2020年8月10日，游某持股100%注册成立案外人蕙企公司，并担任法定代表人，该公司经营范围与信息技术公司存在竞争关系。2021年1月22日，信息技术公司向上海市松江区劳动人事争议仲裁委员会申请仲裁，请求游某：（1）返还信息技术公司支付的2020年8月竞业限制经济补偿5200元；（2）……后本案又进入一审程序。

裁判意见

法院认为，因双方并未就游某违反竞业限制义务后需返还竞业限制补偿作出约定，且某信息技术公司仍表示需要游某继续履行竞业限制义务，故某信息技术公司要求游某返还竞业限制补偿5200元的诉讼请求，于法无据，法院不予支持。

案例分析

（1）违约应当返还竞业限制补偿金的约定是合法有效的

案例一中，任某与用人单位之间的竞业限制协议约定，如果任某违反竞业限制义务，用人单位有权要求其返还已经支付的竞业限制补偿金，基于此，法院也认同了劳动者应当按照约定返还用人单位已经支付的竞业限制补偿金。而案例二中，由于劳动者和用人单位没有对返还竞业限制补偿金进行事先的约定，用人单位事后要求劳动者返还竞业限制补偿金，法院不予认可。

上述案例判断劳动者是否应当返还竞业限制补偿金的重要依据是双方是否存在事先的约定，对于事先约定了应当返还的，法院倾向于尊重双方的约定，对于没有事先约定的，法院则可能不会支持用人单位的请求。

（2）实务合规建议

用人单位在与负有保密义务的员工签订竞业限制协议时，应在协商一致后，对员工违约需返还竞业限制补偿金进行明确约定，在“违约责任”的内容中加入“如果劳动者违反竞业限制义务，需要返还违约期间用人单位所支付的竞业限制经济补偿”的条款，对于公司来说有百利而无一害。

如果确实没有进行约定，用人单位仍然可以基于权利与义务对等的原则主张返还部分已支付的竞业限制补偿金。但是，对于主张返还的数额，通常也只能支持返还违反竞业限制义务期间已支付的补偿金。

除要求违约方支付违约金和返还竞业限制补偿金以外，如果劳动者违反竞业限制义务，泄露原单位的商业秘密，给原单位造成了实际的损失，用人单位还可以要求劳动者承担损害赔偿责任，支付相应的损害赔偿金。

98. 能否与退休人员签订竞业限制协议

在市场竞争激烈的大环境下，企业的商业秘密是维持竞争优势的重要因素，为了维持竞争优势，企业通常会与掌握了商业秘密、技术秘密的高级管理人员、高级技术人员和其他负有保密义务的人员约定竞业限制条款，对其离职后一段时间的就业自由加以限制，以防上述人员泄露本单位秘密信息，从而减损本单位竞争优势。竞业限制通常是用人单位与建立了劳动关系的劳动者之间签订的，那么，对于达到法定退休年龄的劳动者，其不具备劳动关系主体资格，用人单位还能与其签订竞业限制协议并且要求履行吗？

竞业限制协议虽然通常是由用人单位与其劳动者之间签订的，但是法律并没有禁止用人单位与退休人员签订竞业限制协议。并且退休人员也是可以通过退休返聘的形式在其他用人单位就业的，也有可能会泄露商业秘密，减损企业竞争优势，认可与退休人员之间签订的竞业限制协议是合理且必要的。

典型案例108[①]

案情简介

梁某于2001年1月1日进入上海某制药公司工作，双方签订自2011年1

① （2018）沪02民终4620号。

月1日起的无固定期限劳动合同，合同约定梁某担任地区销售经理，合同第39条约定："了解公司重要商业或技术秘密的员工，无论本合同因任何原因终止，在终止劳动合同后的二年内的任何时候，未经公司的事先书面同意，不得在中华人民共和国境内受聘于本公司的竞争者或从事与公司竞争的业务或活动。如果公司选择行使上述权利，双方可另行签订书面协议。了解公司重要技术秘密的员工应提前三个月通知公司，公司有权对其安排三个月的脱密期。违反本约定擅自离职者，应赔偿公司的经济损失。"

2015年12月29日，上海某贸易公司向梁某发出《解除劳动合同通知书》，通知书载明："……公司根据相关法律规定在此就解除与您的劳动关系通知以下事宜：1. 双方签署的劳动合同于2015年12月31日解除，即双方之间的劳动关系自2015年12月31日终止……5. 您与公司签署的劳动合同中所约定的在劳动关系解除后仍然有效的义务依然对您具有约束力，请严格遵守。这些义务包括：不向任何第三方披露公司的任何商业信息，不利用公司的商业信息进行任何商业活动以及其他损害公司利益的活动，也不发表或者从事任何有损于公司声誉或者利益的言论和/或行为等"。梁某于2016年10月办理了退休手续，于2016年11月起按月领取养老金。双方后就是否应当支付竞业限制补偿金发生争议。本案历经劳动争议仲裁和一审、二审。

裁判意见

二审法院认为，本案仲裁阶段，静安仲裁委员会已经裁决贸易公司须向梁某支付2016年1月1日至10月31日的竞业限制补偿金，而贸易公司在收到仲裁裁决书后并未向上海市静安区人民法院提起诉讼，应当视为认可该裁决内容。故贸易公司要求不支付2016年1月1日至10月31日竞业限制补偿金的主张，法院不予支持。贸易公司为梁某出具的《解除劳动合同通知书》上已经明确载明要求梁某履行竞业限制义务，故双方确实存在竞业限制约定。基于此，贸易公司以梁某无法了解到其重要商业秘密或技术秘密、双方不存在竞业限制约定为由所作的不支付梁某竞业限制补偿金的抗辩，无事实和法律依据，法院不予认可。我国法律虽规定劳动合同可因劳动者依法享受养老保险待遇或达到法定退休年龄而终止，但法律并未禁止劳动者在办理退休手续之后继续提供劳动以获得报酬。而劳动合同因劳动者退休而终止后，劳动者掌握用人单位商业秘密的事实并不因此而消灭，故劳动者的竞业限制义务仍应当存续。本案中，梁某虽已于 2016 年 10 月办理退休手续，双方劳动合同因此终止，但梁某与贸易公司之间的竞业限制义务仍存续，且梁某在办理退休手续之后并未违反双方的竞业限制约定，故贸易公司应当支付梁某 2016 年 11 月 1 日至 2017 年 11 月 30 日的竞业限制补偿金。

案例分析

（1）退休人员也可以成为竞业限制协议主体

本案中，用人单位与该劳动者签订了竞业限制协议，在竞业限制有效期内，该劳动者办理了退休手续，依法领取养老保险待遇。法院认为法律并未禁止劳动者在办理退休手续之后继续提供劳动以获得报酬，劳动合同因劳动者退休而终止后，劳动者掌握用人单位商业秘密的事实并不因此而消灭。因此，达到法定退休年龄并且依法领取养老保险待遇的劳动者，也是可以签订竞业限制协议的，并且应当履行竞业限制协议的义务。用人单位如果需要即将退休或已经退休的劳动者履行竞业限制义务，可以与其签订竞业限制协议，对其离职后一段时间的就业自由加以限制，同时用人单位也应当支付竞业限制补偿金。

（2）劳动者退休的，已经签订的竞业限制协议不会当然失效

用人单位还需要注意，劳动者的竞业限制协议并不会因其达到法定退休年龄或领取基本养老保险待遇而自动失效，如果用人单位不需要达到退休年龄的劳动者离职后继续履行竞业限制协议，要注意在劳动者离职前书面告知其解除竞业限制协议。否则，劳动者退休后如果履行了竞业限制协议的约定，用人单位仍然要依约支付竞业限制补偿金，届时用人单位以该劳动者已经退

休为由进行抗辩，可能难以获得支持。

99. 违反竞业限制义务的违约责任

劳动者违反竞业限制义务时，需要承担违约责任的方式一般包括但不限于继续履行竞业限制义务、支付违约金、返还违反协议约定期间获得的竞业限制补偿等。

针对约定的竞业限制违约金是否可以变更的问题，按照《第八次全国法院民事审判工作会议（民事部分）纪要》“六、关于劳动争议纠纷案件的审理”之“（三）关于竞业限制问题”中的规定：用人单位和劳动者在竞业限制协议中约定的违约金过分高于或者低于实际损失，当事人请求调整违约金数额的，人民法院可以参照最高人民法院《关于适用〈中华人民共和国合同法〉若干问题的解释（二）》第29条[①]的规定予以处理。虽然合同法相关司法解释已经被废止，但对于法院评估违约金过高或过低的判断因素，如造成用人单位的实际损失、竞业限制协议履行情况、当事人过错程度以及预期利益损失等因素，其仍然具有一定的参考价值。

第三节　劳动合同中约定“脱密期”是否有效

“脱密期”相当于劳动者离职的提前通知期，是指用人单位与涉密岗位的员工约定在离职前需要提前一段时间通知，用人单位收到通知后会将劳动者调离涉密岗位，对劳动者实施“脱密”措施。

原劳动部发布的《关于企业职工流动若干问题的通知》（劳部发〔1996〕

---

① 最高人民法院《关于适用〈中华人民共和国合同法〉若干问题的解释（二）》（已废止）第29条规定，当事人主张约定的违约金过高请求予以适当减少的，人民法院应当以实际损失为基础，兼顾合同的履行情况、当事人的过错程度以及预期利益等综合因素，根据公平原则和诚实信用原则予以衡量，并作出裁决。当事人约定的违约金超过造成损失的30%的，一般可以认定为原《合同法》第114条第2款规定的“过分高于造成的损失”。

355号）中提到了“脱密期”的规定，“用人单位与掌握商业秘密的职工在劳动合同中约定保守商业秘密有关事项时，可以约定在劳动合同终止前或该职工提出解除劳动合同后的一定时间内（不超过六个月），调整其工作岗位，变更劳动合同中相关内容”。

然而《劳动合同法》颁布后，其中并没有关于“脱密期”的规定，只要求劳动者主动离职的，应当提前30日通知用人单位，在试用期内离职的需要提前3日通知用人单位。用人单位如果要求劳动者履行超过30天的离职通知期，可能与《劳动合同法》相违背。

上海地区对此有明确的地方性规定，在《上海市劳动合同条例》中：

第15条第2款规定：“对负有保守用人单位商业秘密义务的劳动者，劳动合同当事人可以就劳动者要求解除劳动合同的提前通知期在劳动合同或者保密协议中作出约定，但提前通知期不得超过六个月。在此期间，用人单位可以采取相应的脱密措施。”

第16条第2款规定：“劳动合同双方当事人约定竞业限制的，不得再约定解除劳动合同的提前通知期。”

也就是说，在上海地区，协议约定超过30日的脱密期是有操作空间的，用人单位最多可以与劳动者约定6个月的脱密期，但是脱密期与竞业限制不可同时适用，用人单位只能选择其一作为保护商业秘密的方式。

典型案例109[①]

案情简介

伍某于2013年5月21日入职某商业银行。双方签订期限为2013年5月21日至2016年5月20日的劳动合同。伍某于2017年8月29日申请辞职，最后工作至2017年9月28日。

① （2018）沪02民终7189号。

《××银行××分行保密协议（劳动合同制）》（以下简称保密协议）约定："……鉴于乙方（伍某）与甲方（银行）建立劳动合同关系，成为甲方重要员工，已知或可能知悉银行商业秘密、重要工作信息并对银行的竞争优势具有重要影响，为保护双方的合法权益……订立本协议……双方同意，在劳动合同终止前或伍某提出解除劳动合同时应履行银行规定的脱密管理，并按下列约定期限提前书面通知银行，银行在伍某脱密期间，有权调整其工作岗位和薪酬。（一）分行部门总经理助理、支行行长助理及以上管理人员、具有资产业务的客户经理的脱密期为6个月……"

就脱密期等问题伍某与银行发生了争议。

裁判意见

法院认为，根据相关规定，对负有保守用人单位商业秘密义务的劳动者，劳动合同当事人可以就劳动者要求解除劳动合同的提前通知期在劳动合同或者保密协议中作出约定，但提前通知期不得超过6个月。由上述规定可知，用人单位和劳动者可以在特定情况下就劳动者解除劳动合同的提前通知期进行特别约定。本案中，伍某系银行从业人员，用人单位根据行业特殊性及员工履职过程中可能掌握用人单位商业秘密等情况对欲离职员工设立问责机制并与劳动者另行约定脱密期并无不妥，亦于法无悖。本案双方当事人自保密协议之后未再对解除劳动合同的提前通知期另行约定，双方应当遵照保密协议之约定执行。伍某提出离职后，银行对其进行了相应的审核并实际对其名下业务进行了问责，在上述程序结束后立即为伍某办理了退工手续，并未超过双方约定的期限。需要指出的是，根据双方约定，银行在伍某提出离职至双方解除劳动合同之前有权调整伍某的工作岗位或薪酬，此系用人单位的权利，更是银行之义务。本案中，银行未考虑员工在此期间的基本生活问题，未对伍某作任何安排，有失妥当。但伍某因此主张双方之间约定无效依据不足，法院难以支持。关于退工损失，如一审法院所述，银行在双方约定的脱密期内为其办理了退工手续，并不存在故意延迟退工之情形。

案例分析

（1）目前上海地区审判实践对于用人单位和劳动者约定不超过6个月的脱密期认定有效

本案中，该用人单位与劳动者在保密协议中约定了6个月的脱密期，法院认为该约定有效。一审法院认为，该劳动者作为客户经理签署保密协议应视为放弃《劳动合同法》赋予的关于单方解除劳动合同的30日提前通知期。另外，《上海市劳动合同条例》明确规定，对负有保守用人单位商业秘密义务的劳动者，劳动合同当事人可以就劳动者要求解除劳动合同的提前通知期在劳动合同或者保密协议中作出约定，但提前通知期不得超过6个月。双方关于脱密期的约定系真实意思表示，应当遵照执行。用人单位在脱密期内为其办理离职手续，并不存在故意延迟退工的情形。

由此可见，在上海地区，脱密期的约定通常是有效的，但是仍要注意，约定脱密期应当结合岗位的实际情况，对于不需要脱密的岗位约定脱密期，仍然可能被认定为无效。此外，脱密期的最长期限不得超过6个月，并且不能与竞业限制同时适用，如果需要与员工签订竞业限制协议，那么就不应当再约定脱密期。

（2）脱密期与竞业限制的区别

在上海地区，脱密期与竞业限制都可以成为保护用人单位商业秘密的措施，二者存在较大差别，用人单位可以根据实际情况进行选择。

①期限不同。脱密期通常不能超过6个月，而竞业限制期限最长不得超过两年。如果劳动者的岗位比较重要，需要更长的保密期限，那么选择签订竞业限制协议更有利于保障用人单位的权益。

②是否需要支付补偿金。法律没有明确规定脱密期需要支付额外的补偿金，并且脱密期期间，仍然在继续履行劳动合同，用人单位应当继续支付工资报酬。而劳动者履行竞业限制义务的，用人单位有义务支付相应的竞业限制补偿金。

③协议主体规定不同。根据《上海市劳动合同条例》的规定，对负有保守用人单位商业秘密义务的劳动者，可以约定脱密期。而《劳动合同法》中对竞业限制协议主体的规定则更加具体，“竞业限制的人员限于用人单位的高级管理人员、高级技术人员和其他负有保密义务的人员”。上述规定虽然表述上有所不同，但本质上都是应当和具有保密义务的人员签订。

④违反约定的后果不同。根据《劳动合同法》的规定，劳动者只有在违反培训服务期协议及竞业限制协议的情况下需要支付违约金，在其他情形下用人单位不得与劳动者约定违约金条款。因此，用人单位要求违反脱密期协议的劳动者支付违约金的，可能无法获得支持，只能向劳动者主张赔偿责任。而劳动者违反竞业限制协议的，用人单位可以要求其根据双方协议的约定承担违约责任。

第八章

合规建议

第一节　录用环节合规建议

100. 录用过程中的告知义务

我国《劳动合同法》第 8 条明确规定了用人单位的告知义务和劳动者的说明义务，用人单位招用劳动者时，应当如实告知劳动者工作内容、工作条件、工作地点、职业危害、安全生产状况、劳动报酬，以及劳动者要求了解的其他情况；用人单位有权了解劳动者与劳动合同直接相关的基本情况，劳动者应当如实说明。本条是关于用人单位与劳动者告知义务的规定。为了使劳动合同当事人在订立劳动合同时，能比较全面地了解对方，防止盲目、草率签订劳动合同，避免或减少不必要的劳动争议的发生，本条对当事人在订立劳动合同前的如实告知义务做了规定。所谓如实告知义务，是指在用人单位招用劳动者时，用人单位与劳动者应将双方的基本情况，如实向相对方说明的义务。告知应当以一种合理并且适当的方式进行，要求能够让相对方及时知道和了解。

劳动者的告知义务是附条件的，只有在用人单位要求了解劳动者与劳动合同直接相关的基本情况时，劳动者才有如实说明的义务。劳动者与劳动合同直接相关的基本情况包括健康状况、知识技能、学历、职业资格、工作经历以及部分与工作有关的劳动者个人情况，如家庭住址、主要家庭成员构成等。用人单位不能为了解情况而侵害劳动者的隐私，这样的做法还有可能构成对劳动者的就业歧视。

用人单位与劳动者双方都应当如实告知另一方真实的情况，不能欺骗。如果一方向另一方提供虚假信息，将有可能导致劳动合同的无效。如果劳动者向用人单位提供虚假学历证明，用人单位未如实告知工作岗位存在患职业病的可能等，都属于《劳动合同法》规定的采取欺诈手段订立的劳动合同，该劳动合同将被认定无效。

101. 如何把握正确的录用流程

用人单位在招聘、录用过程中，应当把握正确的录用程序。理想的录用程序是：首先，通过面试了解劳动者基本情况，并根据面试情况确定是否有留用意向。其次，取得劳动者同意，对其进行背景调查。需提醒企业注意的是，背景调查涉及劳动者个人信息及隐私，应当在取得劳动者书面同意后方能进行，不能擅自进行背景调查。再次，若岗位对身体素质有要求的，最好事先要求劳动者提供符合要求的体检报告，对不符合身体素质要求的劳动者不予录用。最后，在对劳动者各方面情况进行充分调查，确认无误后再发送录用通知。这就提醒用人单位，在作出发送录用通知的决定之前一定要仔细核对劳动者的各项基本情况，包括身体情况、学历、工作经历等。以避免在发出录用通知后发现重要信息不符合公司要求的情形出现。在实践中，常有用人单位不清楚录用流程，在未进行深入调查前随意发出录用通知，在发出录用通知后再对劳动者进行体检、背景调查，那么后续发现体检或背景调查不符合要求，再撤销录用通知则可能给对方造成损失，需要承担相应的缔约过失责任。

然而，从留住人才的角度考虑，走完上述流程可能需要较长时间，容易造成人才流失，为了尽快发出录用通知、留住人才，用人单位也可以在录用通知中附加一定的录用条件，比如强调若背景调查发现不诚信行为或体检某项要求不达标，将无条件取消录用。诸如此类的条款可以有效降低用人单位的法律风险。

102. 签订劳动合同的注意事项

劳动合同是建立劳动关系的必备文书，《劳动合同法》第 10 条明确规定建立劳动关系，应当订立书面劳动合同。已建立劳动关系，未同时订立书面劳动合同的，应当自用工之日起一个月内订立书面劳动合同。

在企业人力资源管理中，应当重视书面劳动合同的签订，原则上应当先签书面劳动合同再进行用工，如果因为特殊原因无法立刻签订书面劳动合同，也应当将电子版劳动合同文本发送给员工要求其确认，并且尽快在一个月内完成书面劳动合同的签订。

（1）员工不配合签订书面劳动合同的处理建议

在实践中，对于不配合签订书面劳动合同的劳动者，用人单位应当积极履行磋商义务，并且保留双方沟通的证据，如邮件往来、微信聊天的原始记录。通常情况下，在用工之日起一个月内，用人单位经过多次磋商，劳动者仍然拒绝签订书面劳动合同的，用人单位就应当根据《劳动合同法实施条例》的规定与其终止劳动关系，不宜拖延时间，否则仍然会有未签书面劳动合同的法律风险。

对于拥有较高人事管理权限的人员，其对劳动法律、法规的熟悉程度远远高于一般的员工，也熟悉《劳动合同法》对于用人单位不与劳动者签订劳动合同规定承担何种不利后果，其有义务主动签订书面劳动合同。这类人员如果主张用人单位未签书面劳动合同二倍工资的，应当较普通劳动者承担更高的证明责任。此外，用人单位也应当注意，为了避免此类拥有较高权限的员工利用职务之便损害公司利益，用人单位应当设置一定的规则，分解此类人员的权限，比如，对于人事高级管理人员的劳动合同等文本最好由其他更高级别的管理人员亲自处理，以避免出现长期未签书面劳动合同以及擅自修改劳动合同条款的情形。

（2）倒签劳动合同期限的法律问题

对于倒签书面劳动合同的问题，不同地区存在不同的规定及裁判口径，实操中仍然存在一定比例的仲裁或法院认可倒签劳动合同无须支付二倍工资差额的主张的。当然，其前提是用人单位不存在未支付工资报酬、未依法缴纳社保等违法情形。因此，在实操中，一方面，建议用人单位按照《劳动合同法》规定在用工之日起一个月内签署书面劳动合同；另一方面，如果用人单位确实没有在一个月内签署书面劳动合同，那么也可以通过协商一致的方式和劳动者将劳动合同期限倒签回实际用工之日，产生争议时也有一定概率获得仲裁或法院的认可。

（3）未签书面劳动合同的后果

《劳动合同法》第82条规定，用人单位自用工之日起超过一个月不满一年未与劳动者订立书面劳动合同的，应当向劳动者每月支付二倍的工资。该规定的目的在于提高书面劳动合同签订率，保障劳动者合法权益，但是该条款并没有明确用人单位未签书面劳动合同应当支付二倍工资的上限。虽然用人单位自用工之日起满一年不与劳动者订立书面劳动合同的，视为用人单位与劳动者已订立无固定期限劳动合同，但是满一年时，用人单位可能仍然未签订书面的无固定期限劳动合同。那么，按照《劳动合同法》第82条的规定，劳动者可以一直主张二倍工资差额，直到用人单位签订书面的劳动合同。这对于用人单位而言也是不公平的，一方面，视为签订无固定期限劳动合同本身已经是对劳动者权益的加强保护了；另一方面，如果仍然允许劳动者继续获得二倍工资赔偿，对于用人单位而言可能产生较大负担，对于其他已经签订书面劳动合同的劳动者也是不公平的。

因此，用人单位自用工之日起一个月内未签书面劳动合同，从第二个月开始应当向劳动者每月支付二倍的工资，直到用人单位签订了书面劳动合同或者被视为签订了无固定期限劳动合同。

（4）签订电子劳动合同的注意事项

电子劳动合同的签订以双方达成一致为前提，用人单位应当事先与劳动者做好沟通，取得劳动者的同意。此外，根据《电子劳动合同订立指引》的规定，双方同意订立电子劳动合同的，用人单位要在订立电子劳动合同前，明确告知劳动者订立电子劳动合同的流程、操作方法、注意事项和查看、下载完整的劳动合同文本的途径，并不得向劳动者收取费用。在电子劳动合同签订完毕后，用人单位还要以手机短信、微信、电子邮件或者 App 信息提示等方式通知劳动者电子劳动合同已订立完成，并且提示劳动者及时下载和保存电子劳动合同文本，告知劳动者查看、下载电子劳动合同的方法，并提供必要的指导和帮助。劳动者需要电子劳动合同纸质文本的，用人单位要至少免费提供一份，并通过盖章等方式证明与数据电文原件一致。《电子劳动合同订立指引》还特别强调，电子劳动合同的储存期限也要按照《劳动合同法》的规定，在劳动者离职后至少保存两年待查。

103. 其他用工形式注意事项

我国鼓励用人单位与劳动者建立稳定的劳动关系，然而由于实践中工作种类不同、形式多样，需要各种灵活的劳务用工形式以满足用人单位需求，如传统的劳务关系、非全日制劳动关系、劳务派遣等用工形式，又如新兴的共享用工模式。采取灵活用工模式的，用人单位需要注意区分灵活用工模式与劳动关系用工的区别，避免操作不当导致灵活用工员工被认定为与用人单位存在事实劳动关系，从而用人单位需要承担相应的劳动法上的义务。

（1）劳务关系用工操作建议

如果用人单位和劳动者签订劳务合同，为避免劳务合同期间被认定为事实劳动关系，用人单位应当在管理上将劳务员工与正式劳动关系的员工加以区分。首先，签订合同时，应当单独使用劳务合同版本，合同用词应当注意避免出现“劳动关系”“劳动报酬”等用语，应当用“劳务关系”“劳务费”等代替。其次，在日常管理中，不宜将用人单位的规章制度用于对劳务员工进行管理，比如要求他们遵守公司员工手册，违纪行为按照员工手册规定进行处罚，给劳务员工设定绩效考核等。这些行为将进一步增强双方之间的人身隶属性，被认定为事实劳动关系的可能性更大。

（2）借调用工合规建议

用人单位向其他用人单位借调员工的，应当签订借调合同，明确双方的权利义务关系。在借调关系中，为了避免产生事实劳动关系的风险，用人单位应当注意审查对方单位是否与借调员工订立劳动合同、缴纳社保、支付工资，可以在借调合同中要求对方单位与借调员工必须建立劳动关系并且履行劳动法上的义务。如果对方单位与借调员工之间不存在劳动关系，那么对于本单位来说会存在较大的用工风险。用人单位还应当避免直接向借调员工支付工资、缴纳社保，可以在借调协议中约定，将相关款项支付给对方公司，由对方公司为员工支付工资、缴纳社保。此外，在使用借调员工的过程中，不宜直接用本单位的规章制度去管理，用人单位可以在借调协议中约定，如果借调员工表现不佳或违反了本单位规章制度，有权随时退回借调员工，但不宜用本单位的规章制度去对借调员工进行违纪处罚，避免借调员工与本单位产生人身隶属性。

104. 试用期用工管理问题

（1）试用期录用条件的制定

试用期录用条件是用人单位考核劳动者的主要依据，也是试用期合法解除劳动关系的重要证据。用人单位必须事先制定明确的试用期录用条件并且在入职之初向劳动者公示，之后才能依据此录用条件进行试用期考核，并作出录用或不予录用的决定。录用条件的制定应当具有客观性、科学性，要求能够真实反映岗位需求，并且能起到考核的作用。

在制定录用条件时，应当着重于设置一些可以通过数字客观评价的标准，比如员工的绩效、出勤、工作完成量等；否则，如果录用条件设置得不明确、不科学，则无法反映岗位的真实需要，在说明员工不符合录用条件时，也可能不被法院认可。比如，很多用人单位在设置考核标准时，以团队协作能力、领导力、创新能力等维度对劳动者工作情况进行评价，由员工的领导及同事进行打分，这些评价标准及评价方式具有较强的主观性，如果以此作为主要的考核标准，在产生争议时，用人单位将承担较大的证明义务。

此外，录用标准的制定应当设置明确的合格标准，并且明确达到哪一级别属于合格，没有达到的则属于不合格。比如，如果公司采用 A、B、C、D 档的打分标准，那么应当明确，如达到 A 档和 B 档的属于试用期考核通过，达到 C 档和 D 档的属于不通过。否则，仅仅显示 A、B、C、D 等级，难以说明哪一个等级是符合录用条件的，如员工达到了 C 档，用人单位主张其不符合录用条件，此时就要说明为什么 C 档不符合录用条件，这对于用人单位来说往往难以举证。

（2）延长试用期相关合规问题

就目前来看，对于在法定试用期最高期限内能否约定延长试用期这一问题，各地缺乏明确的规定，并且法院的裁判观点也各不相同。虽然也有法院认为双方协商约定延长试用期是合法的，但是延长试用期的操作仍然具有一定的法律风险。

因此，建议用人单位在法定范围内，根据岗位特点及实际需要，一次性约定足够长时间的试用期，在试用期内充分安排考核，如果考核不通过，那么就以“试用期不符合录用条件”解除劳动合同。否则，假如双方约定延长试用期，即使总时长没有超出法定试用期期限，仍然有可能被认为违反了“同一用人单位与同一劳动者只能约定一次试用期”的规定。从而可能需要承担补足试用期工资、违法解除劳动合同等后果。

浙江地区对此问题有明确的规定。2019 年 6 月 21 日，浙江省高级人民法院民事审判第一庭、浙江省劳动人事争议仲裁院印发《关于审理劳动争议案件若干问题的解答（五）》，该解答第 6 条指出，用人单位与劳动者约定了试用期，试用期内双方协商一致以书面形式约定延长试用期，延长后累计的试用期仍在法定期限内的，不属于同一用人单位与同一劳动者多次约定试用期的情形，该约定合法有效。

此外，劳动者从用人单位离职后一段时间再次入职同一用人单位，用人单位重新约定试用期的，也有可能被认为违反“同一用人单位与同一劳动者只能约定一次试用期”的规定。然而，由于二次入职的特殊性，影响二次入职约定试用期合法性的因素主要有再次入职从事的工作内容、两段劳动关系间隔时长、劳动者离职期间个人经历变化等。如果再次入职从事的工作内容和前一段劳动关系的工作内容相差较大，所需的技能相差较大，或者两段劳动关系之间时间间隔较长，期间员工个人履历变化也较大，再次约定试用期具有一定的合理性。假设产生争议，公司也可以从这些方面说明再次约定试用期的合理性。但是，由于相关问题没有明确的规定，公司的主张能否成立，最终还是看法官的自由裁量。

第二节　社会保险缴纳相关法律问题

105. 未依法缴纳社保公积金的行政责任

《社会保险法》第 84 条规定：“用人单位不办理社会保险登记的，由社会保险行政部门责令限期改正；逾期不改正的，对用人单位处应缴社会保险费数额一倍以上三倍以下的罚款，对其直接负责的主管人员和其他直接责任人员处五百元以上三千元以下的罚款”；第 86 条规定：“用人单位未按时足额缴纳社会保险费的，由社会保险费征收机构责令限期缴纳或者补足，并自欠缴之日起，按日加收万分之五的滞纳金；逾期仍不缴纳的，由有关行政部门处欠缴数额一倍以上三倍以下的罚款。”

用人单位与劳动者建立劳动关系的，应当依法缴纳社会保险，无论劳动者是否明确放弃缴纳，都不能免除用人单位的法定义务。如果用人单位存在大量员工放弃缴纳社会保险的情形，面临行政处罚的风险也更大，届时如果被责令整改，则需要承担补缴社保费用及滞纳金的法律后果。用人单位在注册地以外地区为劳动者缴纳社会保险的，也不能免除其应当在注册地缴纳社会保险的法定义务。虽然很多时候在异地缴纳社保系基于劳动者的请求，但是用人单位没有在注册地以本单位名义为其员工缴纳社保，可能导致员工无法在当地享受相应的社保待遇。就目前来看，异地缴纳社保在实操中仍然具有一定的操作空间，但是假如员工发生工伤、生育、医疗等问题，仍然存在难以理赔的风险，并且用人单位也面临被监察部门要求补缴甚至行政处罚的风险。

106. 未依法缴纳社会保险的劳动法律风险

用人单位未依法缴纳社会保险，对于劳动者而言最直接的风险就是无法获得保险理赔报销，如工伤费用。根据《工伤保险条例》第 12 条的规定，工伤保险基金存入社会保障基金财政专户，用于本条例规定的工伤保险待遇，劳动能力鉴定，工伤预防的宣传、培训等费用，以及法律、法规规定的用于工伤保险的其他费用的支付。具体而言，工伤保险报销的费用包括劳动能力鉴定费用、工伤医疗费用、生活护理费、一次性伤残补助金、伤残津贴等费用。若用人单位未依法缴纳工伤保险，而劳动者发生工伤的，相关费用均需用人单位负责支付。对于新入职的劳动者，用人单位应当尽快为其办理社保登记，避免因社保缴纳“空窗期”内发生工伤事故，导致人社部门不予理赔，从而产生劳动争议。

此外，根据《劳动合同法》第 38 条的规定，用人单位未依法为劳动者缴纳社会保险费的，劳动者可以解除劳动合同，并且要求用人单位支付经济补偿金。

第三节　员工假期管理

107. 病假管理注意事项

（1）制定合理的病假管理制度

病假管理制度是用人单位必备的规章制度，合理、完善的病假管理制度有利于规范员工请假流程、减少争议，从而提高企业病假管理效率、降低用工成本。完善的病假管理制度应当包括请假、销假、审批、异议流程以及违反病假制度的处罚规则，具体而言可以包括病假应当提供哪些证明材料，应当提前多长时间请假，应当由谁审批，紧急情况下如何汇报，对不予批准病假的异议申请，虚假病假的处罚规则等。

虚假病假一般而言是指员工通过虚假的病假材料申请病假，或虽然申请了病假但是没有遵循医嘱在家休息，而是外出兼职、游玩等情形。用人单位可以在规章制度中规定此类情形属于虚假病假，并且规定此类情形按照旷工处理，明确旷工达到一定天数的相应处理措施，如口头警告、书面警告、解除劳动合同等。

为了帮助员工更好地理解企业病假制度，用人单位可以对员工进行病假制度培训，帮助员工了解并执行企业病假制度。

（2）灵活执行病假制度

制定了病假管理制度还需要企业按照病假制度进行管理，否则再完善的病假制度也只是一纸空文。员工请病假的，企业应当督促其提交病假申请及相应的证明材料，病假即将到期的，应当及时确认返岗时间或是否需要继续请假。实践中，常有用人单位疏于管理，导致员工长时间休病假却未提交病假证明材料，那么企业就无法及时把握员工的身体状况，也无法确定其是否应当返岗工作。

用人单位在制定和执行病假政策时，应当充分考虑劳动者的各项权益，不宜制定和执行过于严格的病假政策。在实际操作中，员工存在轻微的程序瑕疵，用人单位不宜对其施以严格的处罚。但是，一旦发现员工存在虚假病假的情形，应当及时采取措施收集证据，并且根据规章制度进行处理。

（3）医疗期与劳动关系

医疗期是指劳动者患病或者非因工负伤停止工作治病休息，用人单位不得因此解除劳动合同的期限。根据《劳动合同法》第 42 条的规定，劳动者患病或者非因工负伤，在规定的医疗期内的，用人单位不得依照本法第 40

条、第41条的规定解除劳动合同。

医疗期的期限是法定的，医疗期与病假的换算方式是每请一天病假消耗一天医疗期。上海地区的医疗期计算不同于其他地区，在上海地区，病假天数达到医疗期天数后，医疗期即届满。在上海以外地区，病假天数需在相应的病假计算周期内达到医疗期天数后，该员工的医疗期才届满。上海地区的用人单位在计算员工医疗期时主要参照该员工在本单位的工作时间，上海以外地区的用人单位在计算员工医疗期时需要参照累计工作时间及本单位工作时间共同确定。

医疗期满关系到劳动合同的解除与终止，用人单位对于长期请病假的员工，应当注意计算其医疗期消耗情况，一旦发现法定医疗期届满的，可以对劳动关系进行相应的处理。此外，假如员工劳动合同即将到期，但是提交了病假申请，并且该员工的法定医疗期仍然没有消耗完毕的，那么用人单位应当批准其病假申请，并将劳动合同期限相应顺延至病假结束或医疗期满。

108. 其他假期

（1）事假管理合规建议

①制定并落实事假合规管理制度。用人单位应当制定详细的事假管理制度，包括事假的申请流程、请假天数、证明材料、审批人员、待遇、违反事假管理规定的后果等内容。由于事假的处理规则也关乎员工的切身利益，相关请假规则制定完毕后也应当经过民主程序讨论并且向员工公示。事假管理制度制定并生效后，用人单位可以要求员工履行管理规定，同时用人单位自身也要严格执行相关规定，否则如果长期不使用事假管理制度，产生争议时，裁判机关会认为用人单位怠于行使管理权，从而不认可用人单位制定的规章制度。

②及时处理事假申请。员工请事假的，用人单位应当及时处理，对于符合要求的事假申请，应当予以批准，不符合要求的则要尽快与员工充分沟通，告知不符合要求的原因。规章制度的制定难免会存在漏洞或考虑不周全的情

况，如果员工确有困难需要请假，用人单位也应当在合理范围内酌情处理。

③谨慎处理违反事假管理规定的员工。对于违反了事假管理规定的员工，比如未经批准擅自休假的、休假天数超过批准天数的，用人单位应当首先听取员工的解释。如果员工可以提供合理解释，用人单位的处理方式不宜过于严苛。

（2）年休假管理合规建议

年休假管理制度的关键在于督促员工尽快休完当年度年休假，以及制定规章制度完善公司福利年休假制度。年休假制度是用人单位规章制度的重要内容，在制定休假规则时应当全面完善地考虑可能发生的各种情形，在规章制度中约定清楚，以免后续产生纠纷。

对于法定年休假部分，通常应当按照法律规定操作，用人单位没有约定和自行变更的空间，在制定规章制度时尤其需要注意符合最新法律规定，不能违反法律规定自行随意制定年休假制度。

对于福利年休假部分，用人单位可以且有必要行使自主管理权，对福利年休假的天数、休假方式、补偿方式进行详细约定。比如，哪些员工可以享有福利年休假，福利年休假的天数如何确定，当年度未休的福利年休假是否可以获得补偿或者顺延至下一年度，员工离职时未休的福利年休假是否能够获得补偿等。这些规定一方面向员工告知公司的休假管理规定，另一方面在产生纠纷时也可以作为证据支持用人单位的主张。

第四节　员工绩效管理

109. 低绩效员工处理建议

在用工过程中，最常遇到的问题就是工作绩效不好的员工应当如何处理。这类员工往往没有犯太大的过错，但工作能力不佳，比如做销售岗位的无法达到业绩，做人事管理的无法签订基本合规的劳动合同，企业处理这类员工往往会采取调岗降薪、劝退、解除劳动关系等措施。工作岗位、工资待遇都是劳动合同中的重要条款，一般情况下用人单位不能随意调整员工工作岗位和工资待遇，除非有合法的理由，或者双方协商一致签订书面的变更协议。

根据《劳动合同法》的规定，用人单位单方解除劳动合同必须有法定的解除理由，没有法定的理由解除劳动合同的，系违法解除，需要承担违法解除的后果。如果劳动者存在较大过错，比如旷工、迟到早退、打架斗殴等明显违纪行为，解除劳动合同通常比较容易。然而用人单位对于一些没有发生明显违纪行为，但是绩效不达标、工作表现不佳的员工，想要解除劳动合同，通常难度较大。对于此类员工，用人单位解除劳动合同通常会采取《劳动合同法》第 40 条第 2 项的解除理由，即“劳动者不能胜任工作，经过培训或者调整工作岗位，仍不能胜任工作的”。

用上述规定解除劳动合同，流程比较烦琐，用人单位需要承担较高的证明义务。具体流程需要分三步走：首先，证明劳动者不能胜任工作；其次，需要对劳动者进行培训或者调岗；最后，对劳动者再次进行考核，考核仍然不能达到要求的，才能提前 30 日通知单方解除劳动合同。这一流程必须完整地履行，缺少任何一个步骤都可能会导致违法解除。除此之外，每一个步骤中还有很多细节需要注意。

110. 如何证明劳动者不能胜任工作

用人单位主张劳动者不能胜任工作，需要提供依据，用人单位提供的依据通常是员工的工作考核结果。

（1）有效的考核必须在考核开始之前事先将考核要求、考核周期、评分标准等告知劳动者。告知程序应当保留一定的证明材料，最好是能够收集到员工签字确认的绩效考核表。如果没有员工签字的材料，也可以收集邮件发送考核表的记录、双方线上沟通的记录等。

（2）考核标准的制定也必须是客观的、科学的、符合岗位特征的。用人单位应当侧重于对员工的绩效、出勤、工作量等可以客观衡量的内容进行评价，避免过多的主观评价，如员工的性格、团结能力、领导能力、合作能力。

（3）考核标准中还必须明确，达到何种标准属于通过考核，何种标准属于不能胜任工作。实践中，经常有用人单位制作的考核标准用 A、B、C 作为评价等级，但是并没有注明 A、B、C 中哪个等级是胜任工作，哪个等级是不胜任工作。假如员工达到了 B 等级，用人单位主张其属于不能胜任工作，但是无法进一步证明为什么 B 等级是不能胜任工作，那么其不能胜任解除的基础就无法成立了，最终将导致用人单位违法解除的后果。

（4）考核结果作出后，还需要向员工告知考核结果，在这一过程中必然会进行一系列的谈话。用人单位需要注意保留相应的证据，证明单位方对考核结果尽到了合理的告知义务，最好是能让员工在考核结果上签名认可考核结果。当然实践中员工通常是不愿意签名的，那么用人单位可以通过电子邮件等方式将结果详细告知，如果有面谈的，也保留相应的录音材料。

111. 证明用人单位进行过培训或者调岗

将考核结果告知劳动者后，需要为劳动者安排培训或者调岗。这一流程用人单位可以自主选择培训还是调岗。

如果选择培训，那么应当在一段时间内，针对员工所欠缺的工作能力安排一系列的培训课程，培训结束后需要再次进行考核。培训的时间不宜过长或过短，需要用人单位根据员工实际情况安排。这里的考核标准也应当在培训开始前事先告知员工。

如果选择调岗，那么应当根据员工的能力，选择相匹配的岗位，通常是同种岗位降一级别调整，薪资变化也不宜过大。这里要注意不能进行歧视性调岗，比如将财务经理调到行政助理的岗位等，明显带有歧视性的调岗可能被定为不合理调岗，最终导致违法解除。调岗一段时间后，需要对员工在新岗位的工作再次进行考核。这里的考核标准也应当在调岗开始前事先告知员工。

112. 如何第二次证明劳动者不能胜任工作

上述培训或调岗流程结束后，对员工再次进行考核。根据考核结果判断是否能够胜任工作。如果员工能够胜任工作，那么用人单位应当停止解除劳动合同的操作。如果员工仍然不能胜任工作，用人单位应当将考核结果告知员工，将相关情况告知工会，随后发送解除通知书，告知员工劳动合同解除的决定。

综上所述，不能胜任解除劳动合同的操作流程比较烦琐，实际操作耗时较长，对用人单位的证明义务要求也较高。因此，在上述过程中，用人单位也可以选择合适的时机，基于员工工作绩效不达标的事实，同员工协商解除劳动合同。

此外，依据《劳动合同法》第 40 条第 2 项的理由解除劳动合同，用人单位仍然需要支付经济补偿金，并且需要提前一个月通知，或者额外支付一个月工资代替提前通知。

第五节　劳动合同解除与终止

113. 无固定期限劳动合同

无固定期限劳动合同是劳动者与用人单位签订的没有确定终止日期的劳动合同。并且劳动者如果符合应当签订无固定期限劳动合同的情形，用人单位则不能随意到期终止劳动合同，而是应当续签无固定期限劳动合同。前文已经分析了实践中关于在本单位工作满 10 年以及连续两次签订固定期限劳动合同后是否应当续订无固定期限劳动合同的不同裁判观点。

用人单位需注意，对于本单位工龄较长的员工，单位要提前做好规划，考虑到本单位工龄满 10 年可能签订无固定期限劳动合同的情况，最好在劳动者本单位工龄满 10 年之前确定是否需要续约，并且根据劳动者的情况评估续约时可能发生的风险，在后续的续约中掌握一定的主动权。

此外，对于一些集团公司来说，有的员工可能是从其他关联公司或第三方公司将劳动关系转移过来的，那么在计算这部分员工工龄时还需要考虑当时转移劳动关系时是否曾经买断过工龄。如果没有买断过工龄，那么工作年限还可能发生连续计算，也就是说其在前一家公司的工作年限需要合并计算为本单位的工作年限。如果没有厘清这其中的关系，会导致错误地计算员工工龄，需要尽量避免前述风险，否则用人单位需承受违法解除的不利法律后果。

所谓买断工龄，通常发生在劳动关系三方转移的过程中，比如将劳动者的劳动关系从 A 公司转移到 B 公司，假如在劳动关系转移时，三方约定买断劳动者在 A 公司的工龄并且支付经济补偿金，那么该劳动者在 B 公司的工作年限即重新开始计算。

114. 协商解除协议应当如何签署

根据《劳动合同法》第 36 条的规定，用人单位与劳动者协商一致，可以解除劳动合同。协商解除劳动合同，用人单位也要依法支付经济补偿金。在实操中，为了避免争议，建议用人单位与劳动者签订书面的协商解除协议，明确双方权利义务。协商解除协议内容需包括最后工作日、协商解除补偿金、交接手续、物品归还、年休假结算、加班费支付、工资报酬、竞业限制协议的履行等内容。

签订协商解除协议首先应当注意尽量缩短协商解除协议签订日到最后工作日之间的期限，避免员工在后续工作中发生病假、负伤、怀孕等特殊情况，也避免员工反悔不想解除劳动关系。虽然上述情形通常不会导致协商解除协议的无效，但是发生上述情形员工心理上难免不平衡，很有可能因此和公司产生纠纷，增添公司的解除成本。然而，上述情况并不包括劳动者因工负伤的情形，劳动者签订协商解除协议后，到最后工作日前，如果发生因工负伤的情形，用人单位仍然应当根据《工伤保险条例》及有关规定为员工申报工伤，履行工伤义务。

此外，为了充分解决双方之间的争议问题，建议用人单位在协商解除协议中尽可能地明确处理双方之间的争议问题，并且可以增加“再无争议”条款，表示双方就协商解除及相关事宜已处理完毕，再无其他争议。“再无争议”条款如果不存在违反法律、行政法规强制性规定，以及无效或可撤销等情形，通常会被认定为有效。

115. 制定规章制度的基本流程

用人单位规章制度是进行自主用工管理的重要依据，制定涉及劳动者切身利益的规章制度应当符合法定的流程，以下是用人单位制定规章制度的基本流程及注意事项：

（1）草拟规章制度文本

用人单位制定规章制度的，首先应当根据内部流程，由有关部门拟订规章制度的文本，此时尚且不需要职工和工会的参与，用人单位可以自行安排人员草拟文本。

（2）职工代表大会或全体职工讨论

用人单位完成规章制度的草拟后，接下来则需要进行民主程序讨论，根据《劳动合同法》第 4 条的规定，用人单位应当组织召开全体职工大会或者职工代表大会。如果用人单位人数较少，可以直接召开全体职工大会，人数较多的，则需要选取职工代表，召开职工代表大会。在会议上，应当对新规章制度的草案进行介绍，并对重点条款进行解释，职工或职工代表有权对相关条款提出意见，用人单位应当收集并处理相关意见。

这里要注意，用人单位应当保留召开职工大会或职工代表大会的材料，包括参会通知、会议签到表、会议记录、职工提交的意见表等材料。

（3）形成最终版本并且向全体员工公示

职工大会或职工代表大会结束后，用人单位应当对会议上收集的职工意见进行处理，吸收合理的修改意见，并且形成最终版本的规章制度。最终版本的规章制度形成后，用人单位需要将其向全体员工公示，可以通过内部网络、电子邮件、书面送达等方式，同时需要收集员工确认知悉的回复函。完成上述流程后，该规章制度即发生效力。

对于规章制度生效后新加入的员工，用人单位应当在其入职时将规章制度全文发送给该员工，并且要求其签署确认收到且知悉相关内容的文件，用人单位应当保留好相关文件，未来假如产生劳动争议将成为重要的依据。在实践中，如果用人单位无法证明曾经向劳动者公示过规章制度，也可能会导致用人单位解除行为违法，从而需要承担违法解除的后果。

（4）定期对规章制度进行检查更新

规章制度的制定不是一蹴而就的，用人单位应当定期对规章制度进行检查与更新，删除不符合现实需要的条款，增加新的规章条款，以增强规章制度的使用效率。对规章定期检查更新也是避免因时间过长，最初制定规章制度时的民主程序及公示程序材料丢失，从而导致规章制度无效。

116. 用人单位单方解除劳动合同的基本流程

（1）寻找法定解除事由

用人单位单方解除劳动合同主要依据《劳动合同法》第 39 条（劳动者存在重大过错）、第 40 条（用人单位单方解除）、第 41 条（经济性裁员）这三个条款规定的解除理由。

①《劳动合同法》第 39 条规定了劳动者存在重大过错情形下，用人单位单方解除的 6 种情形。发生以下情形的，用人单位可以依法解除劳动合同，并且无须支付经济补偿金：在试用期间被证明不符合录用条件的；严重违反用人单位的规章制度的；严重失职，营私舞弊，给用人单位造成重大损害的；劳动者同时与其他用人单位建立劳动关系，对完成本单位的工作任务造成严重影响，或者经用人单位提出，拒不改正的；因《劳动合同法》第 26 条第 1 款第 1 项规定的情形致使劳动合同无效的；被依法追究刑事责任的。

②《劳动合同法》第 40 条规定了劳动者无重大过错，但是用人单位可以单方解除劳动合同的三种情形：劳动者患病或者非因工负伤，在规定的医疗期满后不能从事原工作，也不能从事由用人单位另行安排的工作的；劳动者不能胜任工作，经过培训或者调整工作岗位，仍不能胜任工作的；劳动合同订立时所依据的客观情况发生重大变化，致使劳动合同无法履行，经用人单位与劳动者协商，未能就变更劳动合同内容达成协议的。

依据上述理由单方解除劳动合同需要提前一个月通知并且支付经济补偿金。

③《劳动合同法》第 41 条规定了用人单位生产经营发生严重亏损，需要进行较大规模裁员的情形下，可以单方解除劳动合同的情形。适用该理由解除劳动合同需要满足两个条件：

首先，裁员规模需达到 20 人以上或者裁减不足 20 人但占企业职工总数 10% 以上。

其次，用人单位需发生以下情形之一：依照企业破产法规定进行重整的；生产经营发生严重困难的；企业转产、重大技术革新或者经营方式调整，经变更劳动合同后，仍需裁减人员的；其他因劳动合同订立时所依据的客观经济情况发生重大变化，致使劳动合同无法履行的。

满足上述条件后，用人单位还需提前 30 日向工会或者全体职工说明情况，听取工会或者职工的意见后，裁减人员方案经向劳动行政部门报告，可以裁减人员。

用人单位需要解除劳动合同不符合上述任一情形的，单方解除劳动合同可能构成违法解除，需要承担违法解除的法律后果，劳动者可以要求恢复劳动关系或者要求用人单位支付相当于二倍经济补偿金的违法解除赔偿金。

（2）固定证据

用人单位希望与劳动者解除劳动关系的，应当在协商、谈判或单方告知前做好充分的准备，全面收集相关证据。在劳动争议中，用人单位需要对解除劳动关系的合法性承担举证义务，因此证据的准备与收集具有重要的意义。

尤其是在劳动者没有诸如旷工、迟到早退、严重损害用人单位利益等违纪情形时，用人单位更加应当有针对性地收集相应证据，以证明解除劳动合同行为的合法性。

比如，依据“劳动者不能胜任工作，经过培训或者调整工作岗位，仍不能胜任工作”这一理由单方解除劳动合同的，用人单位首先应当收集劳动者不能胜任工作的依据，如绩效考核表以及员工工作表现不佳的其他证据（证明该员工绩效不达标），其次应当收集用人单位安排培训或调岗的证据，如邮件通知、培训签到表、员工签名的绩效改进计划等，接着应当收集用人单位在调岗一段时间或培训后再次对该员工进行考核的依据，如再次考核通知、绩效考核表等。

（3）通知工会

通知工会流程经常被用人单位所忽略，根据《劳动合同法》第 43 条的规定，用人单位单方解除劳动合同，应当事先将理由通知工会。用人单位违反法律、行政法规规定或者劳动合同约定的，工会有权要求用人单位纠正。用人单位应当研究工会的意见，并将处理结果书面通知工会。用人单位单方解除劳动合同前未依法通知工会的，可以在起诉前予以补正，否则可能构成违法解除。

第六节　多元化用工模式

117. “共享用工”模式合规问题

从新冠疫情暴发至今，疫情对各行各业的影响还在持续进行中。对于传统的餐饮行业来说，线下门店的经营是其主要的收入来源，而在疫情肆虐时期，资金链的断裂以及过高的人工成本将这些公司压得“喘不过气”；与此同时，主要以线上经营为主的电商行业又面临爆单和员工严重不足的困境。

正是这样的一个社会现状，“共享用工”的新型灵活用工模式应运而生，并得到了快速发展。

2020年9月30日，人力资源和社会保障部办公厅出台了《关于做好共享用工指导和服务的通知》（人社厅发〔2020〕98号），进一步肯定了“共享用工”模式对于稳定员工就业以及合理优化资源配置的优势作用，也从合法性的角度对其进行了认定，对于推广该新型用工模式的广泛应用起到了重要作用。此后北京、上海及广州等地纷纷出台关于“共享用工”模式的指导和服务工作指引等政策文件，加强对“共享用工”的指导服务，促进其有序开展。

（1）“共享用工”模式

在传统的《劳动法》《劳动合同法》及其司法解释中，均没有对“共享用工”进行明确定义。但结合《关于做好共享用工指导和服务的通知》中对于“共享用工”模式的各项规定，如该通知第5条中明确了“原企业与劳动者协商一致，将劳动者安排到缺工企业工作，不改变原企业与劳动者之间的劳动关系”，可以总结出“共享用工”指的是员工富余的企业与员工通过协商一致，将员工安排至缺工企业进行工作，受缺工企业管理，但并不改变先前劳动关系的一种灵活用工模式。“共享用工”作为一种非标准的劳动法律关系，与其他的用工模式之间存在明显的区别，但是也极易混淆，比如同样为非标准类型的劳动法律关系的劳务派遣、委派借调等，同样存在原用人单位、实际用工单位以及劳动者三方的法律关系，但其本质上却存在较大的差别。

“共享用工”模式与劳务派遣的主要区别在于，能够进行劳务派遣的企业必须具有“劳务派遣”的相关资质，需向有关部门申请行政许可，但“共享用工”模式并没有对企业有任何特殊资质的要求。除此之外，劳务派遣主要适用于一些临时性或辅助性的岗位，而且实际用工单位的劳务派遣人员总人数不得超过整个单位总员工数的10%。两者之间的另一明显差别就是，在劳务派遣的模式之中，派遣员工的企业往往是以营利为目的，向实际用工企业收取一定的管理费或者服务费，而“共享用工”模式下企业却不得以出借员工的方式来进行营利，即共享用工具有非营利性（无偿性）。

“共享用工”模式与委派借调的区别主要在于两个企业之间的关系。对于“共享用工”模式来说，其主要是缺工企业与员工富余企业之间达成的一个互利共赢的用工模式，一定程度上是“人尽其用”，但两个企业之间并不一定存在内在的联系。然而委派借调往往发生在存在一定关联关系的企业之间，比如将员工借调到子公司、控股公司参加工作。而且，借调一般不大可能存在于不具有任何关联关系的企业之间且一般借调人员数量较小，但是在使用“共享用工”模式的时候，大部分是将体量较大的员工一同出借，否则难以缓解缺工企业的用工短缺。

（2）企业合规使用“共享用工”模式的原则

①需在与员工协商一致的前提下变更劳动合同

《关于做好共享用工指导和服务的通知》第5条规定了“各级人力资源社会保障部门要指导原企业与劳动者协商变更劳动合同，明确劳动者新的工作地点、工作岗位、工作时间、休息休假、劳动报酬、劳动条件以及劳动者在缺工企业工作期间应遵守缺工企业依法制定的规章制度等”。对此，上海市人力资源和社会保障局于2021年2月5日出台的《上海市共享用工指导和服务工作指引》（以下简称《工作指引》）中也响应了中央的号召，对于变更劳动合同作出了相应规定，指明“原企业在安排劳动者到缺工企业工作前，应当告知劳动者缺工企业具体情况和所涉及的相关权利义务内容，征求劳动者的意见。双方可以在依法自愿的基础上协商变更劳动合同。变更后的劳动合同应当明确缺工企业、工作岗位、工作内容、工作条件、工作地点、工作时间、劳动报酬、劳动保护条件、应当遵守缺工企业规章制度的义务等涉及劳动者切身利益的相关内容，变更后的劳动合同由原企业和劳动者各执一份”。

由于企业间的“共享用工”必然会涉及劳动合同中相关履行内容的变化，而《劳动合同法》第35条明确规定“用人单位与劳动者协商一致，可以变更劳动合同约定的内容。变更劳动合同，应当采用书面形式”，因此用工富余的企业在将员工出借之前应当就劳动合同的变更协商一致。

②“共享用工”模式的期限不得超过原劳动合同的期限

前文提到在《关于做好共享用工指导和服务的通知》中明确指出了“共享用工”模式下并不改变原用人单位与劳动者之间的劳动关系，对此，《工作指引》中亦明确指出：“劳动力富余企业（以下简称‘原企业’）与劳动者遵循合法公平、平等自愿、协商一致、诚实信用原则，将劳动者安排到劳动力短缺企业（以下简称‘缺工企业’）工作的，不改变原企业与劳动者之间的劳动关系，原企业应当依法履行用人单位对劳动者的义务。劳动者非由其用人单位安排而自行到其他单位工作的，不属于本指引所指共享用工情形。企业不得以盈利为目的借出员工，不得以共享用工的名义违法开展劳务派遣和规避劳务派遣有关规定，不得将在本单位工作的被派遣劳动者以共享用工名义安排到其他单位工作”。

因此，在基于原劳动关系不变的情况下，劳动合同需要变更的只有工作地点、工作岗位、工作时间、劳动报酬、劳动条件以及应遵守的规章制度等内容，但“共享用工”模式的期限不应超过原企业与员工先前签订的劳动合同的剩余期限。

③不得以“共享用工”模式来进行营利

前文分析了“共享用工”模式与劳务派遣模式的一大主要区别就在于劳务派遣通常以营利为主要目的。但是，对于“共享用工”，《关于做好共享用工指导和服务的通知》第6条“维护好劳动者在共享用工期间的合法权益”强调，“要指导和督促原企业按时足额支付劳动者劳动报酬和为劳动者缴纳社会保险费，并不得克扣劳动者的劳动报酬和以任何名目从中收取费用”。因此，对于员工富余企业和缺工企业，通过出借员工的这种方式达成了“共享用工”模式已经让各方的利益都达到了平衡，“共享用工”模式并不能如劳务派遣模式一般可以依靠出借员工来获取利益，否则就变成了名义上的“共享用工”、实质上的劳务派遣。而劳务派遣对于没有相关资质的企业来说，其实施显然已经违反了法律的规定，企业也将面临行政处罚的法律风险。

（3）企业使用“共享用工”模式的合规风险

“共享用工”作为一种因新冠疫情的持续蔓延而应运而生的新型灵活用工模式，由于其发展的时间不长，在实践运用中对于企业来说还存在一定的法律风险。

①缺工企业的法律风险

第一，缺工企业存在在经历了缺工的艰难时期后，企业的生产经营活动已经逐渐恢复正常，不再需要向其他企业借用员工时，将员工退回却遭到原企业拒收的风险。此时若缺工企业不想让这些员工在企业滞留，对这些员工不管不顾，也可能面临员工们心生不满而激发社会矛盾，有损企业对外形象的极大风险。

第二，劳动关系混同。如果未明确界定共享用工的劳动关系归属，则可能导致争议发生时缺工企业被认定为共同用人单位，从而与原企业承担连带责任。

第三，员工工资被克扣而受牵连。如果原企业收到缺工企业结算的工资后，未按时足额发放给员工，或未足额缴纳社保，则可能导致员工向缺工企业讨要差额。

②员工富余的原企业可能存在的法律风险

第一，对于员工富余的企业，在“共享用工”模式下也会存在一定的法律风险。例如，企业因疫情等原因经营情况困难而难以承受沉重的人工成本，但企业又未就将员工出借至缺工企业进行“共享用工”的模式与员工达成一致意见，而直接单方决定将员工安排至缺工企业工作，最终员工拒绝到岗而与其解除劳动合同的，企业将面临违法解除的风险。

第二，出借员工的工伤问题也可能成为原企业的用工风险。由于在“共享用工”模式下，出借员工与原企业之间的劳动关系是不发生任何变化的，因此出借员工的工伤赔偿还是应当由原企业来承担。《关于做好共享用工指导和服务的通知》第 6 条对“共享用工”模式下的工伤问题进行了规定，即“劳动者在缺工企业工作期间发生工伤事故的，按照《工伤保险条例》第四十三条第三款规定，由原企业承担工伤保险责任，补偿办法可与缺工企业约定”。而出借员工的工作环境原企业并不能自主决定，因此在进行“共享用工”时，原企业无法掌控员工遭受工伤的风险。

第三，缺工企业可能发生的欠费行为。如果缺工企业未依约定按时足额向原企业结算工资、社保费等各项应付费用，可能会导致员工主张额外的补偿金、赔偿金，也可能导致社保稽查部门的行政处罚。

（4）合规建议

①对于缺工企业的合规建议

《关于做好共享用工指导和服务的通知》第 3 条规定，“各级人力资源社会保障部门要指导开展共享用工的企业签订合作协议，明确双方的权利义务关系，防范开展共享用工中的矛盾风险”。因此，“共享用工”的用工模式需要通过签订共享用工协议的方式来进行搭建。在实践中有两种协议签订的模式，可以由缺工企业、原企业以及员工三方共同签署一份《合作协议》，也可以由缺工企业与原企业签订《合作协议》、原企业再与员工签订一份《劳动合同变更协议》。

无论是双方合作协议还是三方合作协议，对于缺工企业来说，都应当在协议中明确约定以下几点：首先，需要明确约定将出借员工安排至缺工企业工作，但该员工与缺工企业并不存在实质上的劳动关系，员工的劳动关系还在原企业，必要时需要原企业提供其与该员工的劳动合同进行验证；其次，需要在《合作协议》中明确，若缺工企业不需要再以“共享用工”形式解决困境，缺工企业会将该批出借员工退回，届时原企业不得拒收员工，导致员工滞留于缺工企业，使得缺工企业增加相应支出和耗费人力、物力的，应当由原企业作出相应赔偿；最后，缺工企业应当在《合作协议》中与原企业进行明确约定，若员工发生劳动争议，而并非缺工企业导致，则一律由原企业自行解决，给缺工企业造成损失的应当赔偿其损失。

②对于员工富余的原企业的合规建议

首先，对于员工富余的原企业来说，最为重要的是，在实施“共享用工”模式时，一定要与员工协商达成一致，必要时可以签订书面文件来进行相关内容的承诺，该行为也是对员工知情权的尊重，需要告知员工的内容包括但不限于工作内容、工作条件、工作地点、劳动报酬、企业规章制度以及劳动者需要了解的其他情况。

其次，对于“共享用工”模式下员工的薪酬待遇以及其他福利保险的缴纳问题，原企业应当在与缺工企业签订的《合作协议》中明确约定，“共享用工”期间，出借员工有关劳动安全卫生、职业危害防护、工时休假的安排与限制等劳动保护义务应由缺工企业承担，并且缺工企业每月还应按时、足额向原企业结算出借员工的工资、社保、各项福利待遇等应付费用，并应约定迟延支付时的违约责任。除此之外，关于出借员工的工伤问题，由于根据法律的相关规定，出借员工的工伤保险责任依然由原企业负责，因此原企业应当及时地为这些员工缴纳工伤保险，以免在员工发生工伤事故后需承担不利责任，并且在《合作协议》中对于工伤事故如何赔偿问题与缺工企业进行明确约定。

最后，在《合作协议》中对于款项支付的时间、金额、方式，应当特别注意进行明确、具体的约定，包括逾期支付的违约金等违约责任，避免发生缺工企业欠费后原企业单方承担过多责任。

共享用工在三方合同的法律构成中极具特色，需要我们突破传统理论的束缚，合理界定三方权利义务范围，尊重劳资自主合意，通过劳动合同的协商变更，充分发挥共享用工的制度优势，并防范以共享用工代替劳务派遣等违法行为，建立和完善更为弹性和富有张力的三方劳动法律关系调整机制，使我国劳动力的供需结合更加有序流畅，用工体制中的市场要素更加充分活跃，劳动关系多元化构成更加丰富多彩。

118. 新业态从业者劳动关系问题

近年来，新业态经济衍生出众多新型就业形态，如专车司机、外卖小哥、网络主播等，培育出许多新的经济增长点。新业态经济对优化资源配置、推动产业升级、拓展消费市场、增加就业都有重要作用，政府也在积极促进新业态经济模式发展。

2019年8月，国务院出台了国务院办公厅《关于促进平台经济规范健康发展的指导意见》，提出加大政策引导、支持和保障力度，创新监管理念和方式，落实和完善包容审慎监管要求，推动建立健全适应平台经济发展特点的新型监管机制，着力营造公平竞争市场环境等。

2020年7月14日，国家发展和改革委员会等13部门联合发布《关于支持新业态新模式健康发展激活消费市场带动扩大就业的意见》，提出支持多种新业态新模式发展。

2021年12月24日，国家发展和改革委员会等部门出台了《关于推动平台经济规范健康持续发展的若干意见》，进一步推动平台经济规范健康持续发展。

与此同时，由于新业态企业经营模式、用工形态与传统行业存在较大差异，这些企业员工的劳动权益保障问题也逐渐暴露，给劳动用工领域带来一定的挑战，实践中出现了越来越多新业态从业者与企业之间的劳动关系纠纷。

2021年7月16日，人力资源和社会保障部等部门共同发布《关于维护新就业形态劳动者劳动保障权益的指导意见》，提出保障新就业形态劳动者权益是稳定就业、改善民生、加强社会治理的重要内容；要求各级法院和劳动争议调解仲裁机构要加强劳动争议办案指导，畅通裁审衔接，根据用工事实认定企业和劳动者的关系，依法依规处理新就业形态劳动者劳动保障权益案件。

新业态从业者与企业之间的纠纷主要集中于双方是否构成劳动关系。如果双方用工形式构成劳动关系用工，那么新业态从业者有权根据《劳动合同法》等相关法律法规享有相应的劳动权益。如果双方的用工形式不符合劳动关系的特征，那么二者之间的权利义务关系则更多地根据《民法典》及具体合同约定进行管理。

最高人民法院《关于为稳定就业提供司法服务和保障的意见》（法发〔2022〕36号）提出，要依法合理认定新就业形态劳动关系。平台企业及其用工合作单位与劳动者建立劳动关系的，应当订立书面劳动合同。未订立书面劳动合同，劳动者主张与平台企业或者用工合作单位存在劳动关系的，人民法院应当根据用工事实和劳动管理程度，综合考虑劳动者对工作时间及工作量的自主决定程度、劳动过程受管理控制程度、劳动者是否需要遵守有关工作规则、劳动纪律和奖惩办法、劳动者工作的持续性、劳动者能否决定或者改变交易价格等因素，依法审慎予以认定。平台企业或者用工合作单位要求劳动者登记为个体工商户后再签订承揽、合作等合同，或者以其他方式规避与劳动者建立劳动关系，劳动者请求根据实际履行情况认定劳动关系的，人民法院应当在查明事实的基础上依法作出相应认定。

在实践中，判断新业态从业者与企业之间是否存在劳动关系仍然遵循传统的劳动关系判断标准，从双方之间的利益分配、人身隶属性、工资发放等因素进行判断。

典型案例110[①]

案情简介

2020年7月，某文化公司与田某签订艺人独家经纪合约，约定双方合作范围包括但不限于网络演艺、线下演艺、商务经纪、明星周边及其他出版物、法律事务等与演艺事业相关的所有活动。双方基于合作产生收益，不谋求建立劳动关系，文化公司向田某支付艺人签约费8万元。如田某因个人原因长期无法配合文化公司安排的直播或其他活动，需要提前30天提出书面停播申请。因个人身体问题而导致无法直播需提供相关病历，病假期间的损失双方共同承担。田某每月直播时长未达到最低规定的，文化公司有权暂扣分成，

① （2021）苏03民终6315号。

双方收益结算周期为平台结算到账后10个工作日内。2020年9月，田某不再履行合同。某文化公司诉至法院，要求返还签约费。

裁判意见

一审法院以本案属于劳动争议应先行申请仲裁为由裁定驳回起诉。具体理由如下：第一，双方签订的涉案合约虽名为艺人独家经纪合约，但根据该协议约定的内容，具备用人单位的名称、住所和法定代表人，劳动者的姓名、地址和居民身份证，以及劳动合同期限、工作内容和工作地点、工作时间、劳动报酬计算办法等劳动合同应当具备的主要条款；第二，涉案合约体现了文化公司对于田某规定了劳动时间、请假、考勤制度等内容，双方并非相互独立、平等的民事关系，而是存在管理、从属关系；第三，在涉案合约中规定了严格的管理规章制度和薪酬计算方式。故一审法院认为双方签订的协议应当认定为劳动合同，因履行该协议发生的争议应为劳动争议。

二审法院认为双方不构成劳动关系。

首先，在管理方式方面，文化公司没有对田某进行劳动管理。虽然田某通过文化公司在第三方平台注册并从事网络直播活动，但是根据双方签订的独家经纪合约，仅有田某每天需要直播6小时的约定，但其具体的直播内容、直播时间段、直播地点并无约定，田某可以根据自己的需要进行加播，双方之间不具有劳动关系意义上的管理与被管理的关系，仅是基于合同约定而产生的权利义务关系。

其次，在收入分配方面，文化公司并未向田某支付劳动报酬。田某的收入全部来自网络直播吸引的粉丝所进行的打赏，而文化公司仅仅是按照其与直播平台和田某之间的约定比例进行收益分配，将直播收入打入田某的账户。根据双方的当庭陈述，田某并不存在每月基本收入或最低收入，如果田某的直播账号没有任何粉丝打赏，则其也没有任何收入。故文化公司无法掌控和决定田某的收入金额，文化公司仅基于合作协议向田某支付直播的打赏分成而并非用人单位向劳动者支付劳动报酬。

再次，在工作内容方面，田某从事网络直播的平台由第三方所有和提供，网络直播本身并不属于文化公司的经营范围，文化公司的经营范围仅包括直播策划服务，而田某获得报酬的直播活动本身并不是由文化公司进行控制与所有，故田某从事的网络直播活动并不是文化公司业务的组成部分。

最后，根据双方签订的《徐州××文化传媒有限公司艺人独家经纪合约》的约定："1.4 甲、乙双方共同确认，甲、乙双方签署本协议，进行演艺活动等方面的合作不导致双方形成任何以下法律关系，甲、乙双方亦不谋求形成以下法律关系：1.4.1 用人单位与劳动者之间的劳动法律关系……"虽然田某抗辩认为此内容属于格式条款，文化公司未尽到足够的提示与明确说明义务，但该条款是对双方法律关系的界定，而非限制田某的权利、加重田某的义务。按照社会日常经验，一般理性成年人签订合同时理应知晓合同内容，并有能力理解基本的法律关系，故法院对田某的抗辩不予认可。因此，文化公司与田某之间不符合劳动关系的法律特征，双方之间不构成劳动关系。

案例分析

（1）主播与企业之间劳动关系的认定要素

本案中，虽然涉案合约中文化公司对于田某规定了劳动时间、请假、考勤制度、直播时长、直播纪律等内容，但是主播可以自主决定直播时间、地点及直播方式，其对工作的完成具有较强的自主性及独立性，而非必须受到文化公司的约束，该工作模式不同于典型的劳动关系模式。在典型的劳动关系模式下，员工的工作由用人单位安排，对于工作的完成时间、完成地点、成果要求等均须听从用人单位安排，员工对工作的自主性较低。

判断新业态从业者与企业之间是否构成劳动关系的另一重要特征是双方经济利益的分配。在传统劳动关系模式下，企业向劳动者按月、固定支付工资报酬，而许多新业态从业者与企业之间的利益分配更类似于民事合作关系。本案中，文化公司并未固定地向田某支付劳动报酬，田某的收入全部来自网络直播吸引的粉丝所进行的打赏，田某也并不存在每月基本收入或最低收入。

并且，田某从事网络直播的平台由第三方所有和提供，网络直播本身并不属于文化公司的经营范围，这一点也不符合传统劳动关系的特征。

（2）新业态从业者劳动关系仍然要遵循传统认定方式

网络主播与所属公司之间是否构成劳动关系，仍然需要根据个案的具体情况加以判断。目前没有明确的法律法规对新业态从业者的劳动关系问题进行规定，因此劳动关系的认定仍然要遵循原劳动部发布的《关于确立劳动关系有关事项的通知》（劳社部发〔2005〕12 号）的规定，即用人单位招用劳动者未订立书面劳动合同，但同时具备下列情形的，劳动关系成立：用人单位和劳动者符合法律、法规规定的主体资格；用人单位依法制定的各项劳动规章制度适用于劳动者，劳动者受用人单位的劳动管理，从事用人单位安排的有报酬的劳动；劳动者提供的劳动是用人单位业务的组成部分。

在实践中，除网络主播外，对于外卖员、专车司机等新业态从业者的劳动关系，也要综合多方面因素进行判断，避免因劳动关系判断不当，给劳动者一方造成损失，或者加重企业负担。

本篇幅内容主要通过梳理和分析新业态从业者的发展类型、差异比较、共性特点及未来趋势，剖析目前劳动关系存在的主要问题，提出相应对策、合规建议。社会实践中劳动用工法律问题层出不穷，各有不同。企业合法利益的维护和劳动者权益的实现、维护成为现实难题。推动建立与企业合法经营相匹配的监管机制，依法纠正侵害劳动者权益的不当用工行为，加快构建和谐劳动关系，优化企业营商环境是我们法律工作者不断为之奋斗的重要工作内容。